本书的出版得到教育部人文社会科学青年基金项目
科学规划项目（2022GB035）的支持，特此感谢！

U0499172

资源空间错配
对区域技术创新的
影响研究

理论与中国经验

姚婷婷 ◎ 著

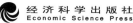

中国财经出版传媒集团
经济科学出版社
Economic Science Press

·北 京·

图书在版编目（CIP）数据

资源空间错配对区域技术创新的影响研究：理论与
中国经验／姚婷婷著 . --北京：经济科学出版社，
2023. 12
ISBN 978－7－5218－5296－7

Ⅰ.①资…　Ⅱ.①姚…　Ⅲ.①资源配置-影响-技术
革新-研究-中国　Ⅳ.①F124.3

中国国家版本馆 CIP 数据核字（2023）第 201232 号

责任编辑：顾瑞兰
责任校对：刘　昕
责任印制：邱　天

资源空间错配对区域技术创新的影响研究：
理论与中国经验

姚婷婷　著

经济科学出版社出版、发行　新华书店经销
社址：北京市海淀区阜成路甲 28 号　邮编：100142
总编部电话：010-88191217　发行部电话：010-88191522
网址：www. esp. com. cn
电子邮箱：esp@ esp. com. cn
天猫网店：经济科学出版社旗舰店
网址：http：//jjkxcbs. tmall. com
固安华明印业有限公司印装
710×1000　16 开　13 印张　210000 字
2023 年 12 月第 1 版　2023 年 12 月第 1 次印刷
ISBN 978－7－5218－5296－7　定价：65. 00 元

# 前言

当前，随着经济体制改革和一系列区域经济发展战略的逐步推进，中国区域经济取得了巨大成就，同时也出现了一些新问题：一是要素驱动型增长模式难以为继，空间增长动能乏力；二是区域经济分化态势明显；三是要素区域性流动受阻，部分区域发展面临较大困难。解决上述新问题的根本在于提高经济发展质量，而推动高质量发展必须"扭住深化供给侧结构性改革这条主线，把创新摆在发展全局的突出位置"。其中，"深化供给侧结构性改革"的一个重要方面就是优化生产要素配置，纠正供需错位。"把创新摆在发展全局的突出位置"则明确了自主创新是推动高质量发展的迫切要求和重要支撑。因此，区域经济发展的重心将是提升区域技术创新。而且，根据研发内生经济增长理论和资源基础理论，资源配置决定生产过程中的要素投入组合和技术选择，在技术创新中发挥着至关重要的作用。

基于以上现实与理论动机，本书探究资源空间错配对区域技术创新的影响及其作用机制，试图解决以下几个现实问题：中国是否存在资源空间错配？如果存在有多严重，其表现为什么样的地域特征，演化趋势如何？中国资源空间错配的影响因素主要有哪些？其中政府和市场"两只手"又分别起到了什么样的作用？中国资源空间错配对区域技术创新有何影响？具体作用机制是什么？如果消除资源空间错配，潜在的区域技术创新将会达到怎样的水平？对这些问题的解答，有助于缓解资源区域性流动障碍，优化资源的空间再配置，进而推动技术创新提升，最终实现区域经济更高质量的发展。

为解决上述问题，首先，本书拓展了谢长泰和克列诺（Hsieh and Klenow, 2009）的生产率错配模型，在理论模型中同时引入资本和劳动力错配，假设最终产品市场不存在错配，构建了资源空间错配影响区域技术创新的理论分析框架，分别解析出劳动力和资本的空间错配对区域技术创新的影响，并在此基础上阐释了其主要传导路径。其次，在考虑资本和劳动力不完全替代性的基础上，构建劳动力和资本空间错配指数，从错配程度和方向（过剩抑或不足）两方面揭示中国资源空间错配的时空特征；同时，从政府干预和市场摩擦两方面进行资源空间

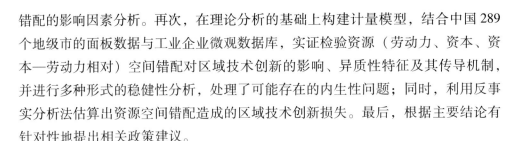

错配的影响因素分析。再次，在理论分析的基础上构建计量模型，结合中国289个地级市的面板数据与工业企业微观数据库，实证检验资源（劳动力、资本、资本—劳动力相对）空间错配对区域技术创新的影响、异质性特征及其传导机制，并进行多种形式的稳健性分析，处理了可能存在的内生性问题；同时，利用反事实分析法估算出资源空间错配造成的区域技术创新损失。最后，根据主要结论有针对性地提出相关政策建议。

本书主要发现如下。

第一，本书借鉴谢长泰和克列诺的生产率错配模型思路，对此模型进行两方面扩展：一是同时引入资本和劳动力空间错配；二是假设最终产品市场不存在错配，构建了资源空间错配影响区域技术创新的理论模型。这两处扩展不仅可以分别解析出劳动力和资本的空间错配对区域技术创新的影响方向，而且更符合中国的实际情况，更加具有一般性。理论分析表明：不论是劳动力空间错配，还是资本空间错配，均会抑制区域技术创新。随着资源空间错配程度的加剧，创新成本会增加，创新收益生产率会降低，进而抑制区域技术创新。而且，创新投入结构会受到两种资源（劳动力和资本）相对错配程度以及创新效率的影响。进一步探讨劳动力和资本的空间错配影响区域技术创新的主要路径，发现劳动力空间错配主要通过"扭曲收益效应""需求抑制效应""人力资本效应"三条路径阻碍区域技术创新；资本空间错配主要通过"创新制度环境""政府创新偏好""低端技术锁定"三条路径抑制区域技术创新。

第二，中国资源空间错配的特征事实分析显示：在错配程度方面，1994～2017年，中国劳动力空间错配程度总体上呈下降态势，而且表现出"西部最严重，中部居中，东部最低"的区域特征，西部地区改善速度最快，因而区域间表现出明显的收敛特征；中国资本空间错配程度逐步攀升，呈现出"西部最严重，东部居中，中部最低"的区域特征，区域间资本流动存在"卢卡斯悖论"现象。相比较而言，劳动力空间错配程度依然高于资本空间错配程度。在错配方向方面，相对于最优配置状态，东部地区劳动力配置不足但资本配置过度，而中西部地区劳动力配置过剩但资本配置不足。

第三，资源空间错配的影响因素分析发现：政府干预未必会加剧资源空间错配，户籍制度、最低工资制度及开发区政策对资源配置不足与资源配置过剩地区会产生截然不同的影响。金融发展、市场化进程、城镇化、高等教育水平、医疗资源有助于改善劳动力空间错配，对外开放和房价则产生加剧作用。金融发展、经济集聚、经济发展有助于缓解资本空间错配，而政府财政干预、城镇化、房价、地区竞争会加剧资本空间错配。

第四，资源空间错配影响区域技术创新的实证分析发现：一是劳动力空间错配、资本空间错配、资本与劳动力相对错配对区域技术创新均有显著的抑制效应，并且结果十分稳健。二是劳动力空间错配对区域技术创新的抑制作用在劳动力配置过度、中西部、非创新试点、行政级别越低、劳动力市场化程度越低的地区越突出。但随着区域技术创新水平的提升，劳动力空间错配对区域技术创新的边际抑制作用逐渐减弱。"扭曲收益效应""需求抑制效应""人力资本效应"是劳动力空间错配影响区域技术创新的重要渠道，其中，"需求抑制效应"起主导作用。三是资本空间错配对区域技术创新的抑制作用在资本配置过度、中西部、非创新试点、行政级别越低、金融发展水平越低、国有化程度越高的地区越突出，尤其在 2008 年金融危机后期更明显。"创新制度环境""政府创新偏好""低端技术锁定"是资本空间错配影响区域技术创新的重要渠道，其中，"政府创新偏好"起主导作用。四是资本和劳动力的相对错配对区域技术创新的抑制作用在资本相对劳动力不足、西部地区、非创新试点城市更突出，技术进步偏向性是资源相对错配影响区域技术创新的重要机制。

第五，反事实分析表明，若消除劳动力空间错配，2001～2016 年中国平均的技术创新水平将提高 10.95%，潜在区域技术创新提升幅度由大到小依次为西部、中部、东部地区，分别为 17.54%、9.5% 和 6.65%。若消除资本空间错配，2001～2016 年中国平均的技术创新水平将提高 32.35%，潜在区域技术创新提升幅度由大到小依次为东部、西部和中部地区，分别为 35.39%、31.48% 和 30.04%。因此，资本空间错配造成的区域技术创新损失大于劳动力空间错配造成的损失。

综合上述主要发现，本书得出以下结论：一是中国的确存在十分严峻的资源空间错配问题，资本空间错配持续恶化，劳动力空间错配虽然在不断缓解，但其错配程度依然高于资本空间错配程度。二是资源空间错配对区域技术创新产生了显著的抑制效应，给中国区域技术创新造成了一定损失，在总投入不变的情况下，若消除资本和劳动力空间错配，2001～2016 年中国整体技术创新水平将有较大幅度提升。三是中国资源空间错配对区域技术创新的抑制作用存在明显的地区异质性，而且作用机制较为多元化。四是缓解资源空间错配的供给侧结构性改革有助于激发区域技术创新潜力，发展观从注重增长速度向增长质量转变，进而实现经济高质量发展的新时代目标。引导资源在地区间合理畅通有序流动，通过资源空间再配置激发区域技术创新的相关政策建议主要有：第一，因地制宜地调

整政府在要素市场的干预政策，尤其是进一步深化户籍制度改革，打造地区间流动畅通的劳动力市场。第二，多管齐下地完善要素市场化配置体系，根据要素特性、地区市场化程度以及经济发展需要进行分类施策：放松劳动力配置不足地区的户籍制度限制，而适度提高劳动力配置过度地区的户籍准入门槛。在调整最低工资标准时，要兼顾当地与其他地区的劳动力配置情况，提高地区间最低工资标准的平衡性与协调性。实施区位导向性政策要从全局出发，考虑政策的整体与长远效应，通过专项拨款、银行贷款、税收优惠、政府补贴等方式，引导资金流入资本配置不足的中西部地区，释放其经济增长活力。第三，重视资源优化配置在技术创新中的作用，充分发挥市场需求和政府创新偏好等机制的积极作用。在努力提升劳动收入份额，扩大需求规模，提升需求结构的同时，还应转变政府考核机制，优化财政支出结构。第四，要营造良好的创新制度环境，比如，降低企业寻租的动机，激发企业自身能力建设，完善知识产权保护等。

目录

第一章 绪 论

第一节 研究背景与研究意义

一、研究背景

（一）中国资源空间错配问题突出，制约经济高质量发展

当前，处于工业化发展中后期阶段的中国经济正面临越发严重的资源约束。随着深度老龄化来袭和生育率持续快速下滑，中国劳动人口数量和比例自2012年起连续8年双降[①]，劳动力短缺及用工成本的大幅上扬导致人口红利对经济增长的贡献逐年下滑。与此同时，资本形成的增速回落迅速，年增长率从2009年的21.2%下降至2017年的4.9%，对经济增长的贡献率从46.4%降至43.6%[②]。毋庸置疑，劳动力供给和资本推动的双重下滑使中国在经济赶超时期所依赖的要素驱动型经济增长模式难以为继。因此，提高资源配置效率，转变经济发展方式是中国摆脱经济下行压力、寻求经济增长新动力、释放经济改革新红利最好的良方。

改革开放以来，虽然中国相继推动价格改革、企业改革和要素改革的市场化进程，给中国经济增长带来了显著的改革效应（刘秉镰等，2020）。但由于计划经济的惯性力量、政策扭曲以及市场摩擦等原因，中国要素市场培育明显滞后于产品市场（盛仕斌和徐海，1999；张曙光和程炼，2010）。不当的政策干预和要素市场发育不完全使资源配置表现出显著的非市场特征，致使我国存在十分严峻的资源错配问题。根据资源流动范围，资源错配表现在空间错配、行业间的错配、企业间的错配三个层面。其中，资源空间流动失衡与配置效率低下是当前中

[①] 资料来源：国家统计局官网。
[②] 资料来源：世界银行数据库。

国区域经济发展的突出问题（刘秉镰等，2019）。这一问题的本质是资源空间错配，即指由不当的政策干预和要素市场发育不完全引起的资源不能在地区间自由流动，造成资源空间流动失衡——一些地区资源配置过剩而另一些地区资源配置不足，资源在地区间的配置偏离完全竞争市场下的帕累托最优状态，导致国民经济总产出未能达到最大化。

资源空间错配已成为中国经济增速下滑和结构失衡的症结所在，其不仅造成了巨大的产出损失，使我国潜在总产出损失高达 70%（尹恒和李世刚，2019），而且还激化了区域非平衡发展（刘贯春等，2017）、供需错位（叶文辉和楼东玮，2014）等结构性矛盾。更重要的是，资源空间错配严重制约了我国经济向高质量发展转变：一方面，高质量发展的关键是要提高全要素生产率，而提高全要素生产率的一个重要途径就是改善资源配置效率（蔡昉，2015）；另一方面，推动高质量发展必须"扭住深化供给侧结构性改革这条主线"，而供给侧结构性改革的一个重要方面就是优化资源空间配置，纠正供需错位。因此，探究资源空间错配问题兼具紧迫性和重要性。

（二）中国创新能力和效率偏低，区域创新差异明显

现代经济增长理论一致认为，内生技术创新和技术进步才是经济增长的决定因素。创新是经济社会持久发展的动力，依靠创新才能突破经济"结构性减速"的阻碍（中国经济增长前沿课题组，2015①）。为了寻求减速阶段的突破口，创新驱动发展战略在各国应运而生。我国自 2010 年 10 月将"创新驱动"作为国家战略写进"十二五"规划中起，创新的重要性被屡次提及。党的十八大进一步明确提出"走中国特色自主创新道路、实施创新驱动发展战略"。2015 年 3 月，中共中央、国务院又出台文件《中共中央、国务院关于深化体制机制改革加快实施创新驱动发展战略的若干意见》，指导创新驱动发展战略的实施。2019 年国务院政府工作报告中提出"坚持创新引领发展"，以"培育壮大新动能"。党的二十大提出"坚持创新在我国现代化建设全局中的核心地位"。2023 年国务院政府工作报告再次强调要"深入实施创新驱动发展战略"。其中，区域技术创新作为区域经济发展的第一驱动力和全面建设创新型国家的重要基石，更是被摆在了新

---

① 资料来源：https：//www.sohu.com/a/280020282_ 673573。

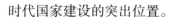

时代国家建设的突出位置。

伴随着一系列创新战略的实施，我国研究与开发（R&D）经费投入逐年增加，研发经费投入强度由 2008 年的 1.47% 提高至 2022 年的 2.50%，年均增长速度快于美国、日本、德国，并于 2009 年赶超英国，与发达国家的差距越来越小[①]。但是，创新投入的快速增加并没有带来创新产出和效率的相应提升，我国仍旧存在创新产出质量不高、创新资源浪费严重以及创新效率偏低的问题。根据世界知识产权组织发布的《2022 年全球创新指数》排名，我国排名提升至全球第 11 名，但与其他发达国家在创新投入等级和产出方面仍存在一定差距。主要表现在：首先，随着 R&D 经费投入比重不断提升，我国专利申请数和授权数年均增长速度却在递减。统计数据显示，2009～2017 年，专利申请数年增长率从 14.91% 下降到 6.73%，专利授权数年增长率则从 41.27% 跌落至 4.71%，2014 年两者更是出现了不同程度的负增长[②]。其次，我国创新投入及其利用方式的粗放导致科技成果转化率低。相关资料显示，我国科技成果转化率不足 30%，远低于先进国家的 60%～70%[③]。这一现象在一定程度上解释了为何近年来我国以全要素生产率为代表的技术进步水平未得到明显提升（袁礼和欧阳峣，2018）。最后，我国的区域技术创新差异明显，区域技术创新活动主要集中于东部沿海地区。作为区域经济增长的重要引擎，区域技术创新差距过于悬殊会进一步加剧我国区域发展不平衡的结构性矛盾。提升区域技术创新水平是经济高质量发展阶段的重要组成部分（肖叶等，2019）。

（三）资源配置效率通过多种渠道影响区域技术创新

区域技术创新是一个十分复杂的系统，影响区域技术创新的因素有很多，主要包括区域创新系统内部和外界创新环境两个方面，如政府政策（Guan and Yam, 2015；Szczygielski et al., 2017）、产业集聚（彭向和蒋传海，2011）、市场化水平（戴魁早和刘友金，2013）、金融发展水平（解维敏和方红星，2011）、所有制结构（戴静和张建华，2013）等。其中，资源配置效率在创新系统中扮演

---

① 资料来源：世界银行世界发展指标（WDI）。
② 数据来源：《中国统计年鉴》。
③ 资料来源：中国经济网。

着至关重要的角色（Nasierowski and Arcelus，2003），创新驱动经济增长受制于资本和劳动力的配置条件以及政府管制（郑江淮和曾世宏，2009）。根据研发内生经济增长理论和资源基础理论，资源配置在技术创新中扮演着至关重要的角色。一方面，要素市场作为创新要素集聚、流动和配置的主要平台，其完善程度对创新要素的流动和配置效率产生直接且重要的影响，特别是对于那些创新资源不足的地区，资源配置效率问题尤为重要。另一方面，从区域技术创新的内部运行机制来看，资源的配置效率决定了企业生产过程中的要素投入组合与技术选择，进而会对创新活动及创新效率产生间接影响。

基于以上分析可知，对于处在转变经济发展方式关键时期的中国经济来说，资源空间配置效率与区域技术创新分别作为迈向经济高质量发展阶段的重要抓手和驱动力，两者密切相关。那么，中国是否存在资源空间错配？如果存在有多严重，其表现为什么样的地域特征，演化趋势又是如何？中国资源空间错配的影响因素主要有哪些？政府和市场这"两只手"又分别起到了什么样的作用？资源空间错配对区域技术创新有何影响？具体作用机制是什么？如果消除资源空间错配，潜在的区域技术创新将达到什么水平？上述问题正是当前我国经济建设中亟待解决的问题，但关于这些问题鲜有文献涉及。有鉴于此，本书围绕以上问题，从理论和实证两个维度全面、深入地探讨资源空间错配与区域技术创新之间的关系，以期进一步推进要素市场的深化改革，引导资源在地区间合理有序流动，突破要素区域性流动障碍与创新的结构性障碍（刘秉镰等，2019），通过技术创新推动区域经济更高质量发展。

二、研究意义

区域要素流动与空间格局调整是区域经济发展的重点内容（刘秉镰等，2019）。因此，新形势下，"促进各类要素合理流动和高效集聚，增强创新发展动力，加快构建高质量发展的动力系统"① 是推动形成优势互补的高质量发展区域经济布局的重要思路（刘秉镰，2020）。本书聚焦资源空间错配及其对区域技术创新的影响，涉及区域经济学、技术经济学、发展经济学等相关学科的热点问题，对两者关系的理论和实证研究既可以丰富相关理论，又可以为我国区域经济

---

① 资料来源：求是网，http://www.qstheory.cn/dukan/qs/2019 - 12/15/c_ 1125346157.htm。

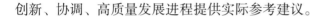

创新、协调、高质量发展进程提供实际参考建议。

（一）理论意义

第一，为区域技术创新提供了新的理论切入点，拓展了相关理论的应用范围。本书从区域视角出发，对资源空间错配与区域技术创新的关系进行专门考察，为区域技术创新提供了新的理论切入点。而且，本书借鉴谢长泰和克列诺（Hsieh and Klenow，2009）的生产率错配模型思路，并从两方面进行拓展：一是在理论模型中同时引入资本和劳动力错配，二是假定最终产品市场不存在错配，使模型更符合中国的实际情况。本书构建了资源空间错配影响区域技术创新的理论分析框架，分别解析出劳动力和资本这两种资源空间错配对区域技术创新的影响方向。

第二，理论分析了户籍制度、最低工资制度和开发区政策对中国资源空间错配的影响。大多数既有研究认为，政府干预是加剧资源空间错配的重要原因，另一些研究则持相反观念，但这些研究结论大多是基于国家整体层面的实证研究结果。基于此，本书通过构建空间一般均衡模型，逐一证明了要素市场上上述三种典型的政府干预政策对资源空间错配的影响，发现政府干预对资源空间错配的影响要根据地区资源配置现状而论。这一结论为我国进一步推进要素市场深化改革，为户籍制度、最低工资制度和开发区政策的调整方向提供了理论支撑，也为全面认识这些干预政策的经济绩效做了有力补充。

第三，将资源空间错配分为劳动力空间错配和资本空间错配，分别探讨了其影响区域技术创新的主要传导路径。当前，不少研究将诸多中国经济问题都归咎于资源错配，创新问题同样如此，那么资源错配到底怎样作用于创新的呢？本书从理论上分析了劳动力空间错配主要通过"扭曲收益效应""需求抑制效应""人力资本效应"三条路径影响区域技术创新，以及资本空间错配通过"创新制度环境""政府创新偏好""低端技术锁定"三条路径对区域技术创新产生影响。这在一定程度上解开了资源空间错配影响区域技术创新的"黑箱之谜"，拓展和深化了相关理论。

（二）现实意义

第一，引导资源在地区间合理有序流动，加快推进经济创新、协调、高质量发展。目前，我国在实施创新驱动发展战略中，存在创新投入及其利用方式粗放、创新产出质量不高以及创新效率偏低的问题。要素市场作为创新要素集聚、流动和配置的主要平台，其完善程度将对各地区创新要素的流动和配置效率产生直接而重要的影响。不仅如此，高质量发展的关键是要提高全要素生产率，而提高全要素生产率的一个重要途径就是改善资源配置效率（蔡昉，2015）。因此，资源错配严重制约了我国经济向高质量发展转变。再者，中国区域经济发展的本质就是资源在空间层面的增长、流动与配置过程（刘秉镰等，2019），资源空间错配已加剧了中国区域经济非协调发展（刘贯春等，2017）。本书有助于把握我国资源空间错配的现状与趋势，从其影响因素出发，突破资源的区域性流动障碍与创新的结构性障碍，推进我国经济高质量发展。

第二，为政府调整在要素市场上的干预政策提供更具针对性的指导。本书逐一证明并验证了户籍制度、最低工资制度和开发区政策对中国劳动力和资本空间错配的影响，发现政府干预未必会加剧资源空间错配，要依据地区资源配置实际情况而定。对于劳动力资源本身配置不足的地区，降低户籍准入门槛或提升最低工资标准，有利于缓解该地区劳动力空间错配；对于劳动力配置过度的地区，采取同样的干预政策则会加剧劳动力错配。类似地，政府如果对资本不足地区采取资本偏袒政策，能够缓解资本空间错配，反之，则会加剧资本空间错配。

第二节　研究内容与研究框架

一、研究内容

本书从中国经济的现实问题出发，遵循"理论分析—现状分析—实证检验—政策启示"的逻辑思路，从理论和实证角度探究了资源空间错配对区域技术创新的影响。本书试图解决的主要问题包括：第一，中国资源空间错配和区域技术创新现状如何？第二，资源空间错配对区域技术创新有何种影响？影响程度如何？不同地区的资源空间错配对区域技术创新的影响是否会因城市行政级别、市场化程度、经济集聚水平等特征而存在异质性？第三，资源空间错配通过何种渠道影响区域技术创新？资本空间错配与劳动力空间错配影响区域技术创新的传导机制有何区别？如何识别这些机制？第四，资源空间错配给区域技术创新带来了多大的损失？基于此，本书的主要研究内容包括以下四部分。

第一部分：理论基础与文献综述。首先，回顾资源空间错配与区域技术创新的相关理论，包括研发内生经济增长理论、资源基础理论及空间一般均衡理论；其次，回顾资源空间错配与区域技术创新的相关文献，据此界定了资源空间错配及区域技术创新这两个核心概念，并归纳其主要影响因素，为下文实证分析奠定理论基础；最后，评述既有研究，总结本书的边际贡献。

第二部分：资源空间错配影响区域技术创新的作用机理。本部分主要讨论两个问题。一是资源空间错配对区域技术创新影响的理论分析。本书借鉴谢长泰和克列诺（Hsieh and Klenow，2009）的生产率错配模型思路，在理论模型中同时引入资本和劳动力错配，并假定最终产品市场不存在错配，构建了资源空间错配影响区域技术创新的理论分析框架，分别解析出劳动力和资本这两种资源空间错配对区域技术创新的影响方向。二是将资源空间错配分为劳动力空间错配和资本空间错配，分别阐释了其影响区域技术创新的作用机制。"扭曲收益效应""需求抑制效应""人力资本效应"是劳动力空间错配影响区域技术创新的重要路径，资本空间错配主要通过"创新制度环境""政府创新偏好""低端技术锁定"这三条路径影响区域技术创新。

第三部分：中国资源空间错配的特征事实及影响因素。主要包括中国资源空间错配的测算、中国资源空间错配的特征事实、政府干预视角下中国资源空间错配的典型制度识别、中国资源空间错配的影响因素分析四部分内容。首先，在考虑资本和劳动力不完全替代性的基础上构建了资源空间错配指数，用于揭示各地区劳动力和资本空间错配程度和方向；其次，分别剖析劳动力和资本空间错配的时空特征；再次，从中国国情出发，基于政府干预视角，从理论上论证了要素市场上的典型干预制度（户籍制度、最低工资制度和开发区政策）对资源空间错配的影响；最后，同时从政府干预和市场摩擦两方面对中国劳动力空间错配和资本空间错配的影响因素进行实证分析。

第四部分：资源空间错配影响区域技术创新的实证分析。包括劳动力空间错配、资本空间错配、资本和劳动力相对错配对区域技术创新的影响这三部分，分别对应本书第五章、第六章、第七章。首先，构建双向固定效应模型考察资源（劳动力、资本、资本和劳动力相对）空间错配对区域技术创新影响的平均效应，并进一步从替换关键变量、纠正模型内生性、剔除异常样本点、考虑时滞效应四个方面进行稳健性检验；其次，从资源空间错配的方向（不足抑或过剩）、城市特征以及区域技术创新水平三大方面进一步进行异质性检验；再次，利用多重中介效应模型甄别并比较资源空间错配影响区域技术创新的作用机制；最后，采用反事实分析法估算出在不存在资源空间错配的最优状态下，中国整体及各区域在各年技术创新能够达到的潜在水平，并将其与实际水平相比，得到资源空间错配造成的区域技术创新损失。

二、研究框架

根据本书主要研究内容，总体研究框架遵循"理论分析—现状分析—实证检验—政策建议"的逻辑思路，层层递进地展开各部分的研究。具体来说，本书从中国存在资源空间错配这一现实问题出发，首先在理论上解析资源空间错配对区域技术创新的影响及其主要作用机理；其次剖析中国资源空间错配的特征事实和影响因素；再次就资源空间错配对区域技术创新的影响效应、作用机制、损失缺口进行实证分析；最后基于主要研究结论提出相应的政策建议。本书的研究框架如图 1 - 1 所示。

第三节　研究方法与技术路线

一、研究方法

本书采用理论研究与实证研究相结合、定性分析与定量分析相统一的研究方法。定性分析主要包括查找文献法和归纳演绎法，定量分析方法主要包括面板数据的固定效应分析（FE）、随机效应分析（RE）、工具变量两阶段最小二乘法（IV-2SLS）、似无相关回归（SUR）、分位数回归以及反事实模拟。

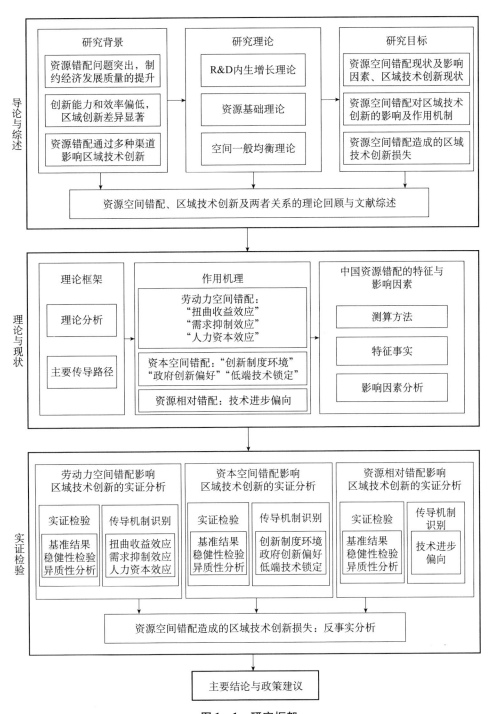

图 1-1 研究框架

（一）定性研究方法

本书第二章为理论基础与文献综述，主要运用查找文献法和归纳演绎法。通过梳理资源空间错配与区域技术创新的相关文献，对核心概念进行界定，并为后文构建资源空间错配的测度指标及影响因素分析提供理论依据。第三章中，通过回顾资源空间错配及区域技术创新相关理论，为资源空间错配影响区域技术创新的理论分析奠定基础。利用归纳演绎法总结劳动力和资本空间错配影响区域技术创新的作用机制。

（二）定量研究方法

第一，在识别资源空间错配对区域技术创新的影响时，考虑个体效应和时间效应，同时采用面板数据的固定效应分析（FE）和随机效应分析（RE），再根据个体和时间的联合 Hausman 统计量选择合适的模型。

第二，考虑资源空间错配和区域技术创新之间可能存在反向因果关系，以及遗漏变量与变量测量误差等因素导致的内生性问题。为了缓解内生性问题造成的估计偏误，本书采用工具变量两阶段最小二乘法（IV-2SLS）对资源空间错配与区域技术创新的关系进行稳健性检验。

第三，在进行资源空间错配对区域技术创新影响的异质性分析时，本书采用似无相关模型的 SUR 检验（SUEST）进行比较分析，这一方法的优点在于放松了各控制变量系数在不同组别不存在差异，以及不同组别的干扰项同分布这两个强假设，分析结果比常用的分样本分组回归更可靠。此外，还采用分位数回归方法进行异质性分析。

第四，识别资源空间错配影响区域技术创新的传导机制是重要研究内容之一。本书采用多重中介效应模型来实现，这种方法的好处在于不仅能甄别每一种作用机制是否存在，而且还能够根据这些传导机制在总效应中所占的比重，比较不同传导机制的相对重要性。

第五，本书采用反事实分析法估算资源空间错配造成的区域技术创新损失。

二、技术路线

本书研究的技术路线，如图 1 - 2 所示。

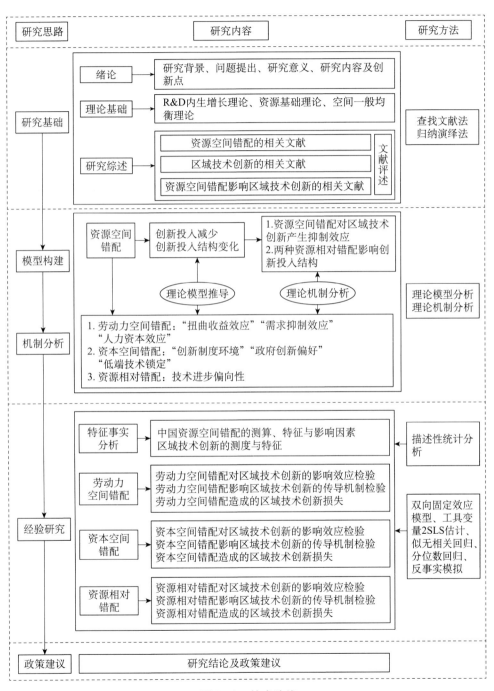

图 1 - 2 技术路线

第四节　主要创新点

第一，研究视角的拓展。一方面，关于创新的既有研究大多集中在企业这一微观层面，本书将研究视角转向区域层面，聚焦资源空间错配对区域技术创新的影响，将制度环境、政府、企业纳入同一分析框架，为创新主题的研究提供了更全面的研究视角，兼顾创新性和实用性。另一方面，本书着眼于资源空间错配，将其细分为资本空间错配和劳动力空间错配，分别探究其对区域技术创新的影响和作用机制，突破了既有研究仅从国家整体宏观层面和企业间微观层面研究资源错配问题的局限性，拓宽了中国资源错配研究问题的视域。而且，细化至城市层面的研究能为各地区提高资源配置效率，走集约型创新发展道路提供更具体的参考。

第二，本书构建了资源空间错配影响区域技术创新的理论分析框架。资源错配与创新关系的研究近几年才开始兴起，而且国内外展开的多是实证研究，鲜有文献从理论上系统地阐述资源错配对创新的影响。谢长泰和克列诺（Hsieh and Klenow，2009）只关注整体要素错配程度对生产率的影响，因而用代表性厂商所在地区的要素市场相对于产品市场的错配程度刻画要素市场错配。这一做法暗含资本市场和劳动力市场错配程度相同的假设，这与中国实际情况明显不符。本书在他们的理论模型基础上进行了两方面拓展：一是假定产品市场不存在错配，使模型更贴合我国的实际情况，且具有一般性；二是同时引入资本和劳动力错配，不仅能够分别解析出劳动力和资本这两种资源空间错配对区域技术创新的影响，而且对我国的实际情况更具解释力。

第三，阐释并验证资源空间错配影响区域技术创新的传导机制。关于资源错配通过何种渠道影响创新，仅有少数文献零散地进行了概括性说明，且未进行详细论证。本书的一个重要内容就是对资本和劳动力这两种资源空间错配影响区域技术创新的微观机制进行拓展和深化。本书首先从理论上分别阐述了资本和劳动力空间错配影响区域技术创新的作用机制，发现劳动力空间错配主要通过"扭曲收益效应""需求抑制效应""人力资本效应"三条路径影响区域技术创新，资本空间错配主要通过"创新制度环境""政府创新偏好""低端技术锁定"三条路径影响区域技术创新。在此基础上，本书结合宏微观数据库，采用多重中介效应模型，对这些传导机制逐一进行识别和比较。

第四，从中国实际情况出发，本书首先利用空间一般均衡模型从理论上逐一证明了中国政府在资本和劳动力市场上的典型干预政策对资源空间错配的影响。在此基础上，利用相关数据加以验证，发现户籍制度、最低工资制度、开发区政策的确是影响中国资源空间错配的重要因素，但并非一定会带来负面影响，其对资源空间错配的影响依据地区资源配置现状而定，这为中国要素市场的深化改革，尤其是相关政策的调整方向提供了理论依据和数据支撑。

第二章 理论基础与文献综述

资源配置一直以来都是经济学的核心研究问题，不论是学术界还是政策制定者都对资源错配问题给予高度关注，琼斯（Jones，2010）更是称其为增长理论最重要的进步。随着发达国家要素市场体系的完善，加之中国政府在要素市场上不容忽视的管控力，国内外学者开始将研究视角转向中国。近几年，关于资源错配的研究在我国相继展开，但仍处于探索性研究阶段。而且，国内外研究关注的对象有所不同，西方发达国家的资源错配多由要素市场不可避免的摩擦引起，而中国资源错配很大程度上是由政府不当的干预政策所导致。此外，发达国家的资源错配多发生在企业间，而中国的资源错配在企业、行业、地区各个层面同时发生。但问题的本质是类似的，即资源配置偏离帕累托最优状态。

本章共包括三节：第一节是从不同学科视角回溯了资源空间错配和区域技术创新的理论脉络，为后续理论分析找到理论支撑及拓展方向；第二节是与本书相关的文献，并据此对本书涉及的核心概念进行界定，为后文中测算方法的选择以及影响因素分析奠定理论基础；第三节对既有文献进行综述，明确本书可拓展的范围，以及在理论分析和实证分析部分可能带来的边际贡献。

第一节 理论基础

纵观既有研究，直接将资源错配与创新相联系的文献近几年才兴起，而且集中于实证分析，鲜有文献从理论上系统阐述资源错配对创新的影响。虽然专门论述资源配置如何影响创新的理论尚未形成，但是 R&D 内生经济增长理论阐释了资源配置会影响到"新知识"（新发现或新技术）的产出。资源基础理论从微观企业视角出发，阐述了资源是创新的重要基础条件。空间一般均衡理论专门研究资源空间配置和经济活动空间布局，为资源在空间范围内的流动提供了新的解释视角。这三个不同视角的理论为本书提供了重要的启示。

一、R&D 内生经济增长理论

R&D 内生经济增长理论把知识积累纳入经济增长的内部因素之中，在经济中单独引入一个新的知识部门，以明确的方式建立知识积累模型，刻画资源如何在传统生产部门和研发生产部门之间进行分配，以及配置到研发部门的资源如何产生"新知识"。

在标准模型中，假设劳动、资本和技术以确定的方式相结合生产出"新知识"这一产品。需要说明的是，本书将"新知识"视为创新。而且，在其他条件相同时，用于研发的资源越多，取得的创新就越多。罗默（Romer，1990）、格罗斯曼和赫尔普曼（Grossman and Helpman，1991）、阿格因和豪伊特（Aghion and Howitt，1992）构建的研发内生经济增长模型包括四个变量：劳动（L）、资本（K）、技术（A）和产出（Y）。劳动力中有 α_L 的比例用于研发部门，$1-\alpha_L$ 的比例用于产品生产部门。类似地，资本存量中有 α_K 的比例用于研发部门，其余用于产品生产。在此基础上对模型作了两个简化：一是假设研发生产函数和产品生产函数都是广义的柯布—道格拉斯函数；二是储蓄占产出的比例以及研发部门中使用劳动和资本的比例是外生不变的。因此，每一时期用于研发的资源取决于上一期的总产出和当期分配到研发部门的比例。由于假定生产函数为广义的柯布—道格拉斯函数，因此，经济在时刻 t 的总产出 $Y(t)$ 和知识增长率 $\dot{A}(t)$ 为：

$$Y(t) = [(1-\alpha_K)K(t)]^{\alpha}[A(t)(1-\alpha_L)L(t)]^{1-\alpha} \quad 0 < \alpha < 1 \quad (2-1)$$

$$\dot{A}(t) = B[\alpha_K K(t)]^{\beta}[\alpha_L L(t)]^{\gamma} A(t)^{\theta} \quad B > 0, \beta \geq 0, \gamma \geq 0 \quad (2-2)$$

其中，B 为转化参数，用来刻画基础科学进展等经济系统外部因素对知识生产的影响；θ 反映了现有知识存量对研发成败的影响。由式（2-2）可知，"新知识"的产出取决于投入研究部门的资本、劳动的数量以及技术水平。知识生产函数不同于传统部门的产品生产，不能对其规模报酬做出假设：一方面，完全复制既有投入可能会产出同样的知识，此时 $\dot{A}$ 不变，说明研发部门可能存在规模递减；另一方面，研发人员之间的交流和实验仪器的共享会带来"新知识"，意味着知识生产的规模报酬可能递增。

在R&D 经济中，还有另外三个外生变量：储蓄率 s、人口增长率 n 和折旧率，为了不使讨论更加复杂化，暂不考虑折旧因素。假设经济处于均衡状态，储蓄等于投资，可得：

$$\dot{K}(t) = sY(t) \tag{2-3}$$

$$\dot{L}(t) = nL(t) \tag{2-4}$$

$$\dot{K}(t) = s(1-\alpha_K)^\alpha (1-\alpha_L)^{1-\alpha} K(t)^\alpha A(t)^{1-\alpha} L(t)^{1-\alpha} \tag{2-5}$$

整理可得资本存量增长率 $g_K(t)$ 的变化路径为：

$$\frac{\dot{g}_K(t)}{g_K(t)} = (1-\alpha)[g_A(t) + n - g_K(t)] \tag{2-6}$$

知识存量增长率 $g_A(t)$ 的动态路径为：

$$\frac{\dot{g}_A(t)}{g_A(t)} = \beta g_K(t) + \gamma n + (\theta-1) g_A(t) \tag{2-7}$$

均衡条件下，$\dot{g}_K = 0$，$\dot{g}_A = 0$，所以有：

$$\begin{cases} g_K(t) = g_A(t) + n \\ g_K(t) = \dfrac{1-\theta}{\beta} g_A(t) - \dfrac{\gamma n}{\beta} \end{cases} \tag{2-8}$$

当 $\beta + \theta > 1$ 时，g_A 和 g_K 均不断上升，并且劳动增长率为常数，因此长期内经济总产出和人均产出都保持不断增长。此时，增加知识存量和资本存量能产生更多的"新知识"，使知识增长速度加快。配置到研发部分的资本和劳动力比例 α_K 和 α_L 不仅会使 g_A 和 g_K 上升，而且可能引起 $\dot{g}_K$、$\dot{g}_A$ 的上升，也就是说，α_K 和 α_L 兼具水平效应和增长率效应。

基于以上分析，内生经济增长模型涉及三个既定的量：研发部门的劳动配置比例，资本在研发部门的配置比例以及储蓄率。既然技术进步已经成为经济增长的内生动力，那么知识创新的动力何在？换句话说，资源在产品生产部门和研发部门中如何进行配置的？罗默（Romer，1990）的"内生技术变迁"理论对这一问题从微观基础层面进行了解释：研发由追求利润最大化的经济部门来从事，研发促进了经济增长，而经济增长反过来又增强了研发动机。可见，R&D 内生经济增长理论与本书相关的内容是：资源在传统生产部门和研发生产部门之间的配置，决定了"新知识"（新发现或新技术）的增长速度。

二、资源基础理论

资源基础理论（resource-based theory，RBT）从微观企业层面解释了资源对创新的影响。企业作为创新最重要的主体，其创新活跃度与创新绩效直接决定了一个地区的创新水平，而资源禀赋尤其是创新资源是企业创新的物质基础，决定了企业的竞争优势和创新租金。资源基础理论认为，资源在企业成长、盈利及获取市场竞争优势中扮演着重要角色（Baraldi et al.，2012），企业的绩效取决于它们所拥有的资源及其配置方式（Barney，1991）。而且，资源因素比产业结构能更好地解释企业间的绩效差异（Lechner and Gudmundsson，2014）。那么，资源到底是如何作用于企业创新的呢？根据资源基础理论，影响创新的资源可分为有形资源和无形资源（Wernerfelt，1984）。其中，有形资源可进一步细分为物质资本资源（physical capital resources）和人力资本资源（human capital resources），分别为创新提供物力和人力支持；无形资源主要指技术和商誉等不可流动且难以复制的资源，是企业拥有持久竞争优势的源泉，这一类资源又视为可用于开发和应用技术的创新资源。由此可见，企业拥有的资源差异决定了企业创新动机和创新绩效的差异。资源基础论有两个基本假设：一是资源的异质性，竞争企业拥有多种不同的资源束；二是资源的不完全流动性，这样异质性资源才会持续存在。

按照资源基础理论，如何提高区域创新系统内的资源配置效率，以缓解区域创新主体资源约束已成为重要课题。近年来，国内外相关研究已经意识到资源在创新中的重要作用。林萍（2012）认为，资源会通过动态能力推动创新。宋洋（2017）基于资源基础理论，将企业资源分为"技术知识资源"和"需求信息资源"，探究了这两类创新资源对产品创新的影响。他发现，企业所拥有的专利技术等"技术知识资源"能够为创新提供知识条件和智力支撑，有助于创新；企业获取市场信息的资源——"需求信息资源"，能为创新提供方向，激励创新的发生。

三、空间一般均衡理论

资源的空间增长与空间流动是区域发展的关键（刘秉镰等，2019）。空间经济学是专门研究资源空间配置和经济活动空间布局的学科（梁琦，2005）。

前古典范式空间经济学认为，空间是完全外生且"中性"的，即要素能够在不同空间完全自由流动，这一观点无法解释现实经济中地区经济发展不平衡现象。此后，以冯·杜能（von Thünen，1826）为开端的古典区位理论将运输成本视为影响经济活动区位选择的唯一因素。在此基础上，以韦伯（Weber，1909）为代表的一般区位理论作了进一步拓展，强调了要素成本的重要性，认为经济活动的布局会同时根据运输成本（靠近市场）和生产要素成本（靠近原料）进行抉择，最终选择使其成本最小化的点。与之前的研究不同，克里斯塔勒（Christaller，1933）强调了市场范围在产业区位选择中的重要性，认为最大的市场范围才是经济活动最优区位，尤其是对服务业来说。至此，空间经济学认为，企业在区位选择时会同时考虑资源禀赋和市场竞争，通过权衡成本（生产成本和运输成本）和利润（市场规模和价格）来选址。资源的初始配置状态是由历史或偶然因素决定的，而最初的工业布局是以资源导向的，因此，伴随而来的是区域发展不均衡。

"今赋出天下，江南居十九"，这一经济现象从古延续至今。那么，这种因初始资源禀赋差距造成的区域经济非均衡化发展何以持续存在？根源在于空间经济的极化效应。保罗·克鲁格曼（Paul Krugman，1991）开创了新经济地理学，他在规模报酬递增和不完全竞争的假设下提出了"核心—边缘"模型，经济资源在区域间的配置以及由此引发的经济活动布局取决于集聚力（向心力）和分散力（离散力）这两种相反作用力的对比。简而言之，区域经济活动的密度取决于经济集聚程度，而经济集聚还是扩散取决于要素在区域间的流动。

第二节　相关文献

关于资源空间错配与区域技术创新的研究现状，本书拟从三个方面予以综述：一是资源空间错配相关文献，一方面为界定资源空间错配这一核心概念及测度方法提供文献支撑，另一方面为资源空间错配的影响因素分析提供理论依据；二是区域技术创新的相关文献，为本书研究切入点及实证分析中控制变量的选取提供依据；三是资源空间错配影响区域技术创新的相关文献，为本书理论分析及作用机制阐释奠定理论基础。

一、资源空间错配的相关文献

（一）资源错配的概念及分类

资源空间错配是资源在空间层面（地区间）的错配，目前鲜有文献对资源空间错配的概念做出明确界定。因此，弄清资源错配是界定资源空间错配这一核心概念的起点。在经济学中，资源有狭义和广义之分，前者是指土地、矿产等自然资源，后者还包括技术、制度、智力、信息等经济和社会资源。本书研究的资源仅指资本和劳动力这两种最传统的流动性资源。经济学是研究如何将这些稀缺且有用的资源进行有效配置。经济活动主体按照一定的规则或机制分配这些稀缺资源，若能创造最大的社会财富，则认为资源"有效配置"（effecient allocation），即资源实现帕累托最优；"资源错配"（resource misallocation）则是与这种最优配置状态的偏离。传统经济增长理论认为，在完全竞争条件下，资源价格完全由市场决定，市场通过价格信号对经济活动进行灵活调节，使资源能够自由流动，既不会出现短缺，也不会出现剩余，最终实现资源配置帕累托最优。然而，现实经济活动中，由于要素市场发育不完全或不当的政府干预，资源错配广泛存在，尤其是在要素市场发育相对滞后的中国。

迄今为止，国内外相关研究对于资源错配并未形成确切一致的界定。资源错配的概念主要由谢长泰和克列诺（Hsieh and Klenow，2009）提出，他们从微观视角出发，认为在静态经济系统中，且企业生产集为凸性时，资源在各企业间的边际产出不相等的非均衡状态就是资源错配。在已有研究中，国内外学者主要运用两种方式来描述资源错配现象：一是以发达经济国家（地区）为基准，假设其资源配置是有效配置状态，不发达国家（地区）对于这种理想状态的经济效率损失即为资源错配；二是将资源错配与可度量的产业结构、全要素生产率、出口等相关联，进而间接论证资源错配的存在。

资源错配根据不同的标准可分为三大类：第一类根据是否考虑企业进入退出市场行为，将资源错配划分为集约边际下的资源错配（misallocation on the intensive margin，又称狭义资源错配）和扩展边际下的资源错配（misallocation on the extensive margin，又称广义资源错配）（孙元元和张建清，2015；盖庆恩等，2015）。前者指不考虑企业的进入退出市场行为，资源在在位企业间的边际回报不相等。目前，大多数文献关注的是这种错配（Hsieh and Klenow，2009；Restuccia and Rogerson，2008；姚战琪，2009；简泽，2011；龚关和胡关亮，2013；邵宜航等，2013；杨志才和柏培文，2017；王文和牛泽东，2019）。后者是指资源在在位企业与进入退出企业之间的配置，并将在位企业的资源重新分配给潜在高效率生产者，提高经济总产出（Banerjee and Moll，2010）。比如，我国偏向国有企业的政策，导致国有企业能以较低的价格获得银行贷款，不会轻易退出市场，而民营企业和外资企业虽然生产效率高于国有企业，但由于在要素市场处于劣势而无法进入市场，最终导致资源在企业间配置不当（盖庆恩等，2015）。近年来，越来越多的研究意识到资源错配对企业进入退出市场行为的影响，并从企业动态的视角探究资源错配的相关问题（Foster et al.，2008；Brandt et al.，2012；Peters，2013；Midrigan and Xu，2014；Melitz and Polanec，2015；盖庆恩等，2015；Mao and Sheng，2017；余壮雄和米银霞，2018）。第二类是根据错配资源的种类进行划分，主要包括劳动力错配（Song et al.，2011；袁志刚和解栋栋，2011）、资本错配（王林辉和袁礼，2014；Moll，2014；Gopinath et al.，2017）、土地资源错配（Duranton et al.，2015；李力行等，2016）、能源错配（陈诗一和陈登科，2017）等。本书同时关注了劳动力和资本这两种资源的配置。第三类则是根据资源的流动范围，将资源错配分为空间错配、行业间的错配、企业间的错配三个层面。资源空间错配关注的是资源在地区间的错配（谢呈阳等，2014；白俊红和刘宇英，2018；陆铭，2019；陈诗一等，2019）；行业间资源错配关注的是资源在不同行业间的错配（韩剑和郑秋玲，2014；姚毓春等，2014）。企业间资源错配聚焦资源在不同企业间的错配，主要是不同所有制企业间的资源错配（方军雄，2007；靳来群等，2015）。

（二）资源空间错配

中国是一个空间规模极大的发展中国家，研究中国经济增长问题时必须充分考虑资源的空间配置效应（胡晓鹏，2006）。由于资源空间流动失衡问题日益严峻，以及其在区域经济发展中的突出作用，近年来有一些文献开始将视角转向资源空间错配。比如，谢呈阳等（2014）关注产业转移中要素资源空间错配对经济效率的影响，发现政府主导产业转移易引起资源空间错配，进而造成经济效率损失。陆铭（2019）研究发现，资源空间错配是导致中国经济增长下降和区域不平衡的根本原因。陈诗一等（2019）探讨了城市间资本配置效率对城市规模体系和社会福利的影响，发现城市间资本错配不仅导致了中国大城市偏少、小城市数目过多，而且给居民福利造成了严重损失。这些研究虽然关注资源空间错配问题，但均未对资源空间错配的概念有明确界定。基于此，本书在既有文献基础上，对资源空间错配这一核心概念进行以下界定。

资源空间错配是指由不当的政策干预和要素市场发育不完善引起的资源不能在地区间自由流动，造成资源空间流动失衡——一些地区资源过剩而另一些地区资源不足，地区间资源配置偏离于完全竞争市场下的帕累托最优状态，导致国民经济总产出未能达到最大化。具体来说，本书聚焦的是资本和劳动力这两种资源在各地级市间未实现最优配置的情况。

（三）资源空间错配的测度

既有文献对于资源空间错配的测度主要有直接法和间接法两种（Restuccia and Rogerson，2013）。直接法就是直接将某一类可能引起资源空间错配的因素引入模型中，量化测度这一因素造成的资源空间错配程度。使用直接法测算资源空间错配的文献中，关于金融市场不完善和税收的文献最丰富。比如，莫尔（Moll，2014）用融资约束来表示金融市场不完善，并将其引入企业预算方程中来考察金融市场不完善带来的资本空间错配。类似地，米德里甘和徐熠（Midrigan and Xu，2014）将金融摩擦模型化为融资约束，通过企业的借贷约束条件来反映企业的借贷杠杆。霍佩海因和罗杰森（Hopenhayn and Rogerson，1993）利用产业均衡模型，发现"解雇税"会降低企业间劳动力配置效率。间接法测度的是所有可能引起资源空间错配潜在因素的总和影响，这些潜在因素会导致要素边际报酬有悖于社会均衡的要素成本，在数理模型中表现为经济最优化一阶条件的"楔子"（wedge in the first condition）。这种测算方法的基本思想是从事后出发，实际全要素生产率（产出）和有效全要素生产率（产出）的差距即为资源空间错配程度。在实际中，根据具体的测算方法，间接法可进一步分为参数法和非参数法两种。参数法是以不存在资源空间错配最优状态下的产出水平或全要素生产率作为参考标准，通过加入"扭曲税"表示经济楔子的资源配置系数，计算出实际产出或全要素生产率，两者之间的差即为资源空间错配的程度。雷斯图西亚和罗杰森（Restuccia and Rogerson，2008）、谢长泰和克列诺（Hsieh and Klenow，2009）、布兰特等（Brandt et al.，2012）、青木（Aoki，2012）都采用了这一测算方法。部分国内学者（陈永伟和胡伟民，2011；袁志刚和解栋栋，

2011；陈诗一和陈登科，2017）也采用了相同的测算方法。半参数法主要运用奥利和派克斯（Olley and Pakes，1996）的 OP 法对全要素生产率进行分解，得到能够表示资源空间错配程度的企业生产率与企业规模之间的协方差，若协方差越大，则表示资源空间错配程度越小。巴特尔斯曼等（Bartelsman et al.，2013）运用该方法从资源空间错配的角度，比较分析了不同国家间的生产率差异。

直接法用要素投入扭曲来衡量资源空间错配，能够比较直观且容易地估计出资源的错配程度。在现实经济中，资源空间错配是多方面因素共同作用的结果，存在很多无法直接测量但却对资源空间错配产生重要影响的因素，比如，企业的政治关联、制度安排等，因而直接法存在明显的局限性。相较而言，采用间接法测算资源空间错配程度更加全面和准确：一方面，它不用事先假定究竟是哪种原因引致的资源空间错配；另一方面，可以衡量资源空间错配导致的总产出（效率）损失。本书并非聚焦于某一类可能引起资源空间错配的具体因素，而是从资源空间错配这一既定现实出发，因而间接法更适用。

（四）资源空间错配的经济效应

近年来，学术界和政策制定者都对资源错配问题给予高度关注，主要原因在于资源错配会带来严重且多层面的负面经济效应，制约着经济发展质量的提高。

第一，对全要素生产率和经济增长的影响。资源空间错配对全要素生产率和经济增长的影响无疑是经济学家们最关注的话题。全要素生产率分解为技术效率、资源配置效率和规模经济三部分（Olley and Pakes，1996；Levinsohn and Petrin，2003）。显然，资源配置效率是经济效率和经济产出的决定因素之一。基于此，学者们从多个视角研究了资源空间错配造成全要素生产率损失和阻碍经济增长的机制：一些学者构建异质性企业的单部门或多部门模型，直接测度资源空间错配造成的全要素生产率损失程度与产出缺口（Restuccia and Rogerson，2008；Hsieh and Klenow，2009；姚战琪，2009；聂辉华和贾瑞雪，2011，罗德明等，2012；Brandt et al.，2013；杨振和陈甫军，2013；王文和牛泽东，2019）；另一些学者则从对外开放水平（Defever and Riaño，2013；Khandelwal，2013）和产业结构（Jones，2011；Aoki，2012）的角度探究了资源空间错配对经济增长的影响。尽管研究视角不同，但是现有研究结论一致认为，资源空间错配会给全要素生产率和经济增长造成巨大损失，优化资源配置能为经济持续增长带来更大的空间。

第二，对经济结构的影响。资源空间错配对内部经济结构（包括产业结构、投资和消费结构）与外部经济结构（包括出口贸易和对外直接投资）有重要影响。首先，资源配置与产业结构调整密切相关。阿西莫格鲁和圭列里（Acemoglu and Guerrieri，2008）认为，各产业资源配置会影响资源的产出弹性，因此影响产业部门的产出效率和产业结构。琼斯（Jones，2011）、青木（Aoki，2012）和鞠建东等（Ju et al.，2015）均发现，资源空间错配阻碍了产业结构高级化。其次，资源空间错配影响投资和消费结构。资源空间错配伴随着要素边际收入偏离完全竞争下的边际产出水平，这种偏离会改变要素的收入水平，最终影响宏观需求结构。需求决定产出的规则又会引起厂商对要素的需求决策，继而影响经济的投资结构。因此，资源空间错配加重了我国投资过度和内需不足的问题（叶文辉和楼东玮，2014）。再次，资源空间错配影响出口贸易强度。当存在资源空间错配时，要素市场扭曲带来的低成本转化为出口优势，改变了企业出口成本与出口行为，激励了企业的出口动机（张杰等，2011；施炳展和冼国明，2012）。最后，资源空间错配影响对外直接投资。资源空间错配主要通过要素价格低估效应和所有制差别效应影响对外直接投资（王文珍和李平，2018）。

第三，对环境质量的影响。资源空间错配会通过粗放型经济增长模式的锁定效应（林伯强和杜克锐，2013）、技术进步的抑制效应（Oberfield，2013）、国外环境污染和能源消耗转移效应（阚大学和吕连菊，2016）加剧环境污染和能源消耗问题。

二、区域技术创新的相关文献

（一）区域技术创新的概念界定

区域技术创新是区域经济高质量发展的重要源泉。区域技术创新的理论溯源为区域经济理论和区域创新系统论。库克（Cooke，1992）将区域创新系统定义为在地理上互相分工与关联的企业、研究机构与高等教育机构等组成的支持并产生创新的区域性组织体系，其构成元素主要包括区域、创新、网络（基于信任、规范和契约的互惠且可靠的关系）、学习过程（尤其是制度学习）以及相互作用五部分。甄峰等（2000）将区域技术创新定义为依托现代信息通信技术平台，在生产过程中纳入技术、知识和信息等要素的过程。柳卸林和胡志坚（2002）则认为，区域技术创新是一个地区将知识转化为新产品、新工艺和新服务的过程。进一步地，福曼等（Furman et al.，2002）认为，创新成果能否产生商业价值是评判区域技术创新能力的核心标准。与以往研究不同的是，图拉和哈尔玛科尔皮（Tura and Harmaakorpi，2005）认为，区域技术创新是通过区域创新网络对既有资源进行开发、更新和再利用，通过配置资源以达到竞争优势。尽管不同学者对区域技术创新的界定各有侧重，但一致认为区域技术创新由区域内企业、技术机构、大学、研究机构和行政主体间交流合作，创造并提供积极性竞争产品的过程（Heidenreich，2005；Buesa et al.，2010）。

在既有研究的基础上，本书对技术创新的理解沿用"过程观"，即认为技术创新是一项从创新投入到新产品商业化的全过程。需要说明的是，本书将区域技术创新的分析单位设定为行政区域，具体指中国的地级市，这一设定主要缘于两方面的考虑：一是细化至地级市的研究更加具有现实指导意义；二是考虑数据的可得性。

（二）区域技术创新的影响因素

对区域技术创新影响因素的研究已相当丰富，主要围绕"资源禀赋"与"制度环境"两大类展开。资源禀赋指研发人员、研发经费、研究机构等创新资源。制度环境是指地区一系列与创新相关的制度安排，包括政府支持、知识产权保护等。具体来说，影响区域创新的主要因素包括创新资源、产业集聚、创新环境、政府支持四方面。

1. 创新资源

创新资源的多寡、配置方式和利用效率直接影响地区的技术创新水平和效率。大量的理论和实证研究都已证实研发投入能够促进区域技术创新。官建成和刘顺忠（Guan and Liu，2005）在探析区域技术创新差异的原因时，发现创新资源的投入与区域技术创新显著正相关。邵云飞等（2011）基于内生经济增长模型进行区域技术创新影响因素研究时，发现包括高技术人员就业规模在内的创新基础条件在区域技术创新中发挥重要作用。但是，越来越多的研究发现创新资源投入的数量与区域技术创新并未呈现出线性关系，而资源配置效率起着更重要的作用。张宗和和彭昌奇（2009）的研究表明，研发在创新主体之间的配置效率以及制度性因素对创新绩效有重要影响。戴魁早和刘友金（2016a；2016b）、白俊红等（2016）都认为，要素市场扭曲会对创新效率产生显著的抑制效应，而且资源配置效率已成为制约我国创新生产率效率提升的首要因素（李德山和邓翔，2018）。

2. 产业集聚

从理论上看，产业集聚会通过劳动力池、中间投入品共享和知识溢出促进区域技术创新（Marshall，1890）。不同于马歇尔（Marshall，1890）的专业化外部性，雅各布斯（Jacobs，1969）从多样化外部性视角解释了集聚经济的主要来源，认为多样化的产业结构比单一的产业结构更具有创新活力，具有关联或互补性的经济体之间的思维碰撞能产生更多的创新回报。进一步地，杜兰顿和普加（Duranton and Puga，2006）阐释了集聚经济的微观机制，指出产业专业化会通过生产要素市场的供求匹配、规模化中间品市场的共享和专业化信息技术的扩散来影响企业利润。集聚通过共享、匹配和知识溢出等外部性促进区域技术创新的观点已得到广泛证实，如村田等（Murata et al.，2014）发现，集聚引发的本地化知识溢出有助于区域技术创新。但是，另外一些研究则认为，产业集聚类型不同对区域创新的作用也不同，多样性集聚并不一定促进创新。卡斯塔尔迪等（Castaldi et al.，2015）和阿尔斯塔德等（Aarstad et al.，2016）发现，只有共享或互补的相关产业多样化集聚才能引发知识溢出，而彭向和蒋传海（2011）研究发现，专业化和多样化均有利于地区产业创新，其中多样化的促进作用更突出。

3. 创新环境

创新环境对区域技术创新的良性运转起到支撑作用（赵彦飞等，2019）。从区域维度来看，创新环境由两部分组成：一是区域内主要行为主体之间的协同作用和集体学习形成的网络，比如，产学研协同关系；二是包括文化环境、基础设施、政策与法规等在内的区域环境。从属性上看，创新环境可分为硬性要素（基础设施、资源条件等）与软性要素（政策法规、文化环境等）两类。波特和斯特恩（Poter and Stern，2000）认为，基础设施与特定集群的创新环境以及两者的互动质量决定了区域技术创新能力。李习保（2007）研究发现，区域技术创新在很大程度上取决于该地区对教育和科技的重视程度。党文娟和张宗益（2008）认为，区域创新环境包括政府和市场两方面，市场对区域技术创新有显著的促进作用，政府虽没有起到显著作用，但对于自主创新的推动作用是市场不可比拟的。产学研协同作为创新环境的重要组成部分，对区域技术创新也具有正面影响（刘友金等，2017）。

4. 政府支持

政府在区域、产业以及企业创新中扮演着非常重要的角色（Guan and Yam，2015）。政府作为区域创新系统的主导者，在创新环境建设、创新战略制定以及创新资源配置方面均发挥重要作用，是区域创新的决定因素之一（李政等，2018）。既有研究关于政府支持对区域技术创新的作用存在明显分歧。以格雷科等（Greco et al.，2017）、斯西格尔斯基等（Szczygielski et al.，2017）为代表的研究支持了"政府支持有效论"。他们认为，市场机制无法有效解决外部性问题，而且创新活动外部性强、风险高的特征会使企业难以达到最优创新规模，而政府支持能够为创新主体提供充足的资金投入（白俊红和李婧，2011）、共性技术以及良好的创新环境，推动企业创新活动，促进区域技术创新。但是，洪进等（Hong et al.，2016）以中国高技术产业为样本的研究论证了"政府支持无效论"。政府研发补贴对企业研发投入的挤出效应（Acemoglu et al.，2013），企业获得政府补贴前的逆向选择和获得补贴后的道德风险（陆国庆，2014），政府干预诱发企业寻租而损害公平竞争环境（冯宗宪，2011），政府对于"远期"技术的偏好以及对资金用途管理的缺失（肖文和林高榜，2014），均有可能导致政府支持对区域技术创新产生阻碍作用。还有一部分研究认为，政府行为对区域技术创新的影响不确定，会因制度环境（Acemoglu et al.，2004）、国别差异（Guo et al.，2016）、产业差异和企业规模（李晨光和张永安，2014）等因素而有所差别。如李政和杨思莹（2018）研究发现，政府支持对区域创新效率的影响并非单一的线性关系，会因支持力度、财政分权程度和寻租腐败程度不同，对区域创新产生不同的效果。

三、资源空间错配影响区域技术创新的相关文献

（一）资源空间错配影响区域技术创新的实证研究综述

目前，直接探究资源空间错配与创新两者关系的研究尚处于探索阶段，鲜有

文献进行理论分析，国内外展开的多是实证研究，尚未形成系统的理论体系和分析框架。既有研究一致表明：资源空间错配不论是对创新活动还是创新效率抑或是创新模式均会产生严重的负面效应。

1. 资源空间错配对创新活动的影响

张杰等（2011）从中国要素市场扭曲这一典型事实出发，利用2001~2007年工业企业样本考察了要素市场扭曲对企业 R&D 投入的影响。结果表明，要素市场扭曲所带来的寻租效应不但会挤出企业的 R&D 投入，而且抑制效应会随要素市场扭曲度的增大而增强；要素市场扭曲对不同特征企业的 R&D 投入的影响存在差异，要素市场扭曲的长期存在是造成本土企业与外资企业竞争力差距的重要因素之一。戴魁早和刘友金（2015）以中国高技术行业为研究对象，探究了要素市场扭曲对 R&D 投入的影响及区域差异，发现要素市场扭曲对我国高技术产业研发资本投入和人力投入的影响不尽相同，其抑制了研发资本投入，但却促进了研发人力投入。

席尔瓦和卡雷拉（Silva and Carreira，2012）将研究范围缩小至资本错配对创新的影响，资本市场中融资结构扭曲引致的高融资成本不利于企业研发投入，会抑制企业自主创新。阿莫尔等（Amore et al.，2013）的研究也表明，放松对银行的管制能促进金融发展，分散信贷风险，进而对创新活动的数量和质量产生显著的有益影响。汪伟和潘孝挺（2014）利用世界银行的企业调查数据，探讨了金融要素市场扭曲对企业创新活动的影响。结果表明，金融要素市场扭曲会抑制企业的研发投入和创新产出，这种抑制作用具有明显的所有制异质性，私营企业受抑制的程度要高于国有企业；此外，抑制作用还呈现明显的企业规模异质性，且随所处的创新阶段发生变化。在创新过程中，金融要素扭曲对中小型企业的影响更大，但在产品创新中，大型企业受金融要素扭曲的影响更强。

作为经济禀赋结构的信号载体，要素的相对价格是决定企业生产与研发决策的重要因素。有鉴于此，黄鹏和张宇（2014）从劳动力和资本两种要素价格相对扭曲的角度，依托微观数据，利用以 LP 为基础的半参数估计方法计算了要素价格的相对扭曲程度，从理论上分析了要素相对价格扭曲对企业创新活动的影响。研究发现，不同的所有制企业会面临不同程度的劳动力价格相对低估，其对不同类型的企业研发动机均会产生抑制作用，该研究运用面板二元选择模型验证了理论分析中的结论，发现民营企业面临更严重的劳动力价格相对低估，因而企业创新活动受到的抑制作用更突出。此后，张宇和巴海龙（2015）同样从劳动力和资本两种要素相对扭曲的角度，通过分解地区层面的工业研发强度指标，从产业结构和产业价值链两个方面考察了要素市场扭曲对地区研发强度的影响，发现劳动力相对资本价格的低估不仅直接阻碍了地区产业结构与产业链优化升级，而且弱化了资本深化对研发的正向作用。

2. 资源空间错配对创新效率的影响

已有研究从不同视角探讨了要素市场扭曲对创新效率的影响。相当一部分研究认为，要素市场扭曲会造成资源在企业间低效率配置，不利于全要素生产率的提升。要素市场扭曲不仅会降低资源在在位企业间的分配效率（Restuccia and Rogerson，2008；Hsieh and Klenow，2009；Bartelsman et al.，2013；Moll，2014；Collard-Wexler and De Loecker，2015），还会使企业进入退出市场的动态行为存在较高壁垒，阻滞资源在在位企业及潜在进入者之间的再分配（罗德明等，2012；Peters，2013；Midrigan and Xu，2014；盖庆恩，2015），进而有碍于全要素生产率的提高（Uras and Wang，2014）。谢长泰和克列诺（Hsieh and Klenow，2009）以美国为基准国，使用制造企业的微观数据量化中国和印度的资源配置不当造成的生产率潜在损失，发现资源错配会显著降低全要素生产率。若对中国和印度的资本及劳动力重新分配，使其边际产量等同于美国，则中国和印度的制造业全要素生产率能分别提高30%~50%和40%~60%。此后，研究中国资源错配问题的文献逐渐兴起。毛其淋（2013）使用1998~2007年的企业微观数据，在贸易自由化的背景下考察了要素市场扭曲对工业企业生产率的影响，发现要素市场扭曲不仅不利于企业内部生产率的提高，而且显著降低了跨企业的资源配置效率。盖庆恩等（2015）从广义视角研究了要素市场扭曲对全要素生产率的影响，他们认为，要素市场扭曲对全要素生产率有两种效应：直接效应（要素市场扭曲使在位企业间的边际产出不同，降低全要素生产率）和间接效应（要素市场扭曲通过垄断势力给企业的进入退出行为带来壁垒，降低全要素生产率）。基于1998~2007年中国工业企业数据的实证分析表明，若消除资本市场扭曲，制造业全要素生产率可提高57.79%，其中直接效应和间接效应会分别提高31.46%和26.32%；若劳动力市场扭曲得到改善，全要素生产率将提高33.12%，直接效应和间接效应的贡献度分别为 11.42% 和 21.69%。

随着创新驱动战略在我国的推进，越来越多的研究开始关注我国资源错配对创新效率影响。陈艳莹和王二龙（2013）从社会网络和产业演化的角度，利用我国 2004～2010 年的省级面板数据，考察了要素市场扭曲对我国生产性服务业全要素生产率的双重抑制作用。一方面，要素市场扭曲引发生产性服务企业畸形地依赖社会网络，特别是政府关系网来获取生产资源，由此导致企业经营目标短化，抑制了研发活动的积极性，直接阻碍了全要素生产率的提升；另一方面，要素市场扭曲会使制造业企业的演化激励受阻，间接抑制生产性服务业的生产率。戴魁早和刘友金（2016b）在谢长泰和克列诺（2009）的模型基础上，构建了要素市场扭曲影响创新效率的理论模型，并利用中国高技术产业 1997～2009 年省级面板数据加以验证，理论和经验研究发现，要素市场扭曲显著地抑制了创新效率的提高，而且这种抑制效应存在边际贡献递减规律。也就是说，当要素市场扭曲程度较高时，要素市场改革对创新效率的边际效应较小，而随着扭曲程度的持续下降，其对创新效率的边际效应逐渐增大。进一步的经验研究还发现，要素市场扭曲对那些规模较大、外向度较高、经济绩效较好、技术密集度较低的企业创新效率的抑制作用越小，要素市场扭曲的影响因企业特征不同而呈现明显的差异性。但是，戴魁早和刘友金（2016b）用代表性厂商所在地区的要素市场相对于产品市场的扭曲程度来刻画要素市场扭曲，这一做法暗含着资本和劳动力的错配程度相同，且两种要素错配对创新效率的影响是同等的，这一假定与现实情况不符，不能反映劳动力和资本这两种要素扭曲程度不同时对创新效率的影响。基于此，白俊红和卞元超（2016）以劳动力要素市场扭曲和资本要素市场扭曲为切入点，分别阐述了两种要素市场扭曲影响创新生产效率的内在机制，并采用中国分省份面板数据和随机前沿函数模型，验证了劳动力要素市场扭曲和资本要素市场扭曲对中国创新生产效率的影响，并基于反事实检验估计了要素市场扭曲造成的创新生产效率损失。结果表明，劳动力要素市场扭曲和资本要素市场扭曲均对中国创新活动的开展及其效率提升产生了显著的负向作用，如果消除这两种要素市场扭曲，中国的创新生产效率将分别提升 10.46% 和 20.55%。李德山和邓翔（2018）采用 Global Cost Malmquist Luenberger 指数模型对创新生产率进行分解，分析了我国创新效率的主要影响因素，发现资源配置效率是制约我国创新生产率进步的首要因素。

3. 资源空间错配对创新模式的影响

还有一部分文献探究了资源错配对创新模式的影响。李永等（2013）扩展了垄断竞争模型，考察了劳动、资本、土地和研发要素价格扭曲对国际技术溢出的影响，发现要素扭曲会通过中间进口抑制效应、外资流入复合效应及专利申请挤出效应这三条渠道显著抑制国际技术溢出。而且，当溢出强度跨过一个门槛后，要素扭曲对全要素生产率的抑制效应更加明显。李平和季永宝（2014）认为，要素扭曲会通过资本价格扭曲和劳动价格扭曲的两阶段效应抑制自主创新。他们首先通过改进已有方法，分别量化出资本和劳动力扭曲程度，在此基础上，运用不同方法对 1998～2011 年的省级面板数据进行实证检验，发现资本和劳动要素价格扭曲抑制了我国自主创新。

（二）资源空间错配影响区域技术创新的作用机制研究

已有研究一致认为，资源空间错配削弱了市场机制对创新资源的优化配置，进而阻碍了创新。关于资源空间错配究竟通过何种渠道影响技术创新，仅有少数文献零散地进行了概括性说明，且未进行详细论证。总的来说，主要有以下几条机制。

1. 资源空间错配削弱了市场机制对创新要素的优化配置

要素市场作为创新要素集聚、流动和配置的主要平台，其完善程度将对各地区创新要素的流动和配置效率产生直接且重要的影响，创新资源空间错配是我国创新质量和效率偏低的重要原因。比如，户籍制度阻碍了劳动力在地区间和部门间的流动，尽管目前户籍制度逐步松动，但与户籍挂钩的公共服务差异导致一些创新人才在就业选择时受到限制。创新人才在空间分布上的不合理降低了创新主体和高素质劳动力资源之间的匹配度，抑制了创新活跃度，资本市场也存在同样的现象。政府对金融信贷部门的管制导致一些周期长、风险大的创新项目难以从政府和金融部门获得资金支持，抑或融资成本过高，阻滞了创新生产活动的发生（白俊红和卞元超，2016）。永瓦尔和廷瓦尔（Ljungwall and Tingvall，2015）指出，中国的 R&D 支出增长低于其他国家的原因之一就在于中国长期存在较为严重的要素市场扭曲现象。波音（Boeing，2016）、焦翠红和陈钰芬（2018）、靳来群等（2019）采用不同的数据和研究方法却得到相似的结论，即我国地区间存在严重的创新资源结构性错配，这给我国区域创新造成了巨大的损失。因此，要素市场不健全会削弱市场机制对创新资源的优化配置，阻碍区域创新。

2. 资源空间错配引发的寻租效应挤出了创新投入

资源空间错配程度越高的地区，政府对土地、劳动力、资本及能源等关键要素的定价权和分配权也就越大，寻租空间也就越大。而"非生产性寻租"活动导致企业运营和交易成本上升，对创新资金有明显的挤出效应，不利于创新活动的开展（Murphy et al.，1993）。一方面，在寻租机会较多的地区，与地方政府官员建立人脉关系或直接进行寻租可以为企业带来成本相对较低的资金或者其他稀缺资源，进而获得可观的企业利润（Khwaja and Mian，2005；Claessens et al.，2008；余明桂等，2010）。寻租机会越多，企业越热衷于将资金用于寻租活动，这部分资金支出对企业机器设备更新、员工技能培训以及能力建设等生产性支出产生了挤出效应，这显然有碍于企业创新（Boldrin and Levine，2004；张杰等，2011；杨其静，2011）。另一方面，寻租会影响企业家精神，诱发企业以"寻租战略"替代"创新战略"（Baumol，1996）。如果通过与政府建立寻租关系就能享受财政补贴、税收减免、税收返还等政策优惠，而且由此带来的额外利润或垄断地位缓解了企业进入市场的竞争压力，企业家自然不会把资源投入核心技术的创新上，势必挫伤其进行高风险创新活动的积极性（成力为和孙玮，2012）。此外，信贷寻租为企业带来的资金便利性可能是以企业承担更低风险的项目或负担更高利息为条件（Agarwal and Elston，2001），这样不仅不会增加企业创新所需的长期资金，反而会加剧融资约束对研发投入的抑制作用（张璇等，2017）。

3. 资源空间错配导致的需求抑制效应阻碍了区域创新

根据创新过程研究中的"链接模型"理论，需求和技术的共同作用促成创新的实现。市场需求不仅会激励创新的发生，而且能降低创新失败的风险（Simpson et al.，2006）。从地区整体层面来看，资源空间错配造成的经济总产出损失会带来需求抑制效应，削弱市场主体从事创新生产的动机。同时，地方政府和企业等市场主体对拔尖创新型人才的需求和支持力度也将减弱，这也会对区域创新活动的开展产生不利影响。从资源所有者角度来看，我国资源空间错配的一个重要体现就是要素价格负向扭曲，也就是说，资本和劳动力的实际所得低于这两种资源的边际产出。那么，过低的劳动力报酬势必会降低 R&D 人员的生产积极性，使其不愿发挥出全部的知识和才能，严重时还可能造成人才等创新资源的流失，不利于创新效率的提升（白俊红和卞元超，2016）。而且，作为消费支出的主要来源，较低的劳动者报酬将拉低消费者的需求层次，导致"需求引致创新"的市场机制因有效需求不足而失效，创新产品的市场需求不足抑制了企业的创新生产活动（李平和季永宝，2014）。

4. 资源空间错配导致的低端锁定效应影响了创新模式选择

资源空间错配对技术水平的低端锁定效应不利于企业自主创新。一方面，由于要素市场改革滞后于产品市场，导致各地区劳动力和资本等要素价格存在不同程度的低估，廉价的要素价格促使企业更倾向于增加对有形要素的使用，形成路径依赖，缺乏自主创新的动力（白俊红和卞元超，2016）。另一方面，企业在对创新资源做出配置决定后面临较大的技术风险与外部市场环境不确定性，从新思想的产生到最终形成新产品的创新过程中，越往后推进所面临的技术风险和市场需求风险就越大。特别是核心前沿技术的创新，往往需要持续的资金和人员投入，漫长的研发周期加大了创新项目失败的风险。巨大的"沉没成本"加剧了企业在技术进步上的路径依赖特征，表现为在技术选择上更倾向于购买现成的成熟技术而不愿从事核心技术的研发，而且引进的多是密集使用资金的物化技术进步形态，从而造成低端技术锁定，阻碍了企业的技术进步（成力为和孙玮，2012）。此外，资源空间错配会通过中间品抑制效应、FDI 流入符合效应以及专利引用挤出效应制约国际技术溢出（李永等，2013）。

第三节　文献评述

近年来，国内外学者就资源错配的测度、影响因素及经济效应展开了较为丰富的研究，且大部分文献以中国为研究对象，这为本书对资源空间错配的概念界定、测度、理论分析提供了重要借鉴。但是，资源错配影响创新的专门性探讨近几年才兴起，还存在以下不足：第一，既有文献大多关注的是企业间或部门间的资源错配问题。但是，地区间资源流动失衡与配置效率低下是当前中国区域经济发展的突出问题，却鲜有文献涉及，仅有的几篇也是停留在省级层面，比较粗糙。第二，直接探讨资源错配与创新二者关系的研究尚处于探索阶段，未形成完整的理论体系和分析框架。近年来，很多研究在提及中国经济问题时将资源错配视为一种"放之四海而皆准"的中间机制，但资源错配到底是如何导致这些经济症结的，并未阐释清楚，资源错配的经济效应还是一个黑箱。第三，关于资源错配影响创新的作用机制讨论不足，关于传导机制的实证验证也比较少见。第四，资本和劳动力错配的现状以及影响创新的机制是不同的，已有研究将资源错配视为一个整体，未加以区分。第五，企业创新的要素使用方式和技术选择受制于生产要素的相对价格。即资本和劳动力两种资源的相对错配也会产生影响，但已有研究缺乏对劳动和资本两者叠加效应的考虑。

本书紧贴中国当前资源空间流动失衡与技术创新不足的现实背景以及"促进各类要素合理流动和高效集聚，增强创新发展动力"这一政策目标，聚焦资源空间错配和区域技术创新，从理论和实证两个维度系统地考察了资源空间错配对区域技术创新的影响。本书的边际贡献主要在于：一是借鉴谢长泰和克列诺的生产率错配模型思路，对此模型进行两方面扩展，一方面，同时引入资本和劳动力空间错配；另一方面，假设最终产品市场不存在错配，构建了资源空间错配影响区域创新技术的理论模型框架。二是从中国国情出发，证明并验证了要素市场上的典型干预制度对资源空间错配的影响。三是将劳动力空间错配、资本空间错配与资源相对错配区别开来，从理论和实证分别考察其对区域技术创新的影响、作用机制以及损失缺口。

第三章 资源空间错配影响区域
技术创新的作用机理

在西方经济学理论框架中，要素市场被假定为完全竞争的。在此假定下，资源价格完全由市场决定，市场通过价格信号对经济活动进行灵活调节，使资源能够自由流动，既不会出现短缺，也不会出现剩余，最终实现资源配置帕累托最优。但是，在现实经济活动中，由于要素市场发育不完全或不当的政府干预，资源错配依旧存在，尤其是在要素市场发育相对滞后的中国。显然，传统的理论模型对中国的资源错配问题及其经济效应缺乏足够的解释力。例如，以谢长泰和克列诺为代表的资源错配理论模型用要素市场相对于产品市场的错配程度来刻画要素市场错配，这一做法暗含资本市场和劳动力市场的错配程度相同，与中国实际情况明显不符。另外，既有研究将诸多的中国经济问题均归咎于资源错配，但鲜有研究探究其具体作用机制。基于此，为了更清晰地认识资源空间错配对区域技术创新的影响，同时为了增强理论模型的现实解释力，本章构建了资源空间错配影响区域技术创新的理论分析框架，主要包括两部分内容：一是借鉴经典的谢长泰和克列诺的生产率错配模型思路，并进行两方面的拓展，分别解析出劳动力和资本空间错配对区域技术创新的影响；二是分别阐释了劳动力和资本空间错配影响区域技术创新的主要传导路径。

第一节 理论分析

一、模型的基本设定

本书借鉴谢长泰和克列诺的生产率错配模型思路，进行两方面的拓展：一是同时引入资本和劳动力错配；二是假设产品市场不存在错配。从这两方面进行拓展的理由在于：第一，谢长泰和克列诺只关注整体资源错配程度对生产率的影响，所以用代表性厂商所属区域的要素市场相对于产品市场的错配程度来刻画要素市场的错配程度，这一做法暗含资本和劳动力的错配程度相同，与中国实际情况不符。因为大量以中国为研究对象的文献均发现劳动力和资本错配程度明显不同（姚毓春等，2014；王宁和史晋川，2015；张慧慧和张军，2018）。本书同时引入资本和劳动力错配，不仅能够分别解析出劳动力和资本的空间错配对区域技术创新的影响，而且对中国经济问题更具有现实解释力。第二，谢长泰和克列诺的生产率错配模型中是存在产品市场错配的，但随着我国产品市场的市场化改革进程的持续深入推进，最终产品市场相对于要素市场来说，其错配程度可忽略不计（盛仕斌和徐海，1999；张曙光和程炼，2010）。因此，假设产品市场不存在错配更符合我国现阶段的实际情况，而且更加具有一般性。基于以上拓展，本书进行资源空间错配对区域技术创新的理论分析。模型基本假定有：

（Ⅰ）假设地区的企业是同质的，代表性厂商 i 的技术创新产出为规模报酬不变的柯布—道格拉斯生产函数形式：

$$Y_i = A_i (RK_i)^\alpha (RL_i)^\beta \qquad (3-1)$$

Y_i 为代表性厂商的技术创新产出；RK_i、RL_i 分别为研发物质资本和人力资本投入；A_i 代表创新效率，即创新过程的全要素生产率。借鉴谢长泰和克列诺的做法，将代表性厂商技术创新的自然生产率（$TFPQ_i$）和收益生产率（$TFPR_i$）定义如下：

$$TFPQ_i = A_i = Y_i / [(RK_i)^\alpha (RL_i)^\beta] \qquad (3-2)$$

$$TFPR_i = P_i A_i = P_i Y_i / [(RK_i)^\alpha (RL_i)^\beta] \qquad (3-3)$$

（Ⅱ）假设代表性厂商所在地区的资本和劳动力要素资源的扭曲程度分别为 τ_{Ki} 和 τ_{Li}，且 $0 < \tau_{Ki}$，$\tau_{Li} < 1$，取值越大，说明要素的扭曲程度越高。此时，地区 i 代表性厂商的创新利润函数为：

$$\pi_i = P_i Y_i - (1 + \tau_{Ki}) r_i RK_i - (1 + \tau_{Li}) w_i RL_i \qquad (3-4)$$

式（3-4）中，r_i、w_i 分别为完全竞争时单位研发资本的利率和单位人力资本的工资，P_i 是代表性厂商的产品价格。

（Ⅲ）假定代表性厂商 i 研发单一产品，经济体中共有 n 家厂商。市场出清时，消费者购买新产品的效用函数为 CES 函数形式：

$$U(Y_i) = \left[\int_0^n Y_i^{\sigma-1/\sigma} di \right]^{\sigma/\sigma-1}, \sigma > 1 \qquad (3-5)$$

二、模型构建与求解

（一）消费者行为

消费者对所有厂商生产产品的总支出为 E，消费者效用最大化问题为：

$$\max U(Y_i) = \max \left[\int_0^n Y_i^{\sigma-1/\sigma} di \right]^{\sigma/\sigma-1}, s.t. \int_0^n P_i Y_i di \leqslant E \qquad (3-6)$$

通过构造拉格朗日函数，求得使消费者效用最大化的技术创新产出为：

$$\varphi 1 = \left[\int_0^n Y_i^{\sigma-1/\sigma} di \right]^{\sigma/\sigma-1} - \lambda \left(\int_0^n P_i Y_i di - E \right) \qquad (3-7)$$

$$(Y_i / Y_j)^{-1/\sigma} = P_i / P_j \Leftrightarrow Y_i / Y_j = (P_i / P_j)^{-\sigma} \qquad (3-8)$$

式（3-7）为拉格朗日函数，式（3-8）为一阶条件的比值，反映了效用最大化时消费者对厂商 i 和 j 分别所生产新产品的需求量与对应价格之间的关系；式（3-8）变形可得：

$$\int_0^n P_i Y_i di / Y_j = \int_0^n P_i^{1-\sigma} di / P_j^{-\sigma} \Leftrightarrow E / Y_j = \int_0^n P_i^{1-\sigma} di / P_j^{-\sigma} \qquad (3-9)$$

借鉴通用做法，定义一个价格指数作为 CES 的加总价格，即 $P = \left(\int_0^n P_i^{1-\sigma} di \right)^{1/(1-\sigma)}$，式（3-9）变换为：

$$Y_i = Y_i(P_i, E, P) = E P_i^{-\sigma} / P^{1-\sigma} \qquad (3-10)$$

式（3-10）表示消费者对代表性厂商 i 的产品需求量 Y_i 由消费者的总支出、产品价格和加总价格决定。

（二）厂商行为

在市场出清条件下，消费者效用最大化时，代表性厂商利润最大化问题为：

$$\max(\pi_i) = \max [P_i Y_i - TC_i], s.t. Y_i = E P_i^{-\sigma} / P^{1-\sigma} \qquad (3-11)$$

式（3-11）中，TC_i 为总成本，其表达式为 $TC_i = (1 + \tau_{Ki}) r_i RK_i + (1 + \tau_{Li}) w_i RL_i$。为了简化分析，假定生产没有固定成本，总成本可表示为 $TC_i = (MC_i) Y_i$，将此式代入式（3-11）中，对价格 P_i 求导并取一阶条件，可得：

$$P_i = \frac{\sigma}{\sigma - 1} [(1 + \tau_{Ki}) r_i + (1 + \tau_{Li}) w_i] \qquad (3-12)$$

式（3-12）表明，产品市场价格受到资本和劳动力市场扭曲程度 τ_{Ki} 和 τ_{Li}

的影响，扭曲越大，产品价格P_i越高。由于现实中边际成本MC_i很难统计，故用能够观察到的要素价格进行替换。借鉴戴魁早和刘友金（2016b）的思路，用既定创新产出（Y_0）下成本最小化思路进行推导，得到成本最小化问题的拉格朗日函数：

$$\varphi2 = (1 + \tau_{Ki}) r_i RK_i + (1 + \tau_{Li}) w_i RL_i - \lambda \left[A_i (RK_i)^\alpha (RL_i)^\beta - Y_0 \right] \qquad (3-13)$$

通过求解上式，求得既定创新产出（Y_0）下成本最小化时的研发资本和人力资本投入量：

$$RK_i = \left[\frac{\alpha(1 + \tau_{Li}) w_i}{\beta(1 + \tau_{Ki}) r_i} \right]^{\frac{\beta}{\alpha+\beta}} \left(\frac{Y_0}{A_i} \right)^{\frac{1}{\alpha+\beta}} \qquad (3-14)$$

$$RL_i = \left[\frac{\beta(1 + \tau_{Ki}) r_i}{\alpha(1 + \tau_{Li}) w_i} \right]^{\frac{\alpha}{\alpha+\beta}} \left(\frac{Y_0}{A_i} \right)^{\frac{1}{\alpha+\beta}} \qquad (3-15)$$

从式（3-14）和式（3-15）可以得到，研发资本和人力的投入数量会受到创新效率A_i以及两种资源相对扭曲程度的影响。A_i越高，创新投入越小；以研发资本投入为例，当劳动力的扭曲程度相对于资本扭曲程度越高时，生产既定的创新产出中投入的创新资本越多，将出现资本代替劳动的情况。将RK_i、RL_i代入厂商的成本函数中，可以得到：

$$TC_i = \left[\left(\frac{\alpha}{\beta} \right)^{\frac{\beta}{\alpha+\beta}} + \left(\frac{\alpha}{\beta} \right)^{\frac{-\alpha}{\alpha+\beta}} \right] \left(\frac{Y_i}{A_i} \right)^{\frac{1}{\alpha+\beta}} \left\{ \left[((1 + \tau_{Li}) w_i) \right]^{\frac{\beta}{\alpha+\beta}} \left[(1 + \tau_{Ki}) r_i \right]^{\frac{\alpha}{\alpha+\beta}} \right\} \qquad (3-16)$$

式（3-16）表明，代表性厂商的创新总成本由创新效率A_i、工资率w_i、利率r_i、资本扭曲程度τ_{Ki}、劳动力的扭曲程度τ_{Li}、资本和劳动力的产出弹性α和β共同决定。因为$0 < \tau_{Ki}$，$\tau_{Li} < 1$，可知创新总成本会因为资本和劳动力扭曲程度而增加。前文假定代表性厂商是规模报酬不变的，则有$\alpha + \beta = 1$。对上式求导得到代表性厂商的边际成本：

$$MC_i = C_0 \left(\frac{1}{A_i} \right) \left[(1 + \tau_{Li}) w_i^{\beta} (1 + \tau_{Ki}) r_i^{\alpha} \right] \qquad (3-17)$$

其中，$C_0 = \left[\left(\frac{\alpha}{\beta} \right)^{\beta} + \left(\frac{\alpha}{\beta} \right)^{-\alpha} \right]$，可知$C_0 > 0$。将式（3-17）代入式（3-12），可求得代表性厂商利润最大化时的产品价格：

$$P_i = \frac{\sigma C_0}{(\sigma - 1)A_i}\big[(1 + \tau_{Li}) w_i^{\beta} (1 + \tau_{Ki}) r_i^{\alpha}\big] \qquad (3-18)$$

（三）资源空间错配的影响

由于我国可能存在资源空间错配，相较于自然生产率 A_i，收益生产率（TF-PR）能够更准确地刻画代表性厂商的技术创新效率（Hsieh and Klenow，2009）。根据前文对收益生产率的定义，利润最大化时，代表性厂商的收益生产率为 TF-PR_i：

$$TFPR_i = P_i A_i = \frac{\sigma C_0}{\sigma - 1}\big[(1 + \tau_{Li}) w_i^{\beta} (1 + \tau_{Ki}) r_i^{\alpha}\big] \qquad (3-19)$$

根据要素价格扭曲和资源错配的关系，资本和劳动力空间错配用扭曲价格表示为：

$$MisK_{it} = \frac{1}{\tau_{Ki}} - 1, MisL_{it} = \frac{1}{\tau_{Li}} - 1 \qquad (3-20)$$

将式（3-20）代入式（3-19），可得代表性厂商收益生产率与资源空间错配的关系式：

$$TFPR_i = \frac{\sigma C_0}{\sigma - 1}\Big[\Big(1 + \frac{1}{1 + MisK_{it}}\Big)w_i^{\beta}\Big(1 + \frac{1}{1 + MisL_{it}}\Big)r_i^{\alpha}\Big] \qquad (3-21)$$

上式分别对资本和劳动力空间错配 $MisK_{it}$ 和 $MisL_{it}$ 求导，得：

$$\frac{\partial (TFPR_i)}{\partial MisK_{it}} = \frac{\sigma C_0}{1 - \sigma}\frac{1}{(1 + MisK_{it})^2}w_i^{\beta}\Big(1 + \frac{1}{1 + MisL_{it}}\Big)r_i^{\alpha} < 0 \qquad (3-22)$$

$$\frac{\partial (TFPR_i)}{\partial MisL_{it}} = \frac{\sigma C_0}{1 - \sigma}\Big(1 + \frac{1}{1 + MisK_{it}}\Big)w_i^{\beta}\frac{1}{(1 + MisL_{it})^2}r_i^{\alpha} < 0 \qquad (3-23)$$

从式（3-22）、式（3-23）可以看出，不论是劳动力空间错配还是资本空间错配均与代表性厂商创新收益生产率负相关。随着资源空间错配程度的增加，代表性厂商的创新收益生产率降低，说明资源空间错配会抑制技术创新的提升。

假定代表性厂商 i 位于地区 j，因为模型假定企业是同质的，且企业是技术创新的主体。那么，将这些同质企业的技术创新产出加总，即为地区层面的技术创新。也就是说，地区的劳动力和资本空间错配会抑制区域技术创新。

三、模型结论

基于上述分析可知，随着地区资源空间错配程度的增加，创新成本会增加、创新收益会减少，最终影响区域技术创新。而且，创新投入结构会受到两种资源相对错配程度以及创新效率的影响。

本书可以得到如下结论：第一，在其他因素不变的情况下，资本空间错配和劳动力空间错配均对区域技术创新产生抑制效应。第二，资本和劳动力相对错配程度会影响创新投入结构。

第二节　传导路径

从资源空间错配影响区域技术创新的理论分析过程可以看出，资源（资本和劳动力）错配通过三个方面对区域技术创新产生影响：一是直接影响创新的要素成本；二是通过产品价格影响创新收益生产率；三是资本和劳动力相对错配程度会影响创新投入结构。但是，资本和劳动力这两种资源的空间错配主要会通过哪些具体的传导路径影响区域技术创新呢？本节在既有文献的基础上，结合理论分析并分别加以阐释。

一、劳动力空间错配影响区域技术创新的主要传导路径

（一）扭曲收益效应

一直以来，学界将中国要素市场中的收入分配格局归咎于我国稀缺的资本和充裕的劳动这一资源禀赋特点（王胜谦，2006）。但是，随着人口红利逐渐势弱，我国劳动力收入份额仍在持续降低（白崇恩和钱震杰，2009）。因此，不少学者认为资源错配比"资本稀缺，劳动充裕"这一要素禀赋结构更能解释我国劳动力收入份额的下降（白重恩等，2008；李文溥和李静，2011；章上峰和陆雪琴，2016；施新政等，2019）。

同前面一样，假设地区的生产函数为规模报酬不变的柯布—道格拉斯生产函数形式，且产出产品价格 $P = 1$。则有：

$$Y_{it} = F(K_{it}, L_{it}) = A_{it} K_{it}^{\alpha} L_{it}^{\beta}, 0 < \alpha、\beta < 1 \tag{3-24}$$

当存在资源空间错配时，即资本和劳动力的要素使用量偏离最优使用量，此时，要素的边际价格不再等于其边际产出价值，这种边际产出产品价值与要素边际价格不匹配反映了资源的错配程度，其表示为：

$$\tau_{Lit} = \frac{MPL_{it}}{w_{it}} = \frac{A_{it}\,\beta K_{it}^{\,\alpha}\,L_{it}^{\,\beta-1}}{w_{it}},\ \tau_{Kit} = \frac{MPK_{it}}{r_{it}} = \frac{A_{it}\,\alpha K_{it}^{\,\alpha-1}\,L_{it}^{\,\beta}}{r_{it}} \quad (3-25)$$

本书从劳动收入份额占比的视角来分析要素收入份额问题，即用劳动力报酬在劳动力和资本总报酬中的比例 LS_{it} 来衡量要素收入份额失衡。

$$
\begin{aligned}
LS_{it} &= \frac{w_{it}L_{it}}{w_{it}L_{it} + r_{it}K_{it}} = \frac{L_{it}\,MPL_{it}/\tau_{Lit}}{L_{it}\,MPL_{it}/\tau_{Lit} + K_{it}\,MPK_{it}/\tau_{Kit}} \\
&= \frac{1}{1 + \dfrac{\tau_{Lit}}{\tau_{Kit}}\dfrac{MPK_{it}}{MPL_{it}}\dfrac{K_{it}}{L_{it}}} = \frac{1}{1 + \dfrac{\alpha}{\beta}\dfrac{\tau_{Lit}}{\tau_{Kit}}}
\end{aligned}
\quad (3-26)
$$

式（3-26）对劳动力空间错配求导，可得劳动力空间错配对劳动收入份额的影响：

$$\frac{\partial LS_{it}}{\partial \tau_{Lit}} = -\frac{\dfrac{\alpha}{\beta}\dfrac{1}{\tau_{Kit}}}{\left(1 + \dfrac{\alpha}{\beta}\dfrac{\tau_{Lit}}{\tau_{Kit}}\right)^{2}} < 0 \quad (3-27)$$

由式（3-27）可知，劳动力空间错配程度的加剧会导致劳动收入份额下降，而劳动收入份额下降意味着劳动报酬低于劳动生产率，进而引致劳动力的收益存在向下扭曲（张杰等，2011；戴魁早，2018；蒲艳萍和顾冉，2019）。

进一步地，劳动力空间错配引起劳动力收益扭曲主要从两方面抑制区域技术创新。一方面，劳动力收益扭曲意味着企业生产过程中要素的相对价格发生变化。根据希克斯（Hicks，1932）引致性技术创新理论可知，要素的价格变化将会使厂商调整生产要素投入结构，改变技术选择机制，诱发企业进行相对更昂贵要素节约偏向的技术创新。因此，在劳动力空间错配造成劳动力收益扭曲时，对于企业来说，投入价格相对低廉的劳动力要比投入价格相对昂贵的资本更有利，这也是我国的产业为何长期滞留在附加值较低的劳动密集型行业的一个重要原因。这种要素投入方式和产业结构极大地限制了技术创新活动（张宇和巴海龙，2015），最终限制了区域技术创新水平的提升。另一方面，根据熊彼特（1990）的技术推力理论，技术创新是将生产要素和生产条件的新组合引入经济体系，其中，企业家行为是创新的重要源泉。当劳动力空间错配导致劳动力收益存在向下扭曲时，意味着企业依靠成本优势获利的机会提高，此时，企业进行高投入、高风险的创新活动的动力会减弱（蒲艳萍和顾冉，2019），进而使区域整体层面的技术创新水平难以提升。

（二）需求抑制效应

根据"链接模型"理论，需求和技术的共同作用促使创新的实现，市场需求不仅会激励创新的发生，而且能降低创新失败的风险（Simpson et al.，2006）。需求抑制效应是指劳动力空间错配会制约需求规模的扩大和需求结构的升级，进而抑制区域技术创新。

由前面分析可知，劳动力空间错配会使劳动力收益向下扭曲，由此引致的劳动力报酬低于劳动生产率已成为我国劳动力市场的典型事实（王宁和史晋川，2015）。这一事实意味着劳动者只得到了部分超额利润，实际可支配收入被攫取，从而抑制了需求。不少学者已经从不同角度就劳动力市场发育不完善对消费的影响进行了较为充分的论证。徐长生和刘望辉（2008）从宏观层面研究，发现劳动力市场负向扭曲是导致我国内需不足及经济结构失衡的一个主要原因。王宁和史晋川（2015）则从微观层面出发，基于中国转轨时期高投资低消费的经济现实，在 Ramsey-Cass-Koopmans 模型的理论框架下，运用数据验证了要素价格扭曲对中国消费投资结构的影响。结果表明，资本和劳动价格的负向扭曲确实会造成投资增加、消费减少，而且劳动力价格扭曲的作用更突出。高帆和汪亚楠（2016）则在二元经济结构的视角下，考察了劳动力市场扭曲对城乡消费差距的影响，发现劳动力市场扭曲会引起城乡收入和社会保障差距，进而造成城乡消费差距。蒲艳萍和顾冉（2019）从微观企业视角证实了工资扭曲对消费的抑制作用，研究发现工资扭曲程度每加剧 10%，企业市场需求会降低 0.82%。

假设地区 i 的消费函数是总收入的函数：$C_{it} = F(Y_{it}) = a + b Y_{it}$，且满足绝对收入假说。其中，$C_{it}$ 表示消费额，a 为基本消费，b 为边际消费倾向。因为收入主要来源于资本收益和工资收入，消费函数可以写为：

$$C_{it} = F(w_{it} L_{it} + r_{it} K_{it}) = a + b(w_{it} L_{it} + r_{it} K_{it}) \qquad (3-28)$$

当存在资源空间错配时，将前面衡量资源错配的关系式（3-25）代入式（3-28），消费函数变形为：

$$C_{it} = F(w_{it} L_{it} + r_{it} K_{it}) = F\left(L_{it} \frac{MPL_{it}}{\tau_{Lit}} + K_{it} \frac{MPK_{it}}{\tau_{Kit}}\right) \qquad (3-29)$$

由式（3-29）可以初步看出，劳动力空间错配与消费负相关。进一步地，将式（3-29）对劳动力空间错配求导，得出劳动力空间错配对消费的影响为：

$$\frac{\partial C_{it}}{\partial \tau_{Lit}} = F'B(Y_{it}) \frac{-\dfrac{L_{it}\, MPL_{it}}{\tau_{Lit}^{2}}}{\left(L_{it}\dfrac{MPL_{it}}{\tau_{Lit}} + K_{it}\dfrac{MPK_{it}}{\tau_{Kit}}\right)^{2}} < 0 \qquad (3-30)$$

从式（3-30）可以看出，劳动力空间错配对总消费存在负向作用。市场需求诱致技术创新理论认为，有效市场需求是技术创新的重要拉力（Griliches，1957；Schmookler，1966）。对于企业来说，技术创新活动不仅需要高投入，而且市场前景不明确（吴延兵，2017），只有在市场预期收益大于投入成本时，企业家才有动力进行创新活动。较大的需求规模能够分摊研发成本，有利于降低技术创新的风险，提高创新的预期收益，因此，需求规模是技术创新能否成功的重要影响因素（范红忠，2007）。对于消费者而言，当劳动力空间错配造成劳动力收益向下扭曲时，劳动者的收入水平低于其潜在均衡值，意味着劳动者的实际可支配收入相对减少。那么，理性的消费者会因为预算约束收紧，减少消费需求，进而抑制技术创新。此外，技术创新受制于需求结构。对低端的标准化产品需求的扩大并不一定会诱发技术创新，而高端需求则会激发企业为追逐"创新租金"，冒险开展创新活动。较低的劳动报酬会拉低消费者的需求层次，减少对新产品的有效需求（李平和季永宝，2014），导致"需求引致创新"的市场机制失效。

基于以上分析可知，劳动力空间错配会抑制消费需求，进而导致市场需求引致创新机制失效，不利于区域技术创新。

（三）人力资本效应

人资本效应是指劳动力空间错配会阻碍人力资本的深化，进而不利于区域技术创新。劳动力空间错配会通过三条路径影响区域人力资本水平：一是从劳动者自身来看，在劳动力配置过度的情况下，劳动力空间错配引致的劳动收入份额持续下降，会挫伤劳动者进行人力资本积累的积极性，不利于人力资本的形成和积累（李平和季永宝，2014；戴魁早，2018）。对于那些高技能劳动者来说，在劳动力市场上拥有的就业机会更多，跨区域转移面临的门槛也相对较低。近年来，以南京、武汉、西安等为代表的"新一线"城市纷纷出台"送户口""送房补"

等优惠政策展开抢人大战，这些人才引进政策会吸引高技能劳动者"用脚投票"，流向生产率水平更高的地区，造成劳动力空间错配程度较高的地区人力资本流失严重（蒲艳萍和顾冉，2019）。此外，劳动收益的扭曲使研发人员不愿意发挥全部的知识和才能，不利于地区技术创新的提升。二是对企业来说，企业家自主创新的决策取决于对市场的判断和对生产要素价格的权衡（高帆，2008）。在劳动力资源配置过度的地区，企业如果能够以低于劳动力生产效率的价格雇佣劳动者，企业也不会有动力对员工进行培训和再学习。如果地区劳动力配置不足，那么劳动力价格的向上扭曲会使企业减少对高人力资本的吸纳，同样不利于地区人力资本水平的整体提高（戴魁早，2018）。三是从地区互动来说，劳动力空间错配意味着劳动力跨地区自由流动存在制度壁垒，这会阻碍知识共享和技术溢出，不利于该地区人力资本深化（谭洪波，2015）。

创新是一种复杂的知识生产活动，人力资本是掌握和运用技术的主体（黄赜琳和姚婷婷，2020），只有借助人力资本这一核心要素才能实现生产要素的重新组合（熊彼特，1990）。而且，人力资本的积累具有"侵蚀效应"——学习新技术所需时间会随着人力资本水平的提高而递减（Galor and Moav，2002）。换言之，人力资本更高的劳动者对新技术的吸收能力更强，更能推动新技术转化为现实生产力，尤其是在人工智能时代，地区的人力资本水平对区域技术创新的重要性更加突出，这也是各地开展抢人才大战的一个出发点。

综上所述，劳动力空间错配可能通过"扭曲收益效应""需求抑制效应""人力资本效应"三条传导路径影响区域技术创新。

二、资本空间错配影响区域技术创新的主要传导路径

（一）创新制度环境

制度环境是区域技术创新的重要条件（Aghion and Howitt，2006；余泳泽和张先轸，2015），其中，市场化机制尤为重要（Murphy et al.，1993；Acemoglu et al.，2016；鲁元平等，2018）。由于地方政府掌握着资源的初始分配权，在资源错配程度越高的地区，政府对土地、资本、能源等关键要素的定价权和分配权往往越大，寻租空间也就越大。因此，资本空间错配会诱发企业通过寻租等"非市场化行为"谋求政治关联，而非生产性的寻租活动不仅会挤出企业的研发投入，

而且会破坏当地的创新制度环境（冯宗宪，2011），进而不利于区域技术创新。

首先，资本空间错配容易诱发企业寻租等"非市场化行为"。一个地区的资本错配程度越严重，说明该地政府对资本的调配力越强。在公平竞争的制度环境越不完善、政府干预越强、法律和司法体系越弱的地区，企业企图通过寻租建立政治关系获得资源的动机越强（Faccio，2006；余明桂等，2010）。而我国资本市场存在严重的所有制"信贷歧视"现象（Dollar and Wei，2005；Song et al.，2011）——国有和非国有企业的融资能力和融资成本存在巨大差异，民营企业通常难以获得充足的资金和其他稀缺生产要素。那么，这些企业就更有动机向掌握资源分配权的政府官员寻租，这种隐蔽性的寻租难以受到监督和制度约束（余明桂等，2010；杨其静，2011）。而且，根据寻租理论，在资本错配严重的地区，地方政府官员在制定优惠政策和分配资源时的自由裁量权越大，政治透明度也越低，政治家与企业的寻租活动难以受到有效约束，他们会利用行政干预手段人为"创租"，寻租活动更严重（Shleifer and Vishny，1994）。

其次，寻租行为会破坏创新制度环境，进而挫伤企业创新的积极性。良好的制度安排会引导创新要素合理有效流动，实现区域内创新要素的协同耦合，发挥激励作用（余永泽和张先轸，2015）。比如，在完善的市场竞争环境中，公平竞争的制度环境能够激发企业进行新产品开发、新技术研发等创新性行为来实现企业成长（张杰等，2014）。当制度环境不完善时，企业首先想到的不是自身能力建设，而是通过建立政治关联这种非正规的替代性机制来获得特殊利益，如企业补贴和专项资金支持，来克服落后制度对企业发展的阻碍（Allen et al.，2005；Khwaja and Mian，2005；Claessens et al.，2008）。

最后，寻租活动会挤出创新支出，不利于区域技术创新。虽然有一些文献认为企业的寻租能力释放了企业创新的信号，能够帮助政府筛选出具有研发潜力的企业，可能给区域创新带来积极作用。但是，企业谋求政治关联的寻租行为会导致企业将资源从创新活动转移到非生产性活动，对企业机器设备更新、员工技能培训以及能力建设等生产性支出产生挤出效应，这显然有碍于企业技术创新（Murphy et al.，1993；Boldrin and Levine，2004；张杰等，2011；杨其静，2011）。而且，肖文和林高榜（2014）还发现，寻租活动会造成政府配置创新资源行为的扭曲。

（二）政府创新偏好

政府作为区域创新系统的重要主体，在促进区域技术创新方面起着基础性和导向性作用，在由政府与市场双轨制配置资源的中国，政府的作用尤其突出（李政和杨思莹，2018）。其中，财政支持是政府参与创新的基本手段（Lee，2011）。不论是完善创新制度环境、优化升级软硬件还是提供直接的财政补贴（白俊红和卞元超，2015），都需要政府提供一定的财政支出作为保障。因此，政府的创新偏好最直观的体现就是与创新相关的财政支出，比如，科技支出。从中国的实际情况来看，若地区存在资本错配，在"政治锦标赛"和"财政分权"的制度约束下，地方政府为了平衡各方面对既定财政资金的需求，会倾向于把财政资金投入到生产性部门，而不是科技支出等公共服务部门。简而言之，地区的资本配置情况会直接影响政府的财政支出偏向和创新偏好，进而影响区域技术创新。

为简化分析，本书基本假定如下：（1）地区的支出规模是既定的，政府的目标是追求经济增长率最大化。（2）政府支出包括两部分：政府消费性支出和生产性支出，其在总产出中的占比分别为 g_c、g_p，于是有 $G_c = g_c G$，$G_p = g_p G$。其中 G 表示政府支出总规模。

家庭的效用由消费和政府消费性支出两部分组成，家庭目标函数为：

$$\max \int_0^\infty U(C, G_c) e^{-\rho t} \mathrm{d}t = \max \int_0^\infty \left[\frac{(C\, G_c^\eta)^{1-\sigma} - 1}{1 - \sigma} \right] e^{-\rho t} \mathrm{d}t \qquad (3-31)$$

其中，C 为家庭消费，η 为政府消费支出对家庭福利的影响，σ 为家庭的相对风险规避系数，ρ 为家庭对消费的贴现率。

与吕冰洋（2014）的做法不同，本书假定地区总量生产函数不仅取决于地区所拥有的要素量，还受政府生产性投资的影响。即：

$$Y = F(L, K, G_p) \qquad (3-32)$$

在地区资本总量既定时，资本空间错配意味着资本不能充分投入到生产中，其直接结果是储蓄无法顺利转化为投资（吕冰洋，2014）。因此，本书借鉴这一做法，用储蓄的投资转化率作为资本空间错配的代理变量，有：$I = \dfrac{1}{\tau_{Kit}} S$。

那么，汉密尔顿函数为：

$$H = U(C, G_C) e^{-\rho t} + \lambda \frac{1}{\tau_{Kit}} [F(L, K, G_p) - G - C] \qquad (3-33)$$

可得到最优条件为：$U_c e^{-\rho t} = \lambda \dfrac{1}{\tau_{Kit}}$。欧拉方程为：$\dot{\lambda} = -\lambda \dfrac{1}{\tau_{Kit}} F_K$。进一步可求得经济增长率为：

$$g = \cfrac{1}{-\cfrac{CU_{CC}}{U_C} - \cfrac{G_i U_{CG_C}}{U_C}} \left[\frac{1}{\tau_{Kit}} F_K(L, K, G_p) - \rho \right] \qquad (3-34)$$

由上式可得：

$$\frac{\mathrm{d}g_p}{\mathrm{d}\tau_{Kit}} = \frac{\partial\gamma/\partial\tau_{Kit}}{\partial\gamma/\partial g_p} > 0, \gamma = \frac{1}{\sigma(1+\eta) - \eta} \left[\frac{1}{\tau_{Kit}} F_K(L, K, G_p) - \rho \right] \quad (3-35)$$

式（3-35）说明，在政府总支出规模不变的情况下，资本空间错配越严重，政府在生产性支出中的占比越大。那么，政府投入到研发等公共部门的财政支出就会相应下降。这是因为在“财政分权”以及“政治锦标赛”的政府竞争制度下，地方政府在自利性偏好的驱动下，会更关注地方经济增长的即期效益。因而，政府会将更多的财政资金投入到见效快且能够彰显政绩的生产性部门，比如，基础设施建设、房地产等行业，即出现财政的生产性支出偏向现象（尹恒和朱虹，2011）。而创新活动不仅具有周期长、见效慢、风险高、不确定性大的特点（吴延兵，2017），而且还具有极强的外部性（白俊红和戴玮，2017）。如果将有限的财政资金投入到创新活动，这种“为他人作嫁衣”的行为不符合地方政府激励。因此，政府会减少对科技创新活动的财政支出（周克清等，2011）。简而言之，这种“重基本建设、轻人力资本投资和公共服务”财政支出偏向（傅勇和张晏，2007），挤占了政府的创新支出（Borge et al.，2014），降低了政府的创新偏好，导致区域内创新资源配置过程中政府与市场“双失灵”（李政和杨思莹，2018），不利于区域技术创新（鲁元平等，2018）。

（三）低端技术锁定

低端技术锁定是指技术锁定在比较低端化的状态，缺乏自主性。

首先，资本空间错配抑制企业的创新投入（张杰等，2011；李平和季永宝，2014）。由于要素市场改革滞后于产品市场，导致各地区劳动力和资本等要素价格存在不同程度的低估，廉价的要素价格促使企业更倾向于使用有形要素，形成路径依赖，缺乏进行自主创新的动力（白俊红和卞元超，2016）。丁重和张耀辉

（2009）研究发现，在存在制度倾斜的市场中，企业创新人才不足且创新频率降低，进而形成"低端技术锁定"状态。

其次，企业创新面临较大的技术风险与外部市场环境不确定性，从新思想的产生到最终形成新产品的创新过程中，越往后推进，所面临的技术风险和市场需求风险就越大。特别是核心前沿技术的创新，往往需要持续的资金和人员投入，漫长的研发周期加大了创新项目失败的风险。巨大的"沉没成本"加剧了企业在技术进步上的路径依赖特征，表现为在技术选择上更倾向于购买现成的成熟技术而不愿从事核心技术的研发，而且引进的多是密集使用资金的物化技术进步形态，从而造成低端技术锁定，阻碍了企业的技术进步（成力为和孙玮，2012）。企业通过寻租获取高额利润的可能性更是加剧了引用先进技术的惰性（李永等，2013）。

最后，资本空间错配不利于技术溢出。资本空间错配使资本价格与其边际产出价值脱钩。当资本价格高估时，较高的价格不利于新技术的运用和推广，会通过中间品抑制效应、FDI流入复合效应以及专利引用挤出效应阻碍新技术的扩散及溢出（李永等，2013）。当资本价格低估时，则无法补偿企业新技术的研发支出，会削弱企业新技术研发的动力（戴魁早和刘友金，2015）。而且，资本空间错配引致的技术市场分割也会阻碍先进技术的跨地区流动和扩散（孙早等，2014），抑制区域技术创新水平的提高。

综上所述，资本错配可能会通过"创新制度环境""政府创新偏好""低端技术锁定"三条传导路径影响区域技术创新。

第三节　本章小结

本章围绕资源空间错配对区域技术创新的影响及其作用机制进行理论分析。主要包括两部分内容：一是在谢长泰和克列诺（2009）的模型基础上，从两个方面进行拓展，构建了资源空间错配影响区域技术创新的理论模型，理论解析发现资本和劳动力空间错配对区域技术创新均会产生负向影响，而且创新投入结构会受资本和劳动力相对错配的影响。二是在归纳相关理论以及数理模型分析的基础上，本书阐释了劳动力和资本这两种资源空间错配对区域技术创新产生影响的可能路径。具体来看，劳动力空间错配主要通过"扭曲收益效应""需求抑制效应""人力资本效应"三条传导路径影响区域技术创新。资本空间错配主要通过"创新制度环境""政府创新偏好""低端技术锁定"三条传导路径作用于区域技术创新。本章结论为第五章、第六章的实证分析提供了理论基础，为第七章提供了分析视角和理论启示。

第四章 中国资源空间错配的特征事实及影响因素

改革开放以来，我国相继推动价格改革、企业改革和要素改革（刘秉镰等，2020），这一系列市场化改革进程给中国经济增长带来了显著效应。但在要素市场渐进式的市场化改革进程中，政府干预和管制迄今仍是一个普遍现象。那么，中国是否存在资源空间错配？如果存在，错配程度如何？相对于最优配置，资源是过度的还是不足的？中国政府在要素市场上的典型干预政策是否会加剧资源空间错配？哪些因素会影响资源空间错配？对上述问题的解答，有助于准确把握中国资源空间错配的现状与走势。具体来说，本章逻辑架构如下：首先，构建了中国资源空间错配的测算方法，以期从错配程度和错配方向两方面揭示资本和劳动力这两种资源的空间错配特征；其次，剖析了中国资本和劳动力空间错配的特征事实；再次，在政府干预视角下识别典型制度（具体包括劳动力市场上的户籍制度、最低工资制度以及资本市场上的开发区政策）对中国资源空间错配的影响；最后，同时从政府干预和市场摩擦两方面进行了资源空间错配的影响因素分析。

第一节 中国资源空间错配的测算

资源错配的测度方法有直接法和间接法两种（Restuccia and Rogerson，2013）。本书借鉴谢长泰和克列诺等的做法，采用间接法来测度资源空间错配，原因有三：一是可以同时测度各地区劳动力和资本的空间错配程度。目前，大部分文献使用的生产率离散程度仅能得出一个笼统的错配程度，间接法突破了不同资源错配无法细分的这一局限。二是这种方法能够进一步测算资源空间错配的方向，区分资源（资本和劳动力）到底是配置不足还是配置过度。三是间接法适用于度量区域及行业层面的资源错配（张慧慧和张军，2018）。间接法的基本思想是，若不存在资源空间错配，生产要素可以在地区间自由流动，同一单位生产要素在地区间的边际产出与其边际报酬是相同的。

假设经济体中只使用劳动力 L 和资本 K 这两种生产要素生产总产出 Y，则有：

$$Y = \sum_{i=1}^{N} p_i Y_i, K = \sum_{i=1}^{N} K_i, L = \sum_{i=1}^{N} L_i \qquad (4-1)$$

进一步假设代表性地区 i 在 t 时期的生产函数满足柯布—道格拉斯形式：

$$Y_{it} = A_{it} K_{it}^{\alpha} L_{it}^{\beta} = A_{it} K_{it}^{1-\beta} L_{it}^{\beta} \qquad (4-2)$$

利润函数为：

$$\pi_{it} = p_{it} Y_{it} - r_{it}(1 + \tau_{K_{it}}) K_{it} - w_{it}(1 + \tau_{L_{it}}) L_{it} \qquad (4-3)$$

其中，p_{it} 为商品价格；r_{it}、w_{it} 分别是资本和劳动力不存在空间错配时的价格；$\tau_{K_{it}}$ 和 $\tau_{L_{it}}$ 分别是以"扭曲税"形式表示的地区 i 在 t 时期资本和劳动力价格的扭曲程度。根据地区利润最大化条件，可得：

$$\partial \pi_{it} / K_{it} = A_{it}(1 - \beta_{it}) p_{it} K_{it}^{-\beta_{it}} L_{it}^{\beta_{it}} - r_{it}(1 + \tau_{K_{it}}) \qquad (4-4)$$

$$\partial \pi_{it} / L_{it} = A_{it}(1 - \alpha_{it}) p_{it} K_{it}^{\alpha_{it}} L_{it}^{-\alpha_{it}} - w_{it}(1 + \tau_{L_{it}}) \qquad (4-5)$$

通过拉格朗日乘数法，可求得存在资源空间错配时资本和劳动力的均衡解：

$$K_{it} = \frac{\dfrac{p_{it} \alpha_{it} Y_{it}}{r_{it}(1 + \tau_{K_{it}})}}{\sum_j \dfrac{p_{jt} \alpha_{jt} Y_{jt}}{r_{jt}(1 + \tau_{K_{jt}})}} \qquad (4-6)$$

$$L_{it} = \frac{\dfrac{p_{it} \alpha_{it} Y_{it}}{w_{it}(1 + \tau_{L_{it}})}}{\sum_j \dfrac{p_{jt} \alpha_{jt} Y_{jt}}{w_{jt}(1 + \tau_{L_{jt}})}} \qquad (4-7)$$

其中，j 为除地区 i 之外的其他地区（$i \neq j$），p_{jt}、r_{jt}、w_{jt} 分别表示地区 j 的产品、资本和劳动力价格，α_{jt} 为地区 j 资本的弹性系数，$\tau_{L_{jt}}$、$\tau_{K_{jt}}$ 为地区 j 劳动力和资本要素的"扭曲税"。

谢长泰和克列诺（2009）、陈永伟和胡伟明（2011）在不考虑要素替代的前提下，构造了要素的相对扭曲系数。但是，要素相对价格的变化会引起要素投入比例的变化，忽视要素之间不完全可替代性的假设显然不符合实际情况（许捷和柏培文，2017）。因此，本书借鉴他们的做法，在考虑资本和劳动力相互关系的基础上，构建了资本和劳动力空间错配指数，反映了地区 i 资源扭曲程度与其他地区配置的平均扭曲程度之比。即：

$$MisK_{it} = \left(\frac{K_{it}}{K}\right)\bigg/\left(\frac{s_{it}\,\alpha_{it}}{\bar{\alpha}}\right) - 1 \qquad (4-8)$$

$$MisL_{it} = \left(\frac{L_{it}}{L}\right)\bigg/\left(\frac{s_{it}\,\beta_{it}}{\bar{\beta}}\right) - 1 \qquad (4-9)$$

其中，$s_{it} = p_{it}Y_{it}/Y$，表示地区 i 的产出在整个经济体总产出中所占的份额；$\bar{\alpha} = \sum_{i=1}^{N} s_{it}\alpha_{it}$、$\bar{\beta} = \sum_{i=1}^{N} s_{it}\beta_{it}$ 分别为经总产出加权后的资本和劳动的平均贡献值。K_{it}/K 是地区 i 使用的资本量在整个经济体资本总量中实际所占份额，而 $s_{it}\alpha_{it}/\bar{\alpha}$ 则是资本在地区间有效配置时，地区 i 使用资本的理想比例。与此类似，L_{it}/L 与 $s_{it}\beta_{it}/\bar{\beta}$ 分别为地区 i 的劳动力实际占比和理论占比。因此，$MisK_{it}$、$MisL_{it}$ 反映了资源（资本和劳动力）的实际使用量与有效使用量的偏离，即在考虑要素不完全替代性时，地区 i 的资本和劳动力的空间错配程度。若 $MisK_{it}$（$MisL_{it}$）大于 0，说明从整个经济体来看，地区 i 用较低的成本使用了过量的资本（劳动力），即资本（劳动力）配置过度；反之，则说明配置到地区 i 的资本（劳动力）要低于资本（劳动力）有效配置时的合理使用量，即存在资本（劳动力）配置不足。

由式（4-8）和式（4-9）可知，要准确测算各地区资本和劳动力的空间错配程度，资本和劳动力的产出弹性 α_{it}、β_{it} 以及平均贡献值 $\bar{\alpha}$、$\bar{\beta}$ 至关重要。由式（4-2）整理可得：

$$\ln(Y_{it}/L_{it}) = \ln A_{it} + \beta_{it}\ln(K_{it}/L_{it}) + \mu_i + \lambda_t + \varepsilon_{it} \qquad (4-10)$$

产出变量（Y_{it}）：用各地级市的实际 GDP 表示，将其他年份的名义 GDP 按照 GDP 平减指数折算为以 1994 年为基期的实际 GDP。

劳动力投入量（L_{it}）：用各地区的从业人员人数表示。

资本投入量（K_{it}）：用各地级市的固定资产存量表示，使用永续盘存法来估算。

需要说明的是，由于缺乏地级市层面的初始资本存量和固定资产折旧率，本书做了以下处理：首先，沿用张军等（2004）计算得到的各省物质资本存量，并根据各省的固定资产投资价格指数，计算出以 1994 年为基期的逆向平减指数，将张军等（2004）以 1952 年为基期的物资资本存量转化为以 1994 年为基期的物质资本存量；其次，根据各地级市在 1994 年的固定资产投资在所在省份中的份额，算出各地级市在 1994 年的初始资本存量；再次，为了获得更准确的城市固定资产折旧率，本书借鉴柯善咨和向娟（2012）的方法，根据各城市固定资产投资结构得到调整后的可变经济折旧率；最后，根据永续盘存法公式得到各城市以 1994 年为基期的固定资本存量。

在此基础上，本书利用 1994～2017 年中国 289 个地级市的面板数据对式（4-10）进行回归，估计各地区的资本和劳动力的产出弹性。为了简化分析，大多数文献假设各地区的生产函数参数相同。实际上，各地区技术水平和生产方式差异会引致要素产出弹性存在较大差异，忽略生产函数形式差异会导致测算结果出现较大偏差。鉴于此，本书借鉴白俊红和刘宇英（2018）的做法，采用变截距、变斜率的变系数面板模型——最小二乘虚拟变量法（LSDV）估计各地区资本和劳动力产出弹性[①]。估计各地区的资本和劳动力的产出弹性后，根据式（4-8）和式（4-9）可计算出各地级市的资本空间错配 $MisK_{it}$ 和劳动力空间错配 $MisL_{it}$。

第二节　中国资源空间错配的特征事实

一、中国劳动力空间错配的特征事实

（一）中国劳动力空间错配的动态演化

图 4-1 为 1994～2017 年中国各区域[②]劳动力空间错配的走势。从整体趋势来看，除了 1998～2002 年有小幅度上扬之外，中国的劳动力空间错配程度总体上呈下降趋势，说明劳动力空间错配问题得到有效缓解，出现这一现象的原因可能得益于我国逐步深化的户籍制度改革。劳动力错配程度由高到低依次为西南、西北、中部、环渤海、东南和东北地区。也就是说，中国劳动力错配程度呈现明显的"西部最严重，中部居中，东部最低"的区域特征，但西部地

[①]　估计结果中，地区虚拟变量以及虚拟变量与 $\ln(Y_{it}/L_{it})$ 的交互项均通过了显著性检验，说明采用变系数模型是合适的。

[②]　参照世界银行的标准，按经济发展水平将中国划分为环渤海、东北、东南、中部、西南和西北 6 大区域。

区改善速度最快，因而区域间表现出明显的收敛特征。出现这一特征可能有两方面原因：一是东部地区的劳动力市场发育程度要高于西部地区。蔡昉等（2001）认为，劳动力流动效果取决于劳动力市场发育水平，劳动力若流动不畅会反过来阻碍劳动力市场发育。因此，在转移机会较少、市场发育水平较低的中西部地区，劳动力市场错配程度明显高于东部地区。二是东部地区的产业结构特征。东部地区的产业以第二、第三产业为主，对劳动力的吸纳和承接能力要高于西部地区。

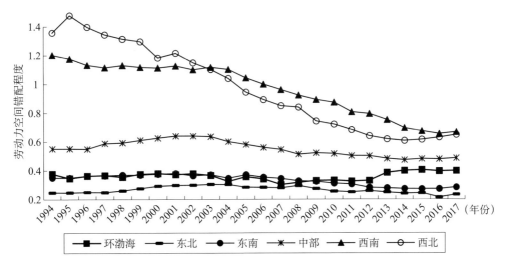

图 4 - 1　1994 ~ 2017 年中国劳动力空间错配程度走势

资料来源：作者绘制。

（二）中国劳动力空间错配的地区差异

从图 4 - 1 可以初步看出，中国劳动力空间错配程度存在明显的区域差异性。那么，各地区的劳动力错配方向是否存在差异？或者说哪些地方更容易出现劳动力不足，而哪些地区的劳动力配置过度？分析发现：（1）从中国劳动力错配的时间演变趋势来看，我国一直存在劳动力配置不足与配置过度并存的局面，这进一步说明了中国劳动力配置效率不高的问题。（2）从劳动力错配的空间分布格局来看，经济比较发达的东部沿海地区容易出现劳动力配置不足，而经济发展较落后的西部地区容易出现劳动力配置过度。究其原因，中西部地区产业发展较为落后，对劳动力的需求不足，而东部地区经济活动密度高，第二、第三产业发展较为迅速，有大量的劳动力需求，但东部地区本身劳动力数量有限，所以出现了东部地区"用工荒"和中西部地区劳动力"闲置"并存的局面。

二、中国资本空间错配的特征事实

发展资本市场是中国的改革方向[①]。梳理改革开放以来中国资本市场的发展历程，对于揭示中国资本空间错配的动态演化与地区分异特征十分重要。

（一）改革开放以来中国资本市场的发展历程

改革开放以来，中国资本市场栉风沐雨，从无到有、从小到大，称得上一部"奋斗史"（见表4-1）。中国资本市场发展坚持社会主义市场化方向、法治化需求、公开化制度和国际化导向。现如今，中国资本市场规模逐步壮大，已经成为世界第二大规模的资本市场，法治建设逐步到位，信息披露逐步规范，监管体系逐步健全，国际化合作体系逐步突破（黄奇帆，2020）。

表4-1　　　　　　　　　改革开放以来中国资本市场的发展历程

时间	主要内容	重要性
1990年12月	上海证券交易所成立	中国股票市场正式形成，资本市场初具雏形
1991年5月	深圳证券交易所成立	
1999年7月	《证券法》正式实施	证券市场有了对发行、交易等进行全面规范的基本方法，标志着中国资本市场进入法治化阶段
2005年4月	证券市场启动"股权分置改革"	加强了市场对公司的约束机制
2007年	绝大部分上市公司完成股改	A股进入全流通时代
2009年10月	创业板开市	为那些暂时无法登上主板市场但却拥有巨大潜力的公司提供了机会
2013年11月	深港通	上海、深圳与香港三地资本市场实现互联互通，标志着中国资本市场在法治化、市场化和国际化方向上又迈出了坚实一步
2017年12月	中央经济工作会议	促进多层次资本市场健康发展，更好为实体经济服务，守住不发生系统性金融风险的底线
2019年7月	科创板正式挂牌上市	中国多层次资本市场从此开启了新的篇章

---

① 2015年9月22日，习近平主席接受美国《华尔街日报》书面采访时指出"发展资本市场是中国的改革方向，不会因为这次股市波动而改变"。

续表

时间	主要内容	重要性
2019 年 12 月	中央经济工作会议	资本市场在金融运行中具有牵一发而动全身的作用，要通过深化改革，打造一个规范、透明、开放、有活力、有韧性的资本市场
2020 年 3 月	新《证券法》实施	完善和明确了全面推行注册制、提高违法成本、投资者保护等内容
2020 年 4 月	《中共中央 国务院关于构建更加完善的要素市场化配置体制机制的意见》	中央关于要素市场化配置的第一份文件
2020 年 8 月	创业板改革并试点注册制	A 股进入注册制改革时代
2021 年 9 月	北京证券交易所设立同时试点注册制	我国多层次资本市场的"大拼图"进一步完整
2022 年 10 月	科创板股票做市交易业务正式启动	境内主要股票市场首次引入做市商机制，有助于释放市场活力、增强市场韧性，完善支持"硬科技"制度安排，也有利于降低投资者交易成本，为其他板块起到先行示范效应
2023 年 2 月	《全面实行股票发行注册制总体实施方案》	中国资本市场全面注册制正式启动

资料来源：作者整理。

1990 年 12 月、1991 年 5 月上海证券交易所和深圳证券交易所的先后成立，标志着中国股票市场正式形成，资本市场初具雏形。但是，上市股票的交易采取存量不动、增量交易的方式，这意味着上市公司股票不能全流通。随着中国资本市场的逐步建立完善，相关法律也适时出台。1999 年 7 月 1 日，证券法正式实施，证券市场有了对发行、交易等进行全面规范的基本大法，标志着中国资本市场进入法治化阶段。2005 年 4 月，为加强市场对公司的约束机制，中国证券市场启动"股权分置改革"，至 2007 年底，绝大部分上市公司完成股改，A 股进入全流通时代。此后，随着人民币升值、公司治理的加强、新公司法及新会计准则等的实行，中国资本市场进入持续时间最久且涨幅最大的牛市。中国资本市场不断成长，为更多的中国企业创造了空间和机会。2009 年 10 月 30 日，经过 10 年的酝酿，中国创业板正式迎来首批 28 家上市公司。创业板为那些暂时无法登上主板市场但却拥有巨大潜力的公司提供了机会，成为创业期优质企业的"资本摇篮"。2016 年深港股票市场交易互联互通机制开通，上海、深圳与香港三地资本市场实现互联互通，标志着中国资本市场在法治化、市场化和国际化方向上又迈出了坚实一步。2017 年中央经济工作会议提及资本市场时表示"促进多层次资本市场健康发展，更好为实体经济服务，守住不发生系统性金融风险的底线"。2019 年 7 月 22 日，科创板首批 25 家公司正式挂牌上市，中国多层次资本市场从此开启了新的篇章。同年 12 月，中央经济工作会议指出"资本市场在金融运行中具有牵一发而动全身的作用，要通过深化改革，打造一个规范、透明、开放、有活力、有韧性的资本市场，提高上市公司质量，完善交易制度，引导更多中长期资金进入，推动在上交所设立科创板并试点注册制尽快落地"。

2020 年是中国多层次资本市场全面质效改革的元年。2020 年 3 月 1 日，新《证券法》实施，完善和明确了全面推行注册制、提高违法成本、投资者保护等内容。2020 年 4 月 9 日，《中共中央 国务院关于构建更加完善的要素市场化配置体制机制的意见》正式对外发布，这也是中央关于要素市场化配置的第一份文件，提出了完善股市基础制度建设、制定出台完善股票市场基础制度的意见；完善债券市场统一标准建设，统一公司信用类债券信息披露标准，对公司信用类债券实行发行注册管理制。2020 年 8 月 24 日，创业板改革并试点注册制，首批 18 家企业上市交易，标治着 A 股进入注册制改革时代。2021 年作为"十四五"开局之年，是中国资本市场深化改革的关键一年：北京证券交易所设立同时试点注册制——我国多层次资本市场的"大拼图"进一步完整，注册制试点取得重要阶段性成果；IPO 市场实现"量质齐升"，522 家公司顺利 IPO 上市，首发募资额同比增长 12.92%；资本市场个人投资者突破 1.9 亿人，投资者保护工作迈上新台阶；深交所主板与中小板合并，形成不同板块之间相互补充的发展新格局；证监会和地方证监局累计发布 321 份行政处罚决定书，进一步体现我国资本市场基础性制度建设的逐步完善、法治供给的持续升级。2022 年 10 月 31 日，科创板股票做市交易业务正式启动，这是境内主要股票市场首次引入做市商机制，有助于释放市场活力、增强市场韧性，完善支持"硬科技"制度安排，也有利于降低投资者交易成本，为其他板块起到先行示范效应。2023 年 2 月 1 日，党中央、国务院批准了《全面实行股票发行注册制总体实施方案》，证监会就全面实行股票发行注册制主要制度规则向社会公开征求意见，中国资本市场全面注册制正式启动。2023 年全国两会期间，与资本市场相关的话题一直是各方关注的热点。《政府工作报告》提出，推进股票发行注册制改革，完善资本市场基础制度，加强金融稳定法治建设。中国资本市场一路乘风破浪，正成为全球增长最快的创新力量，为创业型成长型的企业依靠资本做大做强"铺路搭桥"。

（二）中国资本空间错配的动态演化

图 4 – 2 为 1994～2017 年中国各区域①资本空间错配的走势。从整体趋势来看，中国的资本空间错配程度不仅没有优化的迹象，反而出现持续恶化的局面，这一发现和既有研究结论基本一致（陈诗一和陈登科，2017；张慧慧和张军，2018）。从我国资本要素价格形成机制的改革进程来看，虽然从 1996 年开始逐步放开银行间拆借市场利率及贷款利率，并于 2004 年再次扩大金融机构贷款利率的浮动空间，但目前商业银行贷款利率仍受官方基准利率限制，而且贷款投放的整体规模受行政性数量控制，这些管制使资本要素价格存在较为严重的扭曲。各地区资本空间错配程度存在差异性，其中，西北地区资本错配程度最高，2009年后东北地区的资本错配日趋加剧，成为第二严重的区域。中部地区的资本错配程度在全国最低但呈现出逐年攀升态势。

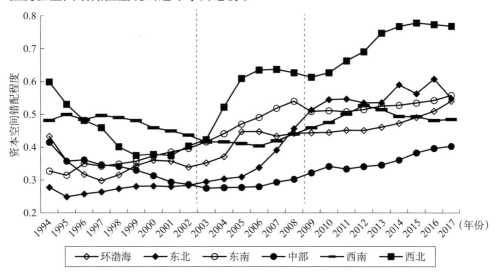

图 4 – 2　1994～2017 年中国资本空间错配走势

资料来源：作者绘制。

---

① 参照世界银行的标准，按经济发展水平将中国划分为环渤海、东北、东南、中部、西南和西北 6 大区域。

中国资本空间错配具有明显的阶段性，1994～2017 年，中国资本空间错配先后在 2003 年和 2009 年出现了两个拐点，可划分为优化期（1994～2002 年）、持续恶化期（2003～2009 年）和波动恶化期（2010～2017 年）三个阶段。在优化期阶段（1994～2002 年），除了东部地区出现小幅度上扬之外，其他区域的资本空间错配程度都呈直线下降趋势，其中西部地区资本错配的改善程度最为明显，这可能是因为"西部大开发"战略为其注入了大量资本。

中国资本空间错配以 2003 年为拐点呈现先降后升的"U"形趋势，随后中国资本空间错配进入持续恶化期阶段（2003～2009 年）。这是因为 2003 年前后存在明显的政策拐点，建设用地指标和资金投向的地区导向性导致经济整体效率恶化，进而加剧了资本空间错配（陆铭，2019；陆铭和向宽虎，2014）。分地区来看，除了中部地区的资本错配可能因"中部崛起"战略出现低位徘徊之外，其他各区域的资本空间错配都有不同幅度的攀升，其中，东北和西北地区攀升幅度最大，分别达到 74% 和 45%。出现这一局面有可能与地区间产业分工有关，西北和东北地区的主导产业是能源和原材料等上游产业，而下游产业的加工工业链条主要位于东部地区，这种依附性垂直分工容易引起资本空间错配。

在波动恶化阶段（2010～2017 年），中国各地区的资本空间错配呈现出不同程度的恶化。这可能是因为 2008 年全球金融危机后，中央政府对地方经济的干预增强，出台了大规模的政府刺激政策——"四万亿"财政刺激政策，这些政策干预具有明显的行业倾斜性，导致中国资本空间错配出现新一轮的攀升。随着供给侧结构性改革，中国资本空间错配在"新常态"时期有了较明显的回落。

（三）中国资本空间错配的地区差异

从图 4-2 可以看出中国资本空间错配程度存在区域差异性。那么，哪些地区资本配置不足，而哪些地区资本配置过度？弄清中国资本空间错配的区域特征，才能有针对性地解决实际问题。有鉴于此，本书进一步总结以下几点规律：（1）从中国资本错配的演变趋势来看，我国从资本配置不足为主转向资本配置过度与不足并存。1994 年全国绝大多数地区都属于资本配置不足的情况，当时中国的资本总量有限，绝大多数地区的实际资本使用量都少于最优的资本使用量。到了 2014 年，资本配置过度和资本配置不足地区各占"半壁江山"。（2）从空间分布格局来看，东部沿海经济先发地区容易出现资本配置过度[①]，而内陆后发地区容易出现资本配置不足，资本并未从经济相对发达地区流向较落后地区，即资本在地区间流动存在"卢卡斯悖论"现象，再次印证了我国资本配置效率不高。

第三节　政府干预视角下中国资源空间错配的典型制度识别

中国存在严重的资源空间错配已成为共识（Hsieh and Klenow，2009；陈诗一和陈登科，2017；尹恒和李世刚，2019）。中国资源空间错配既有历史原因——计划经济的惯性力量，又有社会主义市场经济发展过程中形成的原因（谭洪波，2015）。引起资源空间错配的原因有很多，主要可归为政府干预和市场摩擦两大类。在中国，政府干预影响了市场机制在资源配置中的作用，资源空间错配在相当大的程度上受政府干预的影响，这正是在研究中国经济问题时政府和市场关系频频被提及的一个重要原因。本节主要关注政府干预对中国资源空间错配的影响。从中国的实际情况来看，政府在资本和劳动力市场的干预政策有很多，而且不同的干预政策有着不同的政策目标，本书无法将这些干预政策穷尽，只能着重分析典型干预制度的资源配置效应。在劳动力市场，最典型的政府干预政策是户籍制度和最低工资制度；在资本市场，最典型的政府干预政策是具有区域导向型的资本倾斜政策——开发区政策。因而本书主要围绕这三种典型制度对资源空间错配的影响展开分析。

一、户籍制度对劳动力空间错配的影响

户籍制度造成的流动壁垒是我国劳动力错配的制度根源（蔡昉等，2001；孙文凯等，2011）。中国的户籍制度本质是一种迁移摩擦（Au and Henderson，2006；孙三百等，2014；梁琦，2018），其会影响劳动力的区位选择，包括劳动力在城市间的流动以及乡—城迁移两种模式。从户籍制度的演变来看（见表4－2），户籍制度改革的重点已经从原来的城乡关系转化为地区间（流出地与流入地）的矛盾。因此，本书聚焦地区间的劳动力流动而非乡—城间的劳动力流动。

---

①　个别民族自治地区的资源型城市也出现了资本配置过度。

表 4-2   中国户籍制度改革进程

时间	管理条例	主要内容
1998 年 7 月	《国务院批转公安部关于解决当前户口管理工作中几个突出问题意见的通知》	凡在城市有合法固定的住房、合法稳定的职业或者生活来源，已居住一定年限并符合当地政府有关规定的，可准予落户
2001 年 3 月	《国务院批转公安部关于推进小城镇户籍管理制度改革意见的通知》	小城镇户籍制度改革全面推进
2012 年 2 月	《国务院办公厅关于积极稳妥推进户籍管理制度改革的通知》	要引导非农产业和农村人口有序向中小城市和建制镇转移，逐步满足符合条件的农村人口落户需求，逐步实现城乡基本公共服务均等化
2013 年 11 月	《中共中央关于全面深化改革若干重大问题的决定》	全面放开建制镇和小城市落户限制，有序放开中等城市落户限制，合理确定大城市落户条件，严格控制特大城市人口规模
2014 年 7 月	《国务院关于进一步推进户籍制度改革的意见》	进一步调整户口迁移政策，稳步推进义务教育、就业服务、基本养老、基本医疗卫生、住房保障等城镇基本公共服务覆盖全部常住人口
2019 年 4 月	《2019 年新型城镇化建设重点任务》	城区常住人口 100 万至 300 万的大城市要全面取消落户限制；城区常住人口 300 万至 500 万的大城市要全面放开放宽落户条件，并全面取消重点群体落户限制
2019 年 12 月	《关于促进劳动力和人才社会性流动体制机制改革的意见》	以户籍制度和公共服务牵引区域流动
2020 年 4 月	《中共中央 国务院关于构建更加完善的要素市场化配置体制机制的意见》	畅通落户渠道。探索推动在长三角、珠三角等城市群率先实现户籍准入年限同城化累计互认。放开放宽除个别超大城市外的城市落户限制，试行以经常居住地登记户口制度
2021 年 4 月	《2021 年新型城镇化和城乡融合发展重点任务》	城区常住人口 300 万以下城市落实全面取消落户限制政策
2022 年 7 月	《"十四五"新型城镇化实施方案》	放开放宽除个别超大城市外的落户限制、全面取消城区常住人口 300 万以下的城市落户限制、全面放宽城区常住人口 300 万至 500 万的 I 型大城市落户条件、完善城区常住人口 500 万以上的超大特大城市积分落户政策、鼓励取消年度落户名额限制

资料来源：作者整理。

（一）模型的基本假定

本书在潘士远等（2018）的基础上，考虑了地区间的互动关系，构建了空间均衡模型以分析户籍制度对劳动力空间错配的影响。为了简化分析，本书基本假定如下：第一，国家是由 N 个异质性城市组成封闭经济体。第二，全国资本总

量外生给定为 K，利率是内生的。第三，全国的劳动力总量 $L=1$，各地区的户籍准入难度存在差异，这一假设符合中国的实际情况。

（二）厂商

每一个地区都有一个代表性厂商，地区 i 的生产函数为：

$$Y_i = A_i L_i^{\alpha} K_i^{\beta} T_i^{1-\alpha-\beta} \tag{4-11}$$

其中，Y_i 为价格固定的可交易商品的产出量，A_i 为生产力水平，L_i、K_i 分别为地区 i 的劳动力数量和资本拥有量，T_i 为土地供应面积。α、β 分别为劳动力和资本的产出份额。本书参考谢长泰和莫雷蒂（Hsieh and Moretti.，2019）、潘士远等（2018）的做法引入了土地供应变量，理由有二：一是在现实经济中，中国地方政府对建设用地的调配直接影响该地经济表现；二是当土地供应面积固定不变时，式（4-11）演化为只包括劳动力和资本的规模报酬递减函数，$1-\alpha-\beta$ 反映了土地拥有者（政府）对总产出的获取份额。

根据式（4-11），厂商的利润函数为：

$$Y_i = P_i A_i L_i^{\alpha} K_i^{\beta} T_i^{1-\alpha-\beta} - w_i L_i - r_i K_i \tag{4-12}$$

其中，P_i 为可交易商品的价格，令可交易商品为计价物（$P_i=1$）；w_i 为劳动工资水平，r_i 为资本利率。可得厂商利润最大化的一阶条件：

$$\alpha A_i L_i^{\alpha-1} K_i^{\beta} T_i^{1-\alpha-\beta} = w_i \tag{4-13}$$

$$\beta A_i L_i^{\alpha} K_i^{\beta-1} T_i^{1-\alpha-\beta} = r_i \tag{4-14}$$

联立式（4-13）和式（4-14）可得地区 i 的劳动力和资本的需求量：

$$L_i = \left(\beta^{\beta} \alpha^{1-\beta} \frac{A_i T_i^{1-\alpha-\beta}}{r_i^{\beta} w_i^{1-\beta}} \right)^{\frac{1}{1-\alpha-\beta}} \tag{4-15}$$

$$K_i = \left(\alpha^{\alpha} \beta^{1-\alpha} \frac{A_i T_i^{1-\alpha-\beta}}{r_i^{1-\alpha} w_i^{\alpha}} \right)^{\frac{1}{1-\alpha-\beta}} \tag{4-16}$$

（三）消费者

假设政府根据城市等级和人口规模实行差别化的户籍制度，地区 i 的户籍制度严格程度为 ε_i。则地区 i 消费者的间接效用函数为：

$$V_i = (1 - \varepsilon_i) \frac{w_i Z_i}{H_i^{\eta}} \tag{4-17}$$

其中，Z_i 为地区 i 的生活舒适度，主要包括空气质量、生活便利程度、公共资源丰裕度等方面；H_i 为住房价格，η 为住房支出在总支出所占比重。住房价格由人口和土地面积供求两方面决定，即 $H_i = \tau_i L_i^{\gamma} T_i^{\phi}$，$\tau_i$ 是人口和土地之外的其他影响因素。$\gamma > 0$，$\phi < 0$，即人口越多、土地供应越少，房价越高。

式（4－17）的经济学含义是，地区 i 的消费者效用水平与工资和生活舒适度正相关，与房价和户籍准入门槛负相关，因为户籍制度会通过医疗、教育、社会保障等公共服务可得性直接影响居民的生活质量。

（四）均衡分析

因为假设资本总量是外生给定且利率内生，意味着资本可以根据资本报酬在地区间自由流动。因为户籍制度的存在，劳动力在地区间流动存在壁垒，即户籍制度通过作用于消费者的效用水平而影响劳动力的跨区域转移。

根据厂商利润最大化的一阶条件，可求得存在户籍制度限制 ε_i 时，均衡状态下地区 i 的劳动力需求函数：

$$L_i^* \propto \frac{B_i \, (1 - \varepsilon_i)^{\frac{1-\beta}{1-\alpha-\beta+\gamma\eta(1-\beta)}}}{\sum_{j=1}^{N} B_j \, (1 - \varepsilon_j)^{\frac{1-\beta}{1-\alpha-\beta+\gamma\eta(1-\beta)}}} \qquad (4-18)$$

$$B_i = \left(\frac{A_i \, T_i^{1-\alpha-\beta-\phi\eta(1-\beta)} \, Z_i^{1-\beta}}{\tau_i^{\eta(1-\beta)}} \right)^{\frac{1}{1-\alpha-\beta+\gamma\eta(1-\beta)}} \qquad (4-19)$$

$$B_j = \left(\frac{A_j \, T_j^{1-\alpha-\beta-\phi\eta(1-\beta)} \, Z_j^{1-\beta}}{\tau_j^{\eta(1-\beta)}} \right)^{\frac{1}{1-\alpha-\beta+\gamma\eta(1-\beta)}} \qquad (4-20)$$

其中，ε_j 是地区 j 的户籍制度准入难度；B_i 和 B_j 反映了地区在要素市场上的影响力。

户籍制度限制下，地区 i 的均衡劳动力与该地区户籍制度严格程度的关系为：

$$\begin{aligned}
\frac{\partial L_i^*}{\partial \varepsilon_i} = & -B_i \frac{1-\beta}{1-\alpha-\beta+\gamma\eta(1-\beta)} (1 - \varepsilon_i)^{\frac{\alpha-\gamma\eta(1-\beta)}{1-\alpha-\beta+\gamma\eta(1-\beta)}} \\
& \cdot \left[\sum_{j \neq i} B_j \, (1 - \varepsilon_j)^{\frac{1-\beta}{1-\alpha-\beta+\gamma\eta(1-\beta)}} \right] \\
& \cdot \left[\frac{1}{\sum_{j=1}^{N} B_j \, (1 - \varepsilon_j)^{\frac{1-\beta}{1-\alpha-\beta+\gamma\eta(1-\beta)}}} \right]^2 < 0 \qquad (4-21)
\end{aligned}$$

由式（4-21）可知，一个地区的户籍制度越严格，均衡劳动力数量越少。因为假定全国劳动力总量是既定的，不同地区户籍制度严格程度的差异会影响劳动力的空间配置。所以，其他地区户籍制度严格程度 ε_j 越高，会引起一部分劳动力转移到地区 i，使该地区的劳动力数量增加。具体为：

$$\frac{\partial L_i^*}{\partial \varepsilon_j} = B_i \frac{1-\beta}{1-\alpha-\beta+\gamma\eta(1-\beta)} \frac{(1-\varepsilon_i)^{\frac{1-\beta}{1-\alpha-\beta+\gamma\eta(1-\beta)}}}{\left[\sum_{j=1}^N B_j (1-\varepsilon_j)^{\frac{1-\beta}{1-\alpha-\beta+\gamma\eta(1-\beta)}}\right]^2}$$

$$\cdot B_j (1-\varepsilon_j)^{\frac{\alpha-\gamma\eta(1-\beta)}{1-\alpha-\beta+\gamma\eta(1-\beta)}} > 0 \tag{4-22}$$

由上述分析可知，户籍制度会影响地区劳动力的多寡。如果全国劳动力市场是一个不存在制度壁垒的统一大市场，那么劳动力可以在地区间自由流动，达到各地区居民消费者间接效用完全相等的均衡状态。即 $V_i = V_j$。由此可以得到劳动力总量既定且不存在流动限制时，地区 i 的最优劳动力数量为：

$$\overline{L}_i = \frac{A_i^{\frac{1}{1-\alpha-\beta}} T_i}{\sum_{j=1}^N A_j^{\frac{1}{1-\alpha-\beta}} T_j} \tag{4-23}$$

有的地区劳动力配置过度，而有的地区劳动力配置可能不足，不论是配置过度还是配置不足都说明劳动力资源存在错配。因此，本书将劳动力空间错配定义为地区实际使用的劳动力数量与理论上最优的劳动力数量之间偏差的绝对值，即：$|MisL_i| = |L_i^* - \overline{L}_i|$。

进一步地，为了分析户籍制度干预政策对劳动力空间错配的影响，将劳动力空间错配的表达式 $|MisL_i|$ 对地区 i 户籍制度严格程度 ε_i 求导：

$$\frac{\partial |MisL_i|}{\partial \varepsilon_i} = \begin{cases} -\dfrac{\partial L_i^*}{\partial \varepsilon_i} > 0, L_i^* - \overline{L}_i < 0 \\[2mm] \dfrac{\partial L_i^*}{\partial \varepsilon_i} < 0, L_i^* - \overline{L}_i \geqslant 0 \end{cases} \tag{4-24}$$

$$\frac{\partial |MisL_i|}{\partial \varepsilon_j} = \begin{cases} -\dfrac{\partial L_i^*}{\partial \varepsilon_j} < 0, L_i^* - \overline{L}_i < 0 \\[2mm] \dfrac{\partial L_i^*}{\partial \varepsilon_j} > 0, L_i^* - \overline{L}_i \geqslant 0 \end{cases} \tag{4-25}$$

由式（4-24）和式（4-25）可知，户籍制度这一干预政策对空间错配的程度影响要分情况具体讨论。当 $MisL_i = L_i^* - \overline{L}_i < 0$，即地区本身劳动力配置不足

时，该地区户籍准入难度 ε_i 的提高将进一步加大劳动力缺口，劳动力错配程度会更加严重；而其他地区户籍准入难度 ε_j 的提高，则有利于缓解该地区的劳动力不足，错配程度会下降。当 $MisL_i = L_i^* - \bar{L}_i > 0$，即地区本身劳动力配置过度时，随着该地区户籍准入难度 ε_i 的提高，劳动力的错配程度会有所缓解；随着其他地区户籍准入难度 ε_j 的提高，该地区的劳动力错配程度会加剧。

综上所述，政府干预户籍制度并不一定会加剧劳动力空间错配，要分情况而论：对于原本劳动力配置不足的地区，放松该地区户籍制度限制，提高其他地区的户籍准入门槛，有利于缓解劳动力错配；而对于原本劳动力配置过度的地区，放松该地区户籍制度限制，提高其他地区的户籍准入门槛，则会加剧劳动力错配。政府在制定户籍政策时，要同时考虑该地区本身以及周边地区的劳动力配置情况。

二、最低工资制度对劳动力空间错配的影响

工资差距是劳动力流动的最主要原因，因此，最低工资制度成为中国政府干预劳动力市场的重要方式之一（张世伟和韩笑，2019）。地区间最低工资标准差异会引起劳动力在地区间的重新配置，尤其是最低工资制度最想保护的低技能劳动者群体。已有文献关于最低工资制度对劳动力要素错配并没有明确的定论。刘贯春等（2017）从微观企业层面入手，认为最低工资标准的提升通过增加低效率企业退出市场的概率以及对企业生产率的非对称提升作用这两条机制缓解了资源错配。梁琦和王斯克（2019）等为代表的研究则发现，最低工资制度通过以下途径加剧劳动力空间错配：一是空间选择效应，最低工资标准调整会影响当地劳动者收入和效用水平的变化，劳动者会选择到预期收入和效用更高的城市工作和生活（Altmannn et al.，2012）；二是要素替代效应，最低工资标准调整会引起企业生产成本的增加，企业会因劳动和资本相对价格发生变化而重新调整要素投入决策，用更多的资本来代替劳动（丁守海，2010；马双等，2012），所以劳动力会流向有职位空缺的地区，进而引起劳动力在地区间重新配置；三是地区间的攀比效应，地方政府为了降低中心城市的虹吸效应，会通过调高最低工资标准对本地劳动者进行过度保护，虚高的最低工资标准实质上是一种政策壁垒，有碍于劳动力的空间配置（卢小波，2016）。出现不同结论的一个可能原因是未考虑地区差

异性，下面将结合理论模型对这一问题进行详细分析。

（一）模型的基本假设

政府干预最低工资的政策目标是通过规定低技能劳动力的最低工资收入下限，为他们提供基本的生活保障。各地区根据本地的经济发展、就业情况及生活成本高低来制定最低工资标准，且每两年至少调整一次。本书从空间一般均衡模型出发，考察政府干预最低工资制度对劳动力空间错配的影响。为简化分析，本书基本假定如下：第一，国家是由 N 个异质性城市组成封闭经济体。第二，全国资本总量外生给定为 K，利率是内生的。第三，最低工资标准是低于当地均衡工资水平的。第四，全国劳动力总量 L=1，且劳动力不存在技能异质性。

（二）厂商

每一个地区都有一个代表性厂商，地区 i 的生产函数满足柯布—道格拉斯形式：

$$Y_i = A_i L_i^\alpha K_i^\beta T_i^{1-\alpha-\beta} \qquad (4-26)$$

其中，Y_i 为价格固定的可交易商品的产出量，A_i 为生产力水平，L_i、K_i 分别为地区 i 的劳动力数量和资本拥有量，T_i 为土地供应面积。α、β 分别为劳动力和资本的产出份额。

假设地区 i 的最低工资标准为 w_m，因为假定最低工资标准低于均衡工资水平，有 $w_i > w_m$。所以厂商的利润函数为：

$$Y_i = P_i A_i L_i^\alpha K_i^\beta T_i^{1-\alpha-\beta} - w_i L_i - r_i K_i \qquad (4-27)$$

其中，P_i 为可交易商品的价格，且 $P_i = 1$；w_i 为劳动工资水平，r_i 为资本利率。由厂商利润最大化的一阶条件，可得地区 i 的劳动力和资本的需求量：

$$L_i = \left(\beta^\beta \, \alpha^{1-\beta} \, \frac{A_i \, T_i^{1-\alpha-\beta}}{r_i^\beta \, w_i^{1-\beta}} \right)^{\frac{1}{1-\alpha-\beta}} \qquad (4-28)$$

$$K_i = \left(\alpha^\alpha \, \beta^{1-\alpha} \, \frac{A_i \, T_i^{1-\alpha-\beta}}{r_i^{1-\alpha} \, w_i^\alpha} \right)^{\frac{1}{1-\alpha-\beta}} \qquad (4-29)$$

（三）消费者

因为最低工资为低收入群体提供了生活保障，提高了他们的收入水平，所以会相应增加他们在该地区的效用水平。地区 i 消费者的间接效用函数为：

$$V_i = (1 + \varphi_i) \frac{w_i Z_i}{H_i^\eta} \qquad (4-30)$$

其中，φ_i 为政府干预下的地区 i 的最低工资标准提升幅度，即 $\varphi_i = w_{m_i}^t - w_{m_{i-1}}^{t-1}$，$\varphi_i$ 越大说明政府对地区 i 劳动力市场的管控程度越强。Z_i、H_i、η 分别为地区 i 的生活舒适度、住房价格，住房支出在总支出所占比重。同前面一样，住房价格由供求关系决定，即 $H_i = \tau_i L_i^\gamma T_i^\phi$，$\gamma > 0$，$\phi < 0$，$\tau_i$ 是人口和土地之外的其他影响因素。

式（4-30）表明，工资、生活舒适度以及最低工资提升幅度越高，在地区 i 生活的消费者的效用水平也就越高，但房价会拉低消费者的效用水平。

（四）均衡分析

因为假设资本总量外生给定且利率内生，意味着资本不存在错配。最低工资制度会影响劳动者的效用水平和工作机会，进而影响劳动力的流动决策。

根据厂商利润最大化的一阶条件，可求得最低工资标准提升时，地区 i 的均衡劳动力需求为：

$$L_i^* \propto \frac{B_i (1 + \varphi_i)^{\frac{1-\beta}{1-\alpha-\beta+\gamma\eta(1-\beta)}}}{\sum_{j=1}^{N} B_j (1 + \varphi_j)^{\frac{1-\beta}{1-\alpha-\beta+\gamma\eta(1-\beta)}}} \qquad (4-31)$$

其中，B_i 与 B_j 衡量的是地区间的互动关系，与政府通过户籍制度干预劳动力市场情况下的式（4-19）和式（4-20）完全一样。

将均衡劳动力 L_i^* 对政府干预下的最低工资标准提升幅度 φ_i 求导，可得：

$$\frac{\partial L_i^*}{\partial \varphi_i} = B_i \frac{1-\beta}{1-\alpha-\beta+\gamma\eta(1-\beta)} (1 + \varphi_i)^{\frac{\alpha-\gamma\eta(1-\beta)}{1-\alpha-\beta+\gamma\eta(1-\beta)}}$$
$$\cdot \left[\sum_{j \neq i} B_j (1 + \varphi_j)^{\frac{1-\beta}{1-\alpha-\beta+\gamma\eta(1-\beta)}} \right]$$
$$\cdot \left[\frac{1}{\sum_{j=1}^{N} B_j (1 + \varphi_j)^{\frac{1-\beta}{1-\alpha-\beta+\gamma\eta(1-\beta)}}} \right]^2 > 0 \qquad (4-32)$$

由式（4-32）可知，一个地区的政府通过提升最低工资标准对劳动力市场干预越强，该地区的均衡劳动力数量越多。究其原因，是因为最低工资标准通常是低于均衡工资的，最低工资提升幅度越大，劳动者的收入保障越大，到该地工作的效用越大，因此会吸引劳动力流入这些地区，这也和中国大量劳动力涌入工资水平更高的沿海地区这一特征事实相符。因为全国劳动力总量是既定的，不同地区最低工资标准差异会影响劳动力在地区间转移。其他地区最低工资提升程度 φ_j 越大，越会引起一部分劳动力从地区 i 流出。具体为：

$$\frac{\partial L_i^*}{\partial \varphi_j} = -B_i \frac{1-\beta}{1-\alpha-\beta+\gamma\eta(1-\beta)} \frac{(1+\varphi_i)^{\frac{1-\beta}{1-\alpha-\beta+\gamma\eta(1-\beta)}}}{\left[\sum_{j=1}^{N} B_j (1+\varphi_j)^{\frac{1-\beta}{1-\alpha-\beta+\gamma\eta(1-\beta)}}\right]^2}$$

$$\cdot B_j (1-\varepsilon_j)^{\frac{\alpha-\gamma\eta(1-\beta)}{1-\alpha-\beta+\gamma\eta(1-\beta)}} < 0 \qquad (4-33)$$

如果劳动力市场是一个理想的完全自由竞争市场，在各地区居民消费者间接效用完全相等的均衡状态下 $V_i = V_j$，地区 i 的最优劳动力数量为：$\bar{L}_i = \dfrac{A_i^{\frac{1}{1-\alpha-\beta}} T_i}{\sum\limits_{j=1}^{N} A_j^{\frac{1}{1-\alpha-\beta}} T_j}$。

根据前面对劳动力空间错配程度的定义：地区实际使用的劳动力数量和理论上最优的劳动数量之间偏差的绝对值，即：$|MisL_i| = |L_i^* - \bar{L}_i|$。将劳动力空间错配程度的表达式 $|MisL_i|$ 对地区 i 政府的最低工资干预程度 φ_i 求导可得：

$$\frac{\partial |MisL_i|}{\partial \varphi_i} = \begin{cases} -\dfrac{\partial L_i^*}{\partial \varphi_i} < 0, L_i^* - \bar{L}_i < 0 \\[3mm] \dfrac{\partial L_i^*}{\partial \varphi_i} > 0, L_i^* - \bar{L}_i \geqslant 0 \end{cases} \qquad (4-34)$$

$$\frac{\partial |MisL_i|}{\partial \varphi_j} = \begin{cases} -\dfrac{\partial L_i^*}{\partial \varphi_j} > 0, L_i^* - \bar{L}_i < 0 \\[3mm] \dfrac{\partial L_i^*}{\partial \varphi_j} < 0, L_i^* - \bar{L}_i \geqslant 0 \end{cases} \qquad (4-35)$$

由式（4-34）和式（4-35）可知，最低工资提升对劳动力空间错配程度的影响视情况而定。当 $MisL_i = L_i^* - \bar{L}_i < 0$，即地区本身劳动力配置不足时，该地区的劳动力错配程度会随着最低工资提升幅度 φ_i 的加大而得到缓解；而其他地区最低工资提升幅度 φ_j 的加大，则会进一步加剧该地区的劳动力不足，劳动力空间错配程度提高。当 $MisL_i = L_i^* - \bar{L}_i > 0$，即地区本身劳动力配置过度时，该地区最低工资提升幅度 φ_i 越大，越会吸引劳动力进一步流入，劳动力错配程度会加剧；其他地区工资提升幅度 φ_j 越大，该地区的劳动力错配程度会有所缓解。

综上所述，政府干预最低工资并不一定会加剧劳动力空间错配，要视地区情况而定：对于原本劳动力配置不足的地区，提高该地区的最低工资标准，会提高该地区劳动者的间接效用，有利于缓解劳动力错配；而对于那些原本劳动力配置过度的地区，最低工资标准的提升会进一步增加该地区的吸引力，劳动力配置过度情况也会更加严重。

三、开发区政策对资本空间错配的影响

中国复杂的央地关系和政商关系决定了中央政府和地方政府对资本市场拥有极高的掌控力（陈诗一等，2019）。政策性指令贷款、"关系型融资"都是地方政府干预资本配置的典型现象。除此之外，政府还通过区位导向性政策调配资本。区位导向性政策会引发经济活动在地区间重新布局（Neumark and Kolko，2010）。有的地区会因受到偏袒而资本成本较低，而有的地区受到资本歧视而资本成本较高（Chen et al.，2017），这种区位导向性政策虽然可能带动欠发达地区的经济发展，但也容易导致经济行为扭曲（Busso et al.，2013）。中国的开发区政策就是一种典型的区位导向性政策，对资本空间错配产生了重要影响。既有研究认为开发区通过以下三种效应影响资源配置效率：一是政策效应。开发区政策并不仅仅是一个空间位置上的存在，而是以开发区为载体的土地、税收、财政补贴、行政审批、产权保护等优惠政策的集合（Wang，2013）。比如，中西部地区的企业相对于东部地区的企业而言，能够以更低的价格获得生产要素，享受更低的税率或者获得更高的财政补贴。二是政策寻租效应。一方面，企业进驻国家级开发区的主要目的是"政策租"——获得更多的财税、金融和土地上的政策优惠（吴一平和李鲁，2017），导致区内企业重复建设和恶性竞争，进而加剧资源错配。另一方面，享受过于优厚的政策将导致企业产生"创新惰性"，致使资源无法配置到生产效率较高的企业。三是选择效应。开发区尤其是国家级开发区通常会设置更高的进入门槛，在筛选企业迁入园区时加剧了企业间的竞争，竞争机制将资源从低效率企业转移到开发区内的高效率企业，进而影响资源空间配置。

（一）模型的基本假设

本书从空间一般均衡视角出发，假定中央政府主导资本在地区间的配置。为

简化处理资本在地区间的配置问题，本书基本假定如下：第一，国家由 N 个异质性城市组成封闭经济体。第二，假设资本市场上存在两类资本需求者，未受资本偏袒地区和资本偏袒地区。未受资本偏袒地区以完全竞争形成的资本价格使用资本，受资本偏袒的地区面对的资本市场是不完全竞争的。第三，全国劳动力总量外生给定为 L，劳动力可以在不同地区间自由流动，工资内生决定。

（二）生产函数

未受资本偏袒地区 1 和资本偏袒地区 2 的生产函数为 Solow 模型一般形式：

$$Y_1 = F_1(K_1, L_1) = L_1 f_1(k_1) \qquad (4-36)$$

$$Y_2 = F_2(K_2, L_2) = s L_2 f_2(k_2) \qquad (4-37)$$

式（4-36）、式（4-37）分别为未受资本偏袒地区和受资本偏袒地区的生产函数。$s(s>1)$ 刻画了中央政府对资本偏袒地区的偏袒程度。

为简化分析，假定两类地区生产的可贸易商品采取相对价格形式，未受资本偏袒地区的产品价格为 1，受资本偏袒地区的产品价格为 p。可得未受资本偏袒地区的利润函数为：

$$\pi_1 = Y_1 - (w_1 L_1 + r_1 K_1) = L_1 [f_1(k_1) - w_1 - r_1 k_1] \qquad (4-38)$$

其中，w_1、r_1 分别为未受资本偏袒地区劳动力和资本的价格，即工资和利率。

未受资本偏袒地区在完全竞争的资本市场中，其利润最大化的一阶条件为：

$$w_1 = f_1 - k_1 f' \qquad (4-39)$$

$$r_1 = f' \qquad (4-40)$$

受资本偏袒地区的利润函数为：

$$\pi_2 = L_2 [ps f_2(k_2) - w_2 - r_2 k_2] \qquad (4-41)$$

其中，w_2、r_2 分别为资本偏袒地区工资和利率。因为假定劳动力在不同地区间自由流动，即不存在劳动力空间错配，那么两类地区的劳动力价格相等。但在资本市场，被偏袒地区的资本使用价格要低于未被偏袒地区的相应值。可得：

$$w_1 = w_2 \qquad (4-42)$$

$$r_2 = \delta r_1, 0 < \delta < 1 \qquad (4-43)$$

将式（4-39）、式（4-40）、式（4-42）和式（4-43）代入式（4-41）得：

$$\pi_2 = L_2\left[\, ps\,f_2(k_2) - f_1 + (k_1 - \delta k_2)\,f'\,\right] \tag{4-44}$$

（三）均衡分析

假设资本和劳动力市场完全出清，可得：

$$L_1 + L_2 = L \tag{4-45}$$

$$K_1 + K_2 = k_1 L_1 + k_2 L_2 = K \tag{4-46}$$

根据资本偏袒地区利润最大化原则和资源约束条件，构造拉格朗日函数：

$$\mathrm{T}(K_2, L_2) = L_2\left[\, ps\,f_2(k_2) - f_1 + (k_1 - \delta k_2)f'\,\right] + \lambda\left[\, K - k_1 L + L_2(k_1 - k_2)\,\right] \tag{4-47}$$

可求得资本偏袒地区的人均最优资本和劳动力投入要素的最优解（k_2^*，L_2^*）为：

$$k_2^* = k_2 + \frac{f_2}{f'_1} + \frac{(1-\delta)\,k_1 f'_1 - f_1}{ps\,f'_2} \tag{4-48}$$

$$L_2^* = \frac{ps\,f'_2(K - k_1 L)}{ps\,f'_2 - f_1 + (1-\delta)\,k_1 f'_1} \tag{4-49}$$

当中央政府不干预资本在地区间的分配时，即 $s=1$ 时，原本受资本偏袒地区的人均资本最优使用量为：

$$\widetilde{k_2^*} = k_1 + \frac{f_2}{f'_2} + \frac{(1-\delta)\,k_1 f'_1 - f_1}{p\,f'_2} \tag{4-50}$$

比较式（4-48）和式（4-50）可以得到存在政府干预与不存在政府干预两种情境下的人均最优资本使用量之差：

$$k_2^* - \widetilde{k_2^*} = \frac{(1-\delta)\,k_1 f'_1 - f_1}{p\,f'_2}\left(\frac{1}{s} - 1\right) \tag{4-51}$$

其中，$0 < \delta < 1$，$(1-\delta)\,k_1 f'_1 < k_1 f'_1 < f_1$，$f'_2 > 0$，$s > 1$。所以 $k_2^* - \widetilde{k_2^*} > 0$，说明政府干预政策使资本偏袒地区的资本使用量大于没有政府干预下的最优资本使用量。也就是说，政府干预使被偏袒地区的资本使用量偏离了最优水平，因为假定资本总量是既定的，那么自然未受到偏袒的地区的资本使用量将少于其最优资本量。

不论是资本实际利用量大于还是小于最优资本量，都说明资本没有达到最优配置。与劳动力市场类似，将资本空间错配程度定义为地区实际资本使用量与最优量偏离程度的绝对值。即：

$$|MisK_2| = |k_2^* - \widetilde{k_2^*}| = \left| \frac{(1-\delta)\,k_1 f'_1 - f_1}{p f'_2}\left(\frac{1}{s} - 1\right)\right| \qquad (4-52)$$

由此可得，资本空间错配与政府干预资本市场程度的关系为：

$$\frac{\partial |MisK_2|}{\partial s} = \begin{cases} -\dfrac{(1-\delta)\,k_1 f'_1 - f_1}{p f'_2}\left(-\dfrac{1}{s^2} - 1\right) < 0, k_2^* - \widetilde{k_2^*} < 0 \\[4mm] \dfrac{(1-\delta)\,k_1 f'_1 - f_1}{p f'_2}\left(-\dfrac{1}{s^2} - 1\right) > 0, k_2^* - \widetilde{k_2^*} \geq 0 \end{cases} \qquad (4-53)$$

根据上式可以得出：政府干预资本配置并不一定会加剧资本空间错配。对于本身缺乏资本（$k_2^* - \widetilde{k_2^*} < 0$）的地区，政府在资本市场上偏袒这些地区能够缓解其资本空间错配程度。但是，对于那些本身资本已经配置过度（$k_2^* - \widetilde{k_2^*} \geq 0$）的地区，采取偏向这些地区的资本干预政策会加剧资本空间错配。

第四节　中国资源空间错配的影响因素分析

引起资源空间错配的原因主要可归为政府干预和市场摩擦两大类。大多数相关研究更关注政府干预，但是，随着中国区域发展战略的不断演进以及经济制度的变迁，市场因素对资源空间错配的影响也不容小觑。上一节从政府干预的视角就要素市场上典型制度对中国资源空间错配的影响进行了理论分析。本节首先梳理了自改革开放以来中国市场经济体制改革的进程，接着从市场摩擦的视角归纳总结了资源空间错配的影响因素，然后从政府干预政策和市场发育两方面实证分析了中国劳动力空间错配和资本空间错配的影响因素，最后就如何避免资源空间配置过程中的政府失灵展开讨论。

一、改革开放以来中国市场经济体制改革进程

自改革开放以来，中国市场经济体制的改革创新是一条充满荆棘的探索之路，事实证明它也是一条能带领中华民族走向复兴的正确道路。1978 年以来，每一次党和国家的重要会议都是一座中国市场经济体制改革的历史航标。我国坚持全面深化改革，制度改革铁腕攻坚、蹄疾步稳，充分发挥经济体制改革的牵引

作用，不断完善社会主义市场经济体制，极大调动了亿万人民的积极性，极大解放和发展了生产力，创造了世所罕见的经济快速发展奇迹。总的来看，改革开放以来中国市场经济体制改革大致经历了改革计划价格管理体制、初步建立社会主义市场经济体制、逐步完善社会主义市场经济体制、全面深化社会主义经济体制改革、构建高水平社会主义市场经济体制五个阶段，具体见表4-3。

表4-3   改革开放以来中国市场经济体制改革进程

时间	相关文件或会议	主要内容
1978 年 12 月	《中共中央关于加快农业发展若干问题的决定（草案）》	提高部分农副产品收购价格，标志着我国价格改革的正式起步
1982 年 9 月	党的十二大	贯彻"计划经济为主，市场调节为辅"的原则，正确划分指令性计划、指导性计划和市场调节的各自的范围和界限
1984 年 10 月	《中共中央关于经济体制改革的决定》	从前期的完善计划价格体制向打破高度集中的计划价格体制迈进——先后放开了大部分农产品价格和多种工业消费品价格，并对工业生产资料价格实行双轨制
1987 年 10 月	党的十三大	明确指出"社会主义有计划商品经济"是计划和市场内在统一的经济体制，其总体运行机制总体上是"国家调节市场，市场引导企业"
1992 年春天	《在武昌、深圳、珠海、上海等地的谈话要点》	为深化经济体制改革指明了方向
1992 年 10 月	党的十四大	把建立社会主义市场经济体制确立为我国经济体制改革目标，从根本上解除了传统计划经济理论的束缚，从此中国社会主义市场经济发展进入全新阶段
1993 年 11 月	《中共中央关于建立社会主义市场经济体制若干问题的决定》	明确了建立社会主义市场经济体制的总体思路与目标模式，标志着社会主义市场经济体制建设的正式开启。而且，此次改革以"战略机遇"为主要着眼点，强调"利用有利的国际环境来加快国内的改革发展"
2000 年 10 月	党的十五届五中	中国社会主义市场经济体制已经初步建立
2002 年 11 月	党的十六大	揭示了不同所有制经济的内在联系
2003 年 10 月	《中共中央关于完善社会主义市场经济体制若干问题的决定》	更大程度地发挥市场在资源配置中的基础性作用，并从加快建设全国统一市场、大力发展资本和其他要素市场、建立健全社会信用体系三大方面对如何完善市场体系，规范市场秩序做出详细阐述
2005 年 10 月	党的十六届五中全会	建立反映市场供求状况和资源稀缺程度的价格形成机制，更大程度地发挥市场在资源配置中的基础性作用，处理好政府和市场的关系是经济体制改革的核心问题
2007 年 10 月	党的十七大	完善基本经济制度，健全现代市场体系

时间	相关文件或会议	主要内容
2012 年 11 月	党的十八大	经济体制改革的核心问题是处理好政府和市场的关系，必须更加尊重市场规律，更好发挥政府作用
2013 年 11 月	《中共中央关于全面深化改革若干重大问题的决定》	使市场在资源配置中起决定性作用
2017 年 10 月	党的十九大	经济体制改革必须以完善产权制度和要素市场化配置为重点，实现产权有效激励、要素自由流动、价格反应灵活、竞争公平有序、企业优胜劣汰
2018 年 2 月	党的十九届三中全会	要坚决破除制约使市场在资源配置中起决定性作用、更好发挥政府作用的体制机制弊端，围绕推动高质量发展，建设现代化经济体系
2018 年 12 月	中央经济工作会议	要切实转变政府职能，大幅减少政府对资源的直接配置，强化事中事后监管，凡是市场能自主调节的就让市场来调节，凡是企业能干的就让企业干
2019 年 10 月	党的十九届四中全会	必须坚持社会主义基本经济制度，充分发挥市场在资源配置中的决定性作用，更好发挥政府作用，全面贯彻新发展理念，坚持以供给侧结构性改革为主线，加快建设现代化经济体系
2020 年 4 月	《关于构建更加完善的要素市场化配置体制机制的意见》	破除阻碍要素自由流动的体制机制障碍，扩大要素市场化配置范围，健全要素市场体系，推进要素市场制度建设，实现要素价格市场决定、流动自主有序、配置高效公平
2020 年 5 月	《关于新时代加快完善社会主义市场经济体制的意见》	以完善产权制度和要素市场化配置为重点，全面深化经济体制改革，加快完善社会主义市场经济体制，建设高标准市场体系。最大限度减少政府对市场资源的直接配置和对微观经济活动的直接干预
2020 年 4 月	《中共中央 国务院关于构建更加完善的要素市场化配置体制机制的意见》	畅通落户渠道。探索推动在长三角、珠三角等城市群率先实现户籍准入年限同城化累计互认。放开放宽除个别超大城市外的城市落户限制，试行以经常居住地登记户口制度
2022 年 10 月	党的二十大	坚持社会主义市场经济改革方向，构建高水平社会主义市场经济体制。充分发挥市场在资源配置中的决定性作用：（1）进一步完善价格形成机制；（2）提高要素流动效率；（3）完善市场激励机制，增强创新能力。其中，提高要素流动效率具体是指加快土地、劳动力、资本、技术、数据等要素市场建设，建设高效规范、公平竞争、充分开放的全国统一大市场，打破要素垄断壁垒，促进现代流通体系建设，保护和激发微观主体活力
2023 年 2 月	中央一号文件	健全城乡融合发展体制机制和政策体系，畅通城乡要素流动来推进县域城乡融合发展

资料来源：作者整理。

（一）改革计划价格管理体制：1978～1992 年

1978 年 12 月，党的十一届三中全会通过了《中共中央关于加快农业发展若干问题的决定（草案）》，作出提高部分农副产品收购价格的决定，这标志着我国价格改革正式起步，自此我国拉开了经济体制改革的序幕。伴随经济体制改革的推进，价格改革首先从农业农村开始，涉及范围从农副产品逐步扩展至消费品、原材料和农业生产资料等。1982 年 9 月召开的党的十二大报告指出，要贯彻"计划经济为主，市场调节为辅"的原则，正确划分指令性计划、指导性计划和市场调节的各自的范围和界限。1984 年 10 月召开的党的十二届三中全会作出《中共中央关于经济体制改革的决定》，阐明了经济体制改革的大方向、性质、任务和各项基本方针政策，并指出"改革是为了建立充满生机的社会主义市场经济体制"。价格体系的改革是此次经济体制改革成败的关键，其从前期的完善计划价格体制向打破高度集中的计划价格体制迈进，先后放开了大部分农产品价格和多种工业消费品价格，并对工业生产资料价格实行双轨制。1987 年党的十三大进一步明确指出社会主义有计划商品经济是计划和市场内在统一的经济体制，其总体运行机制是"国家调节市场，市场引导企业"。1992 年春天，邓小平同志在南方视察时发表重要谈话，明确提出"社会主义也可以搞市场经济"，为深化经济体制改革指明了方向。同年 10 月，党的十四大正式把建立社会主义市场经济体制确立为我国经济体制改革的目标，从根本上解除了传统计划经济理论的束缚。此后，中国社会主义市场经济发展进入全新阶段，市场在资源配置中的作用得到了前所未有的重视（许庆，2023）。

（二）初步建立社会主义市场经济体制：1993～2001 年

1993 年 11 月召开的党的十四届三中全会作出《中共中央关于建立社会主义市场经济体制若干问题的决定》，里程碑式地明确了建立社会主义市场经济体制的总体思路与目标模式，标志着社会主义市场经济体制建设的正式开启，也被一些学者视为社会主义市场经济体制改革的第一次飞跃。与以往市场经济体制改革不同的是，此次改革以"战略机遇"为主要着眼点，强调了"利用有利的国际环境来加快国内的改革发展"。因此，20 世纪 90 年代以来，中国在加快内部经济改革步伐的同时，努力融入世界经济，逐步建立起基本的市场经济制度，这也为此后十年中国经济的增长奇迹提供了良好的制度条件。2000 年 10 月召开的党的十五届五中全会郑重宣布，中国社会主义市场经济体制已经初步建立。与此同时，党中央也十分清醒地意识到经济领域依然存在亟待解决的困难和矛盾。经济结构不合理、分配关系尚未理顺、农民收入增长缓慢、就业矛盾突出、经济整体竞争力不强、开放水平不够高等问题严重制约着社会主义生产力的发展。而且当时面临经济全球化和世界科技加快进步的整体国际环境，因此，《中共中央关于制定国民经济和社会发展第十个五年计划的建议》将此后五到十年视为我国经济社会发展的重要时期，也是进行经济结构战略性调整的重要时期，更是完善社会主义市场经济体制和扩大对外开放的重要时期。

（三）逐步完善社会主义市场经济体制：2002～2012 年

2002 年 11 月，以党的十六大为起点，中国进入深度市场化、建立完善的社会主义市场经济体制的新阶段，此次会议揭示了不同所有制经济的内在联系。2003 年 10 月召开的党的十六届三中全会作出《中共中央关于完善社会主义市场经济体制若干问题的决定》，这成为进一步深化经济体制改革的纲领性文件，也为中国全面建成小康社会奠定了坚实的制度基础。这份纲领性文件在巩固和发展公有制经济、完善国有资产管理体制、深化农村改革、深化涉外经济体制改革等方面，都起到了不可估量的推动作用，是社会主义市场经济体制改革的第二次飞跃。该决定不仅提出我国完善社会主义市场经济体制的目标之一就是要更大程度地发挥市场在资源配置中的基础性作用，而且从加快建设全国统一市场、大力发展资本和其他要素市场、建立健全社会信用体系三大方面对如何完善市场体系，规范市场秩序作出详细阐述。具体来讲，建设全国统一市场要"大力推进市场对内对外开放，加快要素价格市场化，发展电子商务、连锁经营、物流配送等现代流通方式，促进商品和各种要素在全国范围自由流动和充分竞争"。大力发展资本和其他要素市场要求"积极推进资本市场的改革开放和稳定发展，扩大直接融资。建立多层次资本市场体系，完善资本市场结构，丰富资本市场产品"。与此同时，还要加快发展土地、技术、劳动力等要素市场。2005 年 10 月，党的十六届五中全会提出"建立反映市场供求状况和资源稀缺程度的价格形成机制，更大程度地发挥市场在资源配置中的基础性作用"。2007 年 10 月，党的十七大提出要"完善基本经济制度，健全现代市场体系"。2012 年 11 月，党的十八大报告指出："经济体制改革的核心问题是处理好政府和市场的关系，必须更加尊重市场规律，更好发挥政府作用。"自此以后，党中央多次强调处理好政府和市场的关系，推动有效市场和有为政府更好结合。

（四）全面深化社会主义经济体制改革：2013～2019 年

2013 年 11 月召开的党的十八届三中全会以"改革"为主题，审议通过了《中共中央关于全面深化改革若干重大问题的决定》，历史性地提出了"使市场在资源配置中起决定性作用"，为中国在新的历史起点上全面深化改革提供了科学指南和行动纲领。该决定合理布局了深化改革的战略重点、优先顺序、主攻方向、工作机制、推进方式和时间表，并形成了 60 条 336 项改革顶层规划，这为新时期与新形势下的中国经济进一步释放潜力指明了道路。2017 年 10 月 18 日，党的十九大报告强调要"坚持社会主义市场经济改革方向""加快完善社会主义市场经济体制"，并指出"经济体制改革必须以完善产权制度和要素市场化配置为重点，实现产权有效激励、要素自由流动、价格反应灵活、竞争公平有序、企业优胜劣汰"。2018 年 2 月，党的十九届三中全会指出"要坚决破除制约使市场在资源配置中起决定性作用、更好发挥政府作用的体制机制弊端，围绕推动高质量发展，建设现代化经济体系"。同年 12 月的中央经济工作会议进一步指出：要切实转变政府职能，大幅减少政府对资源的直接配置，强化事中事后监管，凡是市场能自主调节的就让市场来调节，凡是企业能干的就让企业干。2019 年 10 月召开的党的十九届四中全会指出"必须坚持社会主义基本经济制度，充分发挥市场在资源配置中的决定性作用，更好发挥政府作用，全面贯彻新发展理念，坚持以供给侧结构性改革为主线，加快建设现代化经济体系"。涉及加快完善社会主义市场经济体制时，强调"推进要素市场制度建设，实现要素价格市场决定、流动自主有序、配置高效公平"。

（五）构建高水平社会主义市场经济体制：2020 年至今

2020 年 4 月中共中央、国务院发布《关于构建更加完善的要素市场化配置体制机制的意见》，提出"破除阻碍要素自由流动的体制机制障碍，扩大要素市场化配置范围，健全要素市场体系，推进要素市场制度建设，实现要素价格市场决定、流动自主有序、配置高效公平"，并分类提出了土地、劳动力、资本、技术、数据五个要素领域改革的方向，明确了完善要素市场化配置的具体举措。这为建设高标准市场体系、推动高质量发展、建设现代化经济体系打下坚实制度基础。紧接着，2020 年 5 月中共中央、国务院发布的《关于新时代加快完善社会主义市场经济体制的意见》，以完善产权制度和要素市场化配置为重点，全面深化经济体制改革，加快完善社会主义市场经济体制，建设高标准市场体系，并强调"最大限度减少政府对市场资源的直接配置和对微观经济活动的直接干预"。2022 年 10 月党的二十大报告提出：坚持社会主义市场经济改革方向，构建高水平社会主义市场经济体制，并从三个方面对充分发挥市场在资源配置中的决定性作用予以详细阐释：一是进一步完善价格形成机制；二是提高要素流动效率；三是完善市场激励机制，增强创新能力。其中，提高要素流动效率具体是指加快土地、劳动力、资本、技术、数据等要素市场建设，建设高效规范、公平竞争、充分开放的全国统一大市场，打破要素垄断壁垒，促进现代流通体系建设，保护和激发微观主体活力。2023 年中央一号文件在提出举全党全社会之力全面推进乡村振兴，加快农业农村现代化时，强调要"健全城乡融合发展体制机制和政策体系，畅通城乡要素流动来推进县域城乡融合发展"。

二、影响资源空间错配的市场因素

不论是发达国家还是发展中国家，都存在不同程度的市场因素导致的资源空间错配，市场不完善的国家资源错配更为严重（Banerjee and Duflo，2005）。影响劳动力和资本配置效率的共性市场因素主要包括以下几种。

第一，市场化程度。方军雄（2006）认为，不同国家的资本配置效率之所以存在明显差异，原因就在于市场化程度不同。他通过资本配置效率估算模型发现，随着市场化程度的提高，资本从低效率行业转向高效率行业的投资弹性系数也随之增大。简言之，资本配置随着市场化程度的提高得到优化。进一步地，方军雄（2007）探讨了市场化进程对资本配置效率的改善作用是否存在所有制异质性。结果表明，市场化进程能够缩小国有企业和非国有企业的资本配置效率差异，从总体上改善资源错配。樊纲等（2011）认为，市场化是一种从计划经济向市场经济过渡的体制改革，而我国正处于从计划经济向市场经济转轨的过程中。因此，市场化改革的每个方面都能提高资源配置效率，1997～2007年我国全要素生产率的39.2%归功于市场化改革。

第二，对外贸易。对外贸易能够优化资源配置是国际经济学的基本结论。产业间贸易理论认为，国际贸易使资源从比较劣势行业流向比较优势行业，实现行业间优化配置。以梅利兹（Melitz，2003）为代表的单一产品异质性企业贸易理论认为，国际贸易有利于资源在企业间优化配置，促使资源从低效率企业流向高效率企业。以梅耶等（Mayer et al.，2014）为代表的多产品异质性企业贸易理论则进一步深入到企业内部，认为国际贸易可以引导资源从企业内的外围产品流向具有更高生产效率的核心产品，提升核心产品产出或贸易比重，从而实现企业内资源优化配置。然而，宋结焱和施炳展（2014）研究发现，我国的出口贸易反而加剧了资源错配程度，主要原因在于中国出口动力的"非市场性"，即要素价格扭曲、政府政策干预等非市场因素推动的中国出口引起了更深程度的资源错配。

第三，外商直接投资。外商直接投资作为生产要素跨国流动的另一种重要方式，在资源配置中扮演着不可或缺的角色。一部分研究认为，外商直接投资能够降低企业融资约束、缓解政策扭曲、提高生产率，进而提高资本配置效率（才国伟和杨豪，2019）。白俊红和刘宇英（2018）研究发现，外商直接投资不仅有助于生产要素的跨国流动，而且还能加快国内"边际产业"转移、促进市场竞争，对资本和劳动力空间错配有显著的改善效果。另一部分研究则认为，由于制度和文化差异造成的信息获取劣势（Detragiache et al.，2008）、外资进入的挤出效应、金融摩擦的放大效应（Gopinath et al.，2017），外商直接投资会加剧资本错配程度。

第四，城市规模以及与此相伴而生的产业集聚。城市规模会影响外部性的发挥，进而影响企业资源配置效率，城市规模的过于集中和分散，都不利于资源的优化配置（Duranton and Puga，2004）。城市规模越大，经济集聚程度越高，企业资源投入效率越高（张天华等，2017）。同时，城市规模越大说明城市行政级别越高，享有更多的资源配置便利，掌握的资源也更多。而且，这类城市在交通基础设施、人才吸引、创业环境、教育水平方面越有优势，越能够通过规模效应和网络效应获取更多的资源（江艇等，2018）。进一步地，产业集聚对资源配置具有改善作用，但这种改善作用因资源错配类型和产业集聚阶段而异（季书涵和朱英明，2017）。

三、中国劳动力空间错配的影响因素检验

由前面分析可知，户籍制度和最低工资制度这两种政府干预政策以及金融发展、对外开放、劳动力市场化进程、经济集聚等市场因素是影响劳动力空间配置效率的重要因素。此外，中国在当前阶段的一些特性也会影响劳动力空间错配：一是城镇化率，中国的快速城镇化使中国城市间劳动力空间分布不均匀（梁琦等，2018）；二是房价，房价是劳动力跨区域流动时考虑的一个重要因素，房价会通过"生活成本效应"和"闲暇替代效应"影响工资和劳动力配置效率（张巍等，2018）；三是医疗资源，医疗资源作为地区公共服务水平的一个重要方面，对劳动力在地区间的流动起着至关重要的作用；四是高等教育水平，其不仅能反映公共资源的丰裕程度，而且是劳动力流动门槛的重要因素，直接影响劳动力跨区域流动；五是道路交通，其为劳动力流动提供了便利性。

为识别上述政府干预政策和市场因素对劳动力空间错配的影响，构建以下回归模型进行经验验证。

$$MisL_{it} = \beta_0 + \beta_1 MW_{it} + \beta_2 Huji_{it} + \beta_3 FD_{it} + \beta_4 Open_{it} + \beta_5 Market_{it}$$
$$+ \beta_6 UR_{it} + \beta_7 Edu_{it} + \beta_8 TC_{it} + \beta_9 House_{it} + \beta_{10} Cluster_{it}$$
$$+ \beta_{11} Medi_{it} + u_i + v_t + \varepsilon_{it} \tag{4-54}$$

其中，i 和 t 分别代表地区和时期；$MisL$ 是解释变量劳动力空间错配程度，由于存在劳动力配置过度（$MisL > 0$）和劳动力配置不足（$MisL < 0$）两种情况。本书借鉴季书涵（2016）、白俊红和刘宇英（2018）的做法对其取绝对值以保证回归方向一致，数值越大，表示劳动力空间错配越严重；MW 为最低工资标准；$Huji$ 为户籍制度扭曲；市场因素具体包括金融发展 FD、对外开放 $Open$、市场化进程 $Market$、城镇化率 UR、高等教育水平 Edu、道路交通 TC、房价 $House$、工业集聚 $Cluster$ 以及医疗资源 $Medi$。此外，u_i 和 v_t 分别表示个体和时间固定效应，ε_{it} 为随机误差项，并服从均值为零的独立正态分布。β_1 和 β_2 是本部分关注的重点，β_1 刻画了最低工资制度对劳动力空间错配的影响。若 β_1 显著为负，说明最低工资

标准的提升有利于缓解劳动力空间错配；若 β_1 显著为正，则表示最低工资标准提升会加剧劳动力在地区间的错配程度。β_2 反映了户籍制度对劳动力空间错配的影响，如果 β_2 显著为正，表明户籍制度会加剧劳动力空间错配，反之则说明其会起到缓解作用，预期 β_2 的符号为正。

最低工资标准 MW 为地级市月度最低工资标准，因为当地生活费用支出会影响劳动者的实际收入，故利用消费者价格指数（CPI）将其折算成 1998 年为基期的价格。户籍制度扭曲则借鉴杨谱等（2018）的思路，将户籍制度扭曲定义为非农部门就业的农业户口工人与非农户口工人在收入和医疗保险、子女教育、失业保险等公共服务及福利上的差异，进而测算各个城市的户籍扭曲程度。具体公式为：$Huji = 1 - \dfrac{W_r}{W_u}\dfrac{1+t_2}{1-t_1}\dfrac{P_u}{P_r}$，其中，$P_u$、$P_r$ 分别为城市和农村一篮子商品的价格，$\dfrac{W_r}{W_u}\dfrac{1+t_2}{1-t_1}$ 为农村居民与城镇居民的实际人均收入之比。

依据已有研究，各市场因素的度量方式为：（1）金融发展 FD，采用地区金融机构贷款余额占 GDP 的比重表示。（2）对外开放 $Open$，选用地区进出口总额占 GDP 的比重来表示。（3）市场化进程 $Market$，鉴于数据可得性，本书借鉴赵伟和向永辉（2012）的做法，用各地区城镇私营和个体从业人员数占该地区全部职工年均人数的比值。数值越大说明劳动力市场化进程越快。（4）城镇化率 UR，采用地区非农人口占总人口①的比重测度。（5）高等教育水平 Edu，选用每万人中在校大学生数量来衡量，以控制高等教育水平对劳动力在地区间重新配置的影响。（6）道路交通 TC，用客运量占地区总人口的比重来表示。（7）房价 $House$，采用经 CPI 指数折算的商品房平均价格来度量。（8）工业集聚水平 $Cluster$，采用工业增加值占地区 GDP 的比重来衡量。（9）医疗资源 $Medi$，用地区每万人拥有的医生数来表示。上述市场因素不仅可以刻画地区经济社会发展水平对劳动力空间错配的影响，还能在一定程度上缓解模型的内生性问题。

本部分以 2000~2017 年 289 个地级市作为研究对象。表 4-4 报告了各变量度量方法与描述性统计。其中，各地级市最低工资标准不存在统一的数据来源，其是通过搜索各地级市政府网站、政策法规、统计公报获取。国内生产总值、地

① 此处的总人口为户籍人口，因为常住人口数据于 2014 年才开始公布。

方政府财政支出、金融机构贷款余额等宏观基础变量主要来源于《中国城市统计年鉴》（2001～2018 年）、《中国区域经济统计年鉴》（2001～2018 年）、国泰安数据库以及各地级市统计公报，部分缺失数据利用线性插值法予以补充。

表 4 - 4　　　　　　　　　　变量定义与描述性统计

变量类型	变量名（单位）	变量符号	变量度量	均值	标准差
被解释变量	劳动力空间错配	$MisL$	$MisL_{it} = \left(\dfrac{L_{it}}{L}\right) / \left(\dfrac{S_{it}\,\beta_{it}}{\bar{\beta}}\right) - 1$	0.553	0.603
核心解释变量	最低工资标准（千元/月）	MW	地级市最低工资标准，以 CPI 折算为 1998 年价格	0.753	0.436
	户籍制度扭曲	$Huji$	$Huji = 1 - \dfrac{W_r}{W_u}\dfrac{1 + t_2}{1 - t_1}\dfrac{P_u}{P_r}$	0.597	0.091
控制变量	金融发展	FD	金融机构贷款余额/地区 GDP	0.833	0.490
	对外开放	$Open$	进出口总额/地区 GDP	0.194	0.366
	市场化进程	$Market$	城镇私营和个体从业人员数/地区全部职工年均人数	0.897	0.587
	城镇化率	UR	非农人口/地区总人口	0.411	0.199
	高等教育（人/百人）	Edu	每百人在校大学生数	1.346	2.056
	道路交通（人/千人）	TC	客运量/地区总人口	0.022	0.062
	房价（万元/平方米）	$House$	商品房销售总额/商品房销售面积	0.329	0.28
	工业集聚	$Cluster$	工业增加值/地区 GDP	0.003	0.004
	医疗资源（人/百人）	$Medi$	医生数/地区总人口	0.187	0.101

注：观测值共计 5202 个。

表 4 - 5 报告了劳动力空间错配影响因素的回归结果。表中回归模型（1）仅考虑了最低工资制度对劳动力空间错配的影响，最低工资制度的系数显著为负，且通过了 1% 的显著性检验，说明整体来看，最低工资标准的提升确实会影响劳动力在地区间的配置，能够在一定程度上缓解劳动力空间错配。回归模型（2）仅考虑了户籍制度对劳动力空间错配的影响，其系数显著为正，说明户籍制度是导致我国劳动力空间错配的重要因素，放开户籍制度有利于提高劳动力在地区间的配置效率，延续中国经济增长奇迹。回归模型（3）同时分析了最低工资制度和户籍制度对劳动力空间错配的影响，这两种典型制度的系数符号仍未发生变

化，且均通过了1%的显著性检验，验证了我国劳动力空间错配程度从1994年持续下降得益于最低工资标准的提升以及户籍制度的逐步放松这一猜想。回归模型（4）是纳入了控制变量之后的回归结果，不难发现，最低工资制度对劳动力空间错配起缓解作用而户籍制度起加剧作用的基本结论仍然成立。最低工资标准每提升100元，中国劳动力空间错配能降低0.0214，户籍制度扭曲程度每提高1个单位，劳动力空间错配程度会提高2.096。

表4-5　　　　　　　　　　　劳动力空间错配的影响因素分析

变量	全样本				滞后一期	劳动力配置过度	劳动力配置不足
	(1)	(2)	(3)	(4)	(5)	(6)	(7)
MW	-0.764***		-0.488***	-0.214***		0.211***	-0.080*
	(0.148)		(0.078)	(0.073)		(0.072)	(0.044)
LMW					-0.276***		
					(0.082)		
$Huji$		2.920***	2.824***	2.096***		-2.245***	0.077**
		(0.160)	(0.149)	(0.140)		(0.101)	(0.036)
$LHuji$					1.276***		
					(0.103)		
FD				-0.101***	-0.129***	0.242***	-0.082***
				(0.015)	(0.019)	(0.032)	(0.005)
$Open$				0.124***	0.148***	0.108***	-0.025***
				(0.007)	(0.011)	(0.026)	(0.008)
$Market$				-0.040**	-0.030**	0.049*	0.004
				(0.015)	(0.014)	(0.027)	(0.008)
UR				-1.042***	-1.341***	-1.853***	-0.384***
				(0.056)	(0.078)	(0.165)	(0.020)
Edu				-0.021***	-0.018***	-0.062***	-0.007***
				(0.002)	(0.003)	(0.010)	(0.002)
TC				0.287	0.127	0.760*	0.001
				(0.198)	(0.120)	(0.399)	(0.048)
$House$				0.111***	0.076**	-0.004	-0.049***
				(0.036)	(0.029)	(0.151)	(0.017)
$Cluster$				0.579	-1.429	-2.239***	-1.866***
				(1.149)	(0.895)	(0.560)	(0.451)
$Medi$				-0.083	-0.182*	-0.443*	-0.322***
				(0.092)	(0.099)	(0.199)	(0.038)
$Cons$	1.128***	-1.190***	-0.765***	-0.254***	0.422***	0.068	-0.092***
	(0.112)	(0.096)	(0.068)	(0.065)	(0.077)	(0.073)	(0.030)
N	5 202	5 202	5 202	5 202	5 184	3 232	1 970
R^2	0.025	0.181	0.191	0.259	0.222	0.369	0.378

注：（1）表中均为双向固定效应模型的回归结果；（2）括号内为稳健标准误；（3）*、**、***分别表示10%、5%及1%的显著性水平。

由于迁移成本的存在，短期内劳动力在区域间的流动并不会立即对最低工资标准变化和户籍制度改革做出调整，而且最低工资标准和户籍制度与劳动力空间错配之间可能存在反向作用。为此，本书参照既有文献对工具变量的选取，分别采用最低工资标准和户籍制度的滞后一期作为对应的工具变量，考察这两种典型制度对劳动力错配的影响。回归模型（5）为滞后一期的回归结果，发现滞后一期的最低工资标准和户籍制度的估计系数符号未发生变化。可见即便在考虑了模型的内生性之后，最低工资标准能缓解劳动力空间错配，户籍制度会加剧劳动力空间错配的结论依旧稳健。原因在于：劳动力在地区间配置的最大驱动力是劳动者对成本收益的比较，工资差距是劳动力流动的最重要因素，最低工资标准的提升意味着实际收入增加。对于对最低工资标准更敏感的低技能劳动者来说，在本地工作收入水平将提高的利好预期下，他们通过权衡工资水平差异和跨区域工作的转移成本，选择就近就地就业的概率会提高①。这也是近些年中国出现大规模农民工回流的一个重要原因，劳动力由向浙江、江苏、福建、广东等东南沿海大城市流动转变向中小城市流动，人口流动从"孔雀东南飞"转变为"集聚与扩散"并存。此外，伴随着户籍制度放松带来的公共服务可得性的提高，劳动力跨区域流动的成本在下降，劳动力空间配置效率得以提高。

　　前面理论分析表明，最低工资制度和户籍制度对于不同地区的劳动力资源空间错配的影响是不同的。因此，回归模型（6）和回归模型（7）分别检验了劳动力配置过度以及劳动力配置不足样本下的情形。回归结果证实了理论分析的结论——只有不当的政府干预才会导致资源空间错配，对于劳动力配置过度的地区，最低工资的提升以及户籍制度的放松将加剧劳动力错配程度，但是在劳动力本就不足的地区，同样的政策能够缓解劳动力错配。由此猜想，约翰·沃利和张顺明（Whalley and Zhang，2007）、林毅夫（2010）就政府干预对劳动力错配的影响得出相反的结论，一个可能的原因在于未对样本进行细分讨论。

　　对于其他市场因素，回归结果与预期一致：金融发展、市场化进程、城镇化、高等教育水平、医疗资源均能改善劳动力空间错配，而对外开放和房价则不利于地区间劳动力的优化配置。这是因为，金融发展水平越高、市场化进程越快、城镇化水平越高、受教育水平越高、医疗资源越充分、劳动力流动壁垒越

---

① 根据《2018 年农民工监测报告》，2018 年就地就近就业的农民工增加 103 万人，增长 0.9%。

低，越有利于劳动力资源的优化配置。房价会通过"生活成本效应"和"闲暇替代效应"影响地区实际工资水平，不利于劳动力优化配置（张巍等，2018）。若地方对外依存度过高，这种出口导向型经济容易导致该地区资源涌入到出口部门，成为全球价值链上的低端附庸，不利于资源的优化配置，加之中国的出口动力有很明显的"非市场性"，非市场因素虽然推动了中国的出口奇迹，但会加深资源错配（宋结焱和施炳展，2014）。

四、中国资本空间错配的影响因素检验

由前面分析可知，资本空间配置效率的影响因素包括开发区政策以及金融发展、对外开放、政府财政干预、经济集聚等市场发育特征。此外，资本空间错配还受当前阶段中国经济的一些特性影响：一是城镇化率，城镇化进程中产业分布和产业结构会发生变化，进而影响资本在地区间的配置；二是政府干预，政府干预是导致我国地区间资源错配的原因（韩剑和郑秋玲，2014），如政策性指令贷款、"关系型融资"等都是地方政府干预资本配置的典型现象；三是房价，高房价导致企业利润率与全要素生产率"倒挂"，是产生资源错配的重要原因（陈斌开等，2015）；四是地区竞争，地方政府之间以经济增长和财政收入为目标的竞争容易引发资本的空间错配（杨继东和罗路宝，2018）。

为识别开发区政策以及其他市场性因素缓解还是恶化了中国资本空间错配，本书以资本空间错配作为被解释变量，国家级开发区虚拟变量 DZ 作为主要解释变量，构建双向固定效应进行双重差分估计，具体模型设定如下：

$$MisK_{it} = \alpha_0 + \alpha_1 DZ_{it} + \alpha_2 FDI_{it} + \alpha_3 Gove_{it} + \alpha_4 FD_{it} + \alpha_5 UR_{it} + \alpha_6 Cluster_{it} +$$
$$\alpha_6 House_{it} + \alpha_7 Come_{it} + \alpha_8 \ln PGDP_{it} + u_i + v_t + \varepsilon_{it} \qquad (4-55)$$

式（4-55）中，i 和 t 分别代表地区和时期；$MisK$ 表示资本空间错配程度，由于存在资本配置过度（$MisK > 0$）和资本配置不足（$MisK < 0$）两种情况。借鉴季书涵（2016）、白俊红和刘宇英（2018）的做法，对其取绝对值以保证回归方向一致，数值越大，表示资本空间错配越严重；DZ 代表是否设立国家级开发区的虚拟变量。同时还纳入了一些可能对资本空间错配产生影响的变量，以缓解遗漏变量对回归结果产生的影响。此外，u_i 和 v_t 分别表示个体和时间固定效应，ε_{it} 为随机误差项，并服从均值为零的独立正态分布。α_1 是核心估计参数，表示

开发区政策对资本空间错配的净效应。如果 α_1 显著为负，说明设立国家开发区有利于缓解资本错配，反之则起加剧作用。

由于省级及以下开发区的设立受地方政府发展本地经济的激励和土地资源的交互作用较强，国家级开发区的设立更能反映国家的空间干预（向宽虎和陆铭，2015）。因此，本书主要关注国家级开发区政策对资本空间错配的影响。根据《中国开发区审核公告目录（2018 年版）》公布的开发区名单，截至 2017 年底，本书所涵盖的 289 个地级市已先后建成 526 个国家级开发区。由于"一市多区"现象的存在，经过筛选与匹配，1998~2017 年在研究样本 289 个地级市中，审批成立了国家级开发区的 209 个城市构成"实验组"，其余从未获批建设国家级开发区的 80 个城市则为"控制组"。由于开发区于不同年份逐年批准设立，因此借鉴袁航和朱承亮（2018）的做法，采用双重差分法来考察国家级开发区对中国资本空间错配的影响[①]。考虑 209 个"实验组"城市设立国家级开发区的时间不同，将设立国家级开发区当年及以后赋值为 1，设立之前赋值为 0，80 个"控制组"地级市赋值为 0。据此生成表示设立国家级开发区的虚拟变量 DZ。

基于已有文献，其他影响因素的度量方式为：（1）外商直接投资 FDI，用各地区实际利用外资金额[②]占地区生产总值的比值测度。（2）政府财政干预 Gove，采用地方财政支出占地区生产总值的比值来表征。（3）金融发展 FD，金融市场发展水平是资本流动的一个重要前提，本书采用地区金融机构贷款余额占 GDP 的比重表示。（4）城镇化率 UR，采用地区非农人口占总人口的比重测度。（5）工业集聚 Cluster，借鉴金煜等（2006）的做法，采用工业增加值占地区 GDP 的比重来衡量。（6）房价 House，采用经 CPI 指数折算的商品房平均价格（商品房销售总额/商品房销售面积）来度量。（7）地区竞争 Come，本书借鉴缪小林和伏润民（2015）的思路，用相邻同类型地区[③]人均生产总值最高值与该地区人均生产总值的比值来反映，比值越大说明该地区面临的竞争压力越大，地区竞争越严重。（8）经济发展水平 lnPGDP，采用人均地区生产总值的对数值测度。

---

① 鉴于已有相当丰富的文献对双重差分模型做了详细介绍，本书不再赘述。
② 由于实际利用外资与进出口中的金额为美元，因此，本书依据国家外汇管理局年报中公布的人民币兑美元年均汇率，将实际利用外资与进出口金额换算成人民币价格。
③ 中国四个直辖市属于同类型地区，进行相比，其他地级市则与省内地级市相比。

根据数据的可获取性，本部分最终选取 2000 ~ 2017 年①289 个地级市作为研究对象。各地级市的经济和社会发展指标，如国内生产总值、金融机构贷款余额等宏观基础变量主要来源于《中国城市统计年鉴》（2001 ~ 2018）、《中国区域经济统计年鉴》（2001 ~ 2018）、国泰安数据库以及各地级市统计公报，部分缺失数据利用线性插值法予以补充。表 4 - 6 为各变量度量方法与描述性统计。

表 4 - 6   变量定义与描述性统计

变量类型	变量名（单位）	变量符号	变量度量	均值	标准差
被解释变量	资本空间错配	$MisK$	$MisK_{it} = \left(\dfrac{K_{it}}{K}\right) / \left(\dfrac{S_{it}\ \alpha_{it}}{\bar{\alpha}}\right) - 1$	0.444	0.481
核心解释变量	国家级开发区	DZ	虚拟变量（0，1）	0.436	0.496
控制变量	外商直接投资	FDI	实际利用外资金额/地区 GDP	0.022	0.034
	政府财政干预	$Gove$	地方财政支出/地区 GDP	0.153	0.093
	金融发展	FD	金融机构贷款余额/地区 GDP	0.833	0.490
	城镇化率	UR	非农人口/地区总人口	0.411	0.199
	工业集聚	$Cluster$	工业增加值/地区 GDP	0.003	0.004
	房价（万元/平方米）	$House$	商品房销售总额/商品房销售面积	0.329	0.28
	地区竞争	$Come$	相邻同类型地区人均生产总值最高值/该地区人均生产总值	2.878	1.881
	经济发展水平	$lnPGDP$	人均地区生产总值的对数值	9.901	0.929

资料来源：作者整理。

表 4 - 7 为资本空间错配因素分析的估计结果。其中，回归模型（1）~（3）分别为全样本、资本配置过度样本和资本配置不足样本的估计结果。不难看出，全样本回归模型中核心变量 DZ 的回归系数显著为正，说明整体来看国家级开发区的设立不利于资本在地区间的优化配置。在资本配置过度的样本下，DZ 的回归系数显著为正，但在资本配置不足的样本下，DZ 的回归系数则显著为负，这就意味着，在资本配置过度的地区设立和批准国家级开发区会加剧资本空间错配，但在资本配置不足地区，国家级开发区的设立反倒有利于缓解资本空间错配。也就是说，国家级开发区的设立并不一定会加剧资本空间错配。

---

① 房价相关数据于 2000 年开始公布。

表 4 - 7　　　　　　　　　　　　　　　资本空间错配的影响因素分析

变量	全样本 (1)	资本配置过度 (2)	资本配置不足 (3)	滞后一期 (4)	东部 (5)	中部 (6)	西部 (7)
DZ	0.037 ** (0.017)	0.282 *** (0.025)	-0.036 *** (0.008)		0.218 *** (0.029)	-0.030 ** (0.012)	-0.124 *** (0.026)
LDZ				0.029 *** (0.004)			
FDI	0.180 (0.336)	0.248 (0.230)	-1.701 *** (0.183)	0.229 (0.363)	2.108 *** (0.312)	2.359 ** (1.052)	-0.611 *** (0.205)
Gove	0.419 *** (0.056)	0.433 ** (0.215)	-0.323 ** (0.047)	0.398 *** (0.053)	-0.885 *** (0.159)	0.860 *** (0.177)	0.200 (0.158)
FD	-0.032 * (0.018)	0.091 *** (0.032)	0.006 (0.011)	-0.041 ** (0.018)	-0.153 *** (0.041)	-0.011 (0.024)	-0.076 ** (0.028)
UR	0.106 ** (0.045)	0.279 *** (0.101)	0.025 (0.034)	0.096 * (0.050)	0.417 *** (0.061)	-0.077 (0.100)	0.003 (0.101)
Cluster	-0.163 *** (0.020)	-0.004 (0.083)	-0.222 *** (0.025)	-0.160 *** (0.023)	-0.154 *** (0.018)	-0.038 (0.053)	-0.105 *** (0.022)
House	0.083 *** (0.014)	0.206 *** (0.040)	0.061 *** (0.011)	0.086 *** (0.016)	0.075 ** (0.032)	0.078 ** (0.030)	0.105 * (0.053)
Come	0.011 ** (0.005)	0.054 *** (0.010)	0.006 ** (0.003)	0.010 ** (0.005)	-0.025 *** (0.006)	0.017 * (0.008)	0.040 *** (0.009)
lnPGDP	-0.283 *** (0.047)	0.770 *** (0.049)	-0.011 (0.015)	-0.287 *** (0.047)	-0.066 (0.063)	0.156 *** (0.049)	0.536 *** (0.087)
Cons	-1.843 *** (0.472)	-5.436 *** (0.492)	-0.936 *** (0.148)	-1.848 *** (0.435)	1.502 *** (0.516)	-0.755 ** (0.336)	-3.859 *** (0.967)
N	5202	2605	2597	5184	1818	1800	1584
R²	0.268	0.281	0.181	0.167	0.124	0.232	0.197

注：（1）表中均为双向固定效应模型的回归结果；（2）括号内为稳健标准误；（3）＊、＊＊、＊＊＊分别表示 10%、5% 及 1% 的显著性水平。

　　考虑到开发区获准设立的时滞性，进一步考察国家级开发区的一阶滞后 LDZ 对资本空间错配的影响。结果如回归模型（4）所示，LDZ 的变量依旧显著为正，说明从国家整体层面来看，国家级开发区的设立确实会加剧资本空间错配，区域平衡政策的推进会导致资本空间错配。这一发现从资源配置的视角佐证了陆铭和向宽虎（2014）、陈滢等（Chen et al.，2016）的研究结论。究其原因，开发区政策作为一种平衡区域发展的空间干预方式，通过政策优惠引导经济要素向目标区域转移，虽然能在一定程度上促进落后地区的发展，但使高效率地区难以发挥集聚效应，加之落后地区的集聚效益通常小于发达地区（Neumark and Simpson，2014），最终导致了资本配置的低效率。简言之，我国平衡式的开发区政策牺牲了"效率"换取了地区发展的"平衡"，扭曲了资本空间配置效率。

开发区政策的推进具有明显的空间渐进性，2003 年之前主要集中在东部沿海地区，2003 年之后则演变成一种平衡区域发展的手段，更多地鼓励中西部落后地区。那么，开发区政策对不同地区资本配置效率的影响是否会存在差异？基于此，本书做了进一步探讨，模型（5）~（7）依次为东部、中部和西部地区双向固定效应模型的回归结果。结果表明，国家级开发区对资本空间错配的影响存在明显的区域异质性：不利于东部地区资本配置效率的提升，但会缓解中西部地区的资本空间错配。主要有两方面的原因：一是区位导向性政策在不同地区的实施效果主要取决于政策能在多大程度上提高生产率以及发挥经济集聚效应（Glaeser and Gotteib，2008）。国家级开发区为中西部地区提供了更大程度的优惠政策，使中西部地区企业享受更低的税率和更高的补贴，中西部地区企业能够以更低的价格获得生产要素，缓解了企业的资源约束，加之基础设施的进一步完善，企业的平均资本回报率和生产率会有一定程度的提高。二是国家级开发区的设立对不同地区的政策效果取决于其是否与本地的实际情况相适宜。东部地区本身就拥有了较充足的资本，属于资本配置过度地区，中央政府的资本偏向政策会导致资本配置过度更加严重，但对于资本本身相对稀缺的中西部地区来说，资本向该地区倾斜有助于缓解资本配置不足。

从资本空间错配的影响因素可以看出，金融发展、经济集聚、经济发展能够缓解资本空间错配，而政府财政干预、城镇化、房价、地区竞争均会加剧资本空间错配，外商直接投资对资本空间错配的影响不确定。金融发展、经济集聚和经济发展均为资本在地区间的自由流动提供了机会和条件，因而对资本空间配置产生正向作用。与韩剑和郑秋玲（2014）的研究结论一致，本书发现政府在资本市场推行具有地区偏向性的政策，会导致我国资本市场存在严重的"信贷歧视"现象，使地区间的资本配置效率遭到扭曲。高房价会通过影响生产决策和资金流向而加剧资源错配（陈斌开等，2015）。政府竞争不仅会影响中央政府分配资本的决策，还会影响各地区在资本市场上的竞争力和财政支出偏向，进而影响资本配置效率。外商直接投资的影响不确定：一方面，我国金融市场的不健全导致外资难以获取全面的"软信息"，而且其在一定程度上会对国内金融机构产生挤出效应，进而可能对资本配置效率产生负向影响；另一方面，外资可以改善融资环境，优化资本空间配置（才国伟和杨豪，2019）。

综上所述，不论是资本空间错配还是劳动力空间错配，政府行为和市场均产生了重要影响。因此，要缓解资源空间错配就必须双管齐下，在积极构建更加完善的要素市场化配置体制机制的同时，避免政府失灵行为。具体来说：一是要充分发挥市场配置资源的决定性作用，促成资源畅通有序流动；二是因地制宜，根据资源属性、市场化程度差异和经济发展需要，分类完善要素市场化配置体制机制，更好地发挥政府的监管和服务作用。在原本劳动力配置不足的地区，要放松该地区户籍制度限制，提高其他地区的户籍准入门槛，促进劳动力从其他地区流向该地区；而在原本劳动力配置过度的地区，可适度提高该地区的户籍准入门槛。在调整最低工资标准时，要兼顾当地与其他地区的劳动力配置情况，适度提高劳动力不足地区的最低工资标准。在实施区位导向性政策时从全局出发，考虑政策的整体与长远效应，通过专项拨款、银行贷款、税收优惠、政府补贴等方式，更多地引导资本流入资本配置不足的中西部地区。

第五节　本章小结

　　本章主要是为了把握中国资源空间错配的特征事实以及影响因素，包括四部分内容：一是中国资源空间错配的测算；二是中国资源空间错配的特征事实；三是政府干预视角下中国资源空间错配的典型制度识别；四是中国资源空间错配的影响因素分析。研究结果显示：第一，在资源空间错配程度方面，中国劳动力空间错配程度总体上呈下降态势，且表现出"西部最严重，中部居中，东部最低"的区域特征；但中国资本空间错配程度逐步攀升，呈现出"西部最严重，东部居中，中部最低"区域特征。第二，在资源空间错配方面，相对于最优配置状态，东部地区劳动力配置不足但资本配置过度，而中西部地区劳动力配置过剩但资本配置不足，区域内资本流动存在"卢卡斯悖论"现象。第三，政府干预要素市场的典型政策（户籍制度、最低工资制度及开发区政策）未必会加剧资源空间错配，要视地区资源配置情况而定——资源配置不足或过剩地区会产生截然不同的影响：对于劳动力资源本身配置不足的地区，政府放松对该地区的户籍限制或提高该地区的最低工资标准，有利于缓解该地区劳动力空间错配；对于劳动力配置过度地区，同样的政策则会加剧劳动力空间错配。政府如果对资本不足的地区采取资本偏袒政策，能够缓解资本空间错配，但如果资本倾斜政策偏袒资本过度地区，则会加剧资本空间错配。第四，金融发展、市场化进程、城镇化、高等教育水平、医疗资源有助于改善劳动力空间错配，而对外开放和房价则会加剧劳动力空间错配。金融发展、经济集聚、经济发展有助于缓解资本空间错配，而政府财政干预、城镇化、房价、地区竞争会加剧资本空间错配。

第五章 劳动力空间错配影响区域技术创新的实证分析

要素充分流动是经济增长的重要条件，劳动力作为掌握和运用技术的主体，其配置效率会直接影响区域经济增长方式。那么，中国劳动力空间错配会对区域经济增长的引擎——区域技术创新产生何种影响？在不同地区的影响是否会存在差异？这种影响的具体作用机制是什么？如果没有劳动力空间错配，各地区的技术创新又会达到什么样的水平？为了回答上述问题，本章在第三章理论分析的基础上，从实证的角度来考察劳动力空间错配对区域技术创新的影响及其作用机制，从而来检验理论模型得出的基本结论是否成立。

本章内容的主要架构如下：首先，构建劳动力空间错配与区域技术创新的双向固定效应计量模型，得到劳动力空间错配抑制区域技术创新的基本结论。在基准回归结果基础上，从劳动力空间错配方向（配置不足与配置过度）、城市特征（区位异质性、是否为创新型城市、城市行政级别、经济集聚水平、劳动力市场化程度）以及区域技术创新水平三个主要方面深入探讨劳动力空间错配对区域技术创新的异质性影响。此外，本书还从替换关键变量、缓解模型内生性、剔除异常样本点、考虑时滞效应四方面进行稳健性检验，再次论证了基准结果的可靠性。其次，利用三步法中介效应模型，逐一识别了"扭曲收益效应""需求抑制效应"和"人力资本效应"三条传导路径在劳动力空间错配影响区域技术创新中的作用。最后，利用反事实分析估算了劳动力空间错配给区域技术创新带来的损失。

第一节 研究设计与识别方法

一、计量模型设定及识别

根据前面理论分析，劳动力空间错配对区域技术创新会产生负向影响，本部分构建如下基准计量模型对此进行实证检验：

$$Inno_{it} = \alpha_0 + \alpha_1 MisL_{it} + \alpha_2 Control_{it} + u_i + v_t + \varepsilon_{it} \qquad (5-1)$$

式（5-1）中，$Inno_{it}$ 表示地区 i 在第 t 年的区域技术创新水平；$MisL_{it}$ 为核心解释变量，即地区 i 第 t 年的劳动力空间错配程度；$Control_{it}$ 为影响区域技术创新的控制变量集合；α_0 为截距项，α_2 是控制变量回归系数的集合，u_i 和 v_t 分别表示个体和时间固定效应，ε_{it} 为随机误差项。系数 α_1 是本部分所关注的核心系数，在其他影响因素不变的情况下，α_1 被视为劳动力空间错配对区域技术创新的偏效应，既包括劳动力空间错配影响区域技术创新的直接效应，也包括劳动力空间错配通过各种传导渠道影响区域技术创新的间接效应。

二、变量说明与数据来源

（一）被解释变量

本章节主要探讨劳动力空间错配对区域技术创新的影响，因而主要的被解释变量为区域技术创新（$Inno_{it}$）。采用地区专利数量度量区域技术创新是目前应用最广泛的做法，专利数量包括专利申请数量和专利授权数量两类。考虑到专利申请到专利实际应用于地区经济发展都存在较长的时滞，本书在基准回归模型中选择用每万人获得专利授权数的自然对数来衡量区域技术创新水平①。

（二）核心解释变量

本部分的核心解释变量为劳动力空间错配（$MisL_{it}$）。同前面一样，为了保证回归方向一致，基准回归中不区分劳动力配置过度（$MisL > 0$）和劳动力配置不足（$MisL < 0$）这两种情况。借鉴季书涵（2016）、白俊红和刘宇英（2018）的做法对其取绝对值，来考察劳动力空间错配对区域技术创新的平均效应。

（三）控制变量

根据既有文献可知，研发投入、经济基础、制度环境以及知识溢出是影响区域技术创新水平的几个主要因素。鉴于此，本书加入了以下控制变量。

---

① 为了避免零值的影响，在实际计算过程中，将每万人专利授权数量加 1 之后再取自然对数。

第一，研发投入变量，包括研发投入强度（*RD*）和科研人员投入（lnre-sea）。资金支持是影响地区技术创新的重要因素，科研人员则是从事创新活动的主体。研发经费和人员投入在很大程度上受制于经济体量，因此，本书用地方科学事业和教育事业财政支出之和在地区生产总值中的占比、科学研究和技术服务业就业人数的对数来分别反映各地区研发经费和人员投入。

第二，经济基础变量，经济发展水平（ln*PGDP*）和产业结构（*Indus*）是反映地区所处发展阶段的重要特征变量。前者用地区人均生产总值的对数来度量，后者则用各地区第二产业和第三产业之和在地区生产总值中的比重来衡量。

第三，制度环境变量，与创新最相关的制度环境变量是知识产权保护（*Un-pro*）。严格的知识产权保护会激励先进技术的传播和研发创新活动，但也会阻碍后发地区的技术吸收与模仿（刘小鲁，2011），进而阻碍地区的技术创新。本书对鲁钊阳和廖杉杉（2012）的方法予以改进以消除经济体量的影响。具体来说，用地区专利侵权案件在专利授权数量中的比重与当年全国这一数值的最大值之比来衡量中国各省的知识产权保护程度。值得注意的是，该指标为知识产权保护程度的逆向指标，数值越小说明知识产权保护越严格。

第四，信息共享和知识溢出特征变量，包括信息化水平（*Infor*）、道路交通（*TC*）和外商直接投资（*FDI*），这三个变量全面反映了地区内部以及其与区域外进行信息传递和知识溢出的便捷程度。随着通信技术的发展，互联网成为人们获得信息最主要的渠道，信息化水平用地区的国际互联网用户数来表示。道路交通采用地区的年客运量在地区总人口中的占比来度量。外商直接投资用各地区实际利用外资金额占地区生产总值的比值测度。

（四）数据来源

囿于数据的可得性，以及前后统计口径的一致性，本部分选取 2001～2016 年全国 289 个地级及以上城市的年度面板数据为样本。各地区的专利授权数据来自中国研究数据服务平台（CNDRS）。研发投入强度、信息化水平、科研人员、产业结构、道路交通和外商直接投资等城市层面的特征变量主要来自《中国城市统计年鉴》（2002～2017）、《中国区域经济统计年鉴》（2002～2017）、国泰安数据库以及各地级市统计公报，部分缺失数据利用线性插值法予以补充。需要说明的是，知识产权保护的逆向指标是用地级市所在省份的数值来衡量，其中，专利侵权案件的数据来源于中华人民共和国国家知识产权局统计年报①。

三、描述性统计

主要变量的描述性统计见表 5 - 1。其中，Panel A 为主要变量的度量方法、均值、标准差、最大值和最小值。Panel B 是以各地区劳动力空间错配程度（绝对值）为标准，将劳动力空间错配以均值为界分为高、低两组。通过比较两组中区域技术创新均值的差异，发现劳动力空间错配程度较高地区的技术创新的均值显著低于劳动力错配程度较低地区的对应值，初步验证了劳动力空间错配和区域技术创新负相关的特征事实。图 5 - 1 为劳动力空间错配与区域技术创新的散点图，该图直观呈现了两者之间显著的负向关系。下面将使用计量回归模型就劳动力空间错配对区域技术创新的具体影响进行更准确的实证检验。

表 5 - 1 主要变量的度量方法与描述性统计

Panel A：变量度量方法及描述性统计

	变量	变量度量方法	均值	标准差	最大值	最小值
被解释变量	区域技术创新（Inno）	每万人专利授权数加 1 之后取对数	0.958	0.951	5.281	0.000
核心解释变量	劳动力空间错配（MisL）	$MisL_{it} = \left(\dfrac{L_{it}}{L}\right) \Big/ \left(\dfrac{S_{it}\,\beta_{it}}{\bar{\beta}}\right) - 1$	0.336	0.732	6.190	- 0.810
控制变量	研发投入强度（RD）	科学和教育财政支出占地区 GDP 比重	0.221	0.291	7.643	0.000
	科研人员（lnresea）	研发人员取对数	- 1.030	1.179	4.233	- 4.606
	经济发展水平（lnPGDP）	人均地区生产总值取对数	9.914	0.892	12.281	7.176
	信息化水平（Infor）	国际互联网用户数（百万）	0.486	1.174	15.352	0.002
	知识产权保护（Unpro）	改进鲁钊阳和廖杉杉（2012）	0.158	0.182	1.000	0.000
	产业结构（Indus）	第二和第三产业产值占地区 GDP 比重	84.644	9.598	99.970	42.800
	道路交通（TC）	客运量/地区总人口	0.228	0.651	34.515	0.005
	外商直接投资（FDI）	实际利用外资占总产值比重	2.203	3.283	63.184	0.000

---

① 中华人民共和国国家知识产权局统计年报网址：http：//www. sipo. gov. cn/tjxx/gjzscqjtjnb/index. htm。

	Panel B：劳动力空间错配差异分组				
Inno	MisL < mean 样本数	Mean1	MisL > mean 样本数	Mean2	MeanDiff
	1569	0.402	3055	−0.935	−1.337 ***

注：2001~2016 年，289 个城市总观测值为 4624 个。

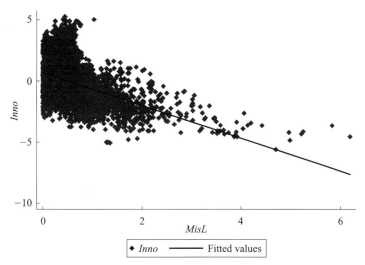

图 5 − 1　劳动力空间错配程度与区域技术创新的散点图
资料来源：作者绘制。

第二节　劳动力空间错配影响区域技术创新的实证检验

一、基准回归结果分析

在对模型进行参数估计之前，首先对个体效应和时间效应进行了检验，发现个体和时间的联合 Hausman 统计量为 54.16（对应 P 值为 0.0000），故选用双向固定效应模型检验劳动力空间错配对区域技术创新的影响，在一定程度上避免不可观测因素对估计结果的干扰。如无特殊说明，下面采用的均是双向固定效应模型。

劳动力空间错配影响区域技术创新的基准回归结果见表 5 − 2。第（1）~（8）列是依次加入控制变量的逐步回归估计结果。其中，第（1）列仅考虑劳动力空间错配对区域技术创新的影响，结果发现，劳动力空间错配的估计系数为负值，且通过了 1% 的显著性水平检验，初步说明劳动力空间错配会抑制区域技术创新。第（2）～（8）列是在第（1）列的基礎上依次加入研發投入（包括財力和人力）、經濟發展水平、信息化水平、知識產權保護、產業結構、道路交通及外商直接投資等控制變量後的估計結果。使用spearman方法對所有變量進行相關性分析，發現各主要變量之間的相關系數相對較小，且各控制變量與勞動力空間錯配這一核心解釋變量之間的相關系數不超過0.4，表明模型未存在嚴重的多重共線性問題。在第（2）～（8）列中，勞動力空間錯配的回歸系數始終顯著為負，且估計系數的絕對值與第（1）列中的對應值相比均出現了大幅度下降，進一步表明，不論是否考慮其他影響因素，勞動力空間錯配顯著抑制區域技術創新水平。以第（8）列為例，勞動力空間錯配程度每增加一個單位，區域技術創新將減少19.9%。

控制變量的回歸系數與理論預期相符合，研發投入強度、科研人員投入、經濟發展水平、信息化水平、產業結構、道路交通及外商直接投資的回歸系數均顯著為正。具體來說，研發投入越充足對區域進行創新活動的支撐力越大，越有利於創新活動的順利開展。一個地區的經濟發展水平越高，產業結構越高級化和合理化，該地區的市場需求活力越大，對技術創新的推動力就越強。地區的信息化水平越高，實際利用外資的比例越高，越容易引進、吸收和消化區域外先進技術，因而區域技術創新水平越高。道路交通反映了經濟活動主體間進行信息共享的便利性，道路交通越發達，人員在地區間流動越便捷，知識溢出效應越強，越有利於研發創新活動。知識產權保護的逆向指標顯著為負，意味著知識產權保護越嚴格，創新企業的"創新租金"越能得到保障，越能激勵企業進行研發創新活動。總之，勞動力資源優化配置要與研發投入力度加大、經濟發展、信息化和對外開放水平的提高、產業結構的完善、交通條件改善、知識產權保護同步進行，才能充分激發地區技術創新的潛力。

表 5－2　　　　　　　勞動力空間錯配影響區域技術創新的基準回歸結果

解釋變量	(1)	(2)	(3)	(4)	(5)	(6)	(7)	(8)
$MisL$	−1.142***	−0.983***	−0.205***	−0.221***	−0.181***	−0.174***	−0.185***	−0.199***
	(0.031)	(0.027)	(0.025)	(0.024)	(0.025)	(0.024)	(0.024)	(0.024)
RD		1.054***	0.713***	0.606***	0.571***	0.561***	0.550***	0.520***
		(0.062)	(0.048)	(0.049)	(0.048)	(0.048)	(0.048)	(0.048)
$lnresea$		0.271***	0.095***	0.083***	0.087***	0.079***	0.078***	0.075***
		(0.008)	(0.007)	(0.007)	(0.007)	(0.007)	(0.007)	(0.007)

续表

解释变量	(1)	(2)	(3)	(4)	(5)	(6)	(7)	(8)
ln$PGDP$			1.468 ***	1.422 ***	1.438 ***	1.223 ***	1.204 ***	1.168 ***
			(0.026)	(0.026)	(0.026)	(0.033)	(0.033)	(0.034)
$Infor$				0.124 ***	0.115 ***	0.114 ***	0.115 ***	0.116 ***
				(0.011)	(0.011)	(0.011)	(0.011)	(0.011)
$Unpro$					-0.651 ***	-0.659 ***	-0.659 ***	-0.648 ***
					(0.068)	(0.068)	(0.067)	(0.067)
$Indus$						0.020 ***	0.020 ***	0.020 ***
						(0.002)	(0.002)	(0.002)
TC							0.107 ***	0.109 ***
							(0.018)	(0.018)
FDI								0.018 ***
								(0.004)
$Cons$	0.577 ***	-0.112 ***	-14.783 ***	-14.336 ***	-14.406 ***	-13.963 ***	-13.767 ***	-13.452 ***
	(0.025)	(0.027)	(0.261)	(0.260)	(0.258)	(0.259)	(0.260)	(0.268)
year	yes	yes	yes	yes	yes	yes	yes	yes
city	yes	yes	yes	yes	yes	yes	yes	yes
N	4 624	4 624	4 624	4 624	4 624	4 624	4 624	4 624
R^2	0.230	0.440	0.669	0.678	0.684	0.691	0.693	0.695

注:(1) 括号内为稳健标准误;(2) *、**和***分别表示10%、5%及1%的显著性水平。

二、异质性分析

基准估计结果从总体上考察了劳动力空间错配对区域技术创新的平均效应。但根据前面中国劳动力空间错配的特征事实可知,中国不同地区在不同时段的劳动力空间错配方向和程度均存在明显差异。鉴于此,接下来分别从劳动力空间错配方向、城市特征与区域技术创新水平三个主要方面深入探讨劳动力空间错配对区域技术创新的异质性影响。

(一) 劳动力空间错配方向的异质性:配置不足与配置过度

本书所采用的测算中国各城市资源空间错配方法的突出优势在于:不仅可以度量出各个地区资本和劳动力这两种资源的绝对错配程度,还可以更清晰地识别出资源错配的方向,即该地区到底是劳动力投入过多还是劳动力投入不足。从第四章劳动力空间错配的特征事实可知,中国劳动力空间错配方向存在明显的区域差异。因此,一个很自然的问题就是:劳动力配置不足和劳动力配置过度这两种不同方向的劳动力错配对区域技术创新的影响是否存在差异,如果都对区域技术创新水平提升产生阻碍作用，哪一种的抑制效应更突出？回答上述问题对于因地制宜地提升区域技术创新水平至关重要。

既有文献在进行异质性分析时的通用做法是进行分组回归，这一做法有两个非常严格的假设条件：一是除了核心解释变量外，其他控制变量的系数在不同组别间不存在差异；二是两组中的干扰项是同分布的。显然这两个假设是极难满足的。因此，本书基于似无相关模型的 SUR 检验（SUEST）来放松上述两个假设。需要说明的是，本书采用的是面板固定效应模型，所以先通过组内中心化处理去除个体效应，再进行 SUEST 和组别间的系数检验，不同组别间的估计系数差异如果通过了 SUEST 检验，才能直接进行组间比较。

劳动力空间错配不同方向的分组检验结果见表 5-3 中的第（1）~（2）列，对应的 SUEST 检验通过了显著性检验。结果表明：对于提升区域技术创新来说，劳动力资源配置存在"过犹不及"的现象，不论是劳动力配置过度还是劳动力配置不足都是无益的，但两者的影响程度的确存在差异，配置过度对区域技术创新的抑制作用比配置不足更突出。具体来看，劳动力配置不足程度每增加一个单位会使区域技术创新损失 14.2%，而劳动力配置过度每增加一个单位会导致区域技术创新下降 18.9%。造成这一差异的可能原因是：劳动力资源的充裕度会影响企业的生产要素使用方式和技术选择机制。比如，西部地区的劳动力资源相对于资本来说配置过多，会导致企业生产时用廉价的劳动力来代替昂贵的资本，产业结构固化在较低阶段，技术进步缓慢，不利于当地开展创新活动。

（二）城市特征的异质性

（1）城市区位异质性。由前面中国劳动力空间错配的特征事实可知，中国的劳动力空间错配程度呈现出"西部最严重，中部居中，东部最低"的区域异质性。表 5-3 中的第（3）~（5）列分别为东部、中部和西部地区的分样本估计结果①。检验结果显示，不同区域的劳动力空间错配对区域技术创新的阻碍作用存在明显的差异，西部地区最突出，其次是中部地区，最后是东部地区，阻碍作

---

① 东部地区包括北京、天津、河北、辽宁、上海、江苏、浙江、福建、山东、广东、海南，共计 11 个省（直辖市）；中部地区（8 省）包括山西、吉林、黑龙江、安徽、江西、河南、湖北和湖南，共计 8 个省份；西部地区包括四川、重庆、贵州、云南、西藏、陕西、甘肃、青海、宁夏、新疆、广西、内蒙古，共计 12 个省（直辖市）。

用分别为 0.143、0.130 和 0.105。引起这种差异最主要的原因可能在于：要素市场扭曲对技术创新的抑制效应存在边际贡献递减规律（戴魁早和刘友金，2016b）。东部地区的区域技术创新明显强于中西部地区，在这一既定事实下，对于劳动力错配更加严重的中西部地区，劳动力配置效率的小幅度改善对区域技术创新的提升作用会"立竿见影"，而在劳动力错配程度较轻的东部地区，劳动力配置效率同等幅度的缓解对区域技术创新的积极作用十分微弱。

表 5 - 3　考虑劳动力空间错配方向、城市区位是否为创新试点城市的异质性结果

变量	劳动力空间错配方向		城市区位			是否为创新试点城市	
	配置过度	配置不足	东部	中部	西部	试点	非试点
	Inno						
	（1）	（2）	（3）	（4）	（5）	（6）	（7）
MisL	− 0.189***	− 0.142*	− 0.105**	− 0.130***	− 0.143***	− 0.073*	− 0.150***
	（0.024）	（0.078）	（0.043）	（0.021）	（0.023）	（0.038）	（0.016）
RD	0.153***	0.122***	0.094***	0.285***	0.061***	0.096***	0.154***
	（0.045）	（0.026）	（0.035）	（0.036）	（0.021）	（0.024）	（0.038）
ln*resea*	0.173***	0.256***	0.036*	0.270***	0.297***	0.098***	0.248***
	（0.022）	（0.018）	（0.021）	（0.018）	（0.027）	（0.030）	（0.018）
ln*PGDP*	0.761***	0.733***	0.814***	0.754***	0.533***	0.723***	0.827***
	（0.083）	（0.068）	（0.051）	（0.048）	（0.065）	（0.071）	（0.042）
Infor	0.011	0.058***	0.050***	0.046***	0.053**	− 0.000	0.036**
	（0.016）	（0.019）	（0.019）	（0.016）	（0.021）	（0.021）	（0.014）
Unpro	− 0.036**	− 0.143***	− 0.233***	− 0.018	− 0.008	− 0.161***	− 0.070***
	（0.018）	（0.024）	（0.044）	（0.018）	（0.021）	（0.028）	（0.016）
Indus	0.169***	0.305***	0.532***	0.014	0.358***	0.351***	0.199***
	（0.025）	（0.033）	（0.043）	（0.020）	（0.035）	（0.055）	（0.021）
TC	0.093	0.028**	0.119***	0.348***	0.042***	0.078***	0.042**
	（0.059）	（0.012）	（0.028）	（0.128）	（0.012）	（0.018）	（0.018）
FDI	0.341***	0.273***	0.176***	0.334***	0.055	0.238***	0.340***
	（0.058）	（0.017）	（0.019）	（0.046）	（0.069）	（0.026）	（0.030）
Cons	− 0.050	− 0.102*	− 0.097	0.073	− 0.300***	− 0.065	0.107*
	（0.098）	（0.060）	（0.074）	（0.066）	（0.098）	（0.084）	（0.058）
SUEST 检验 P 值	0.056		0.073			0.063	
year	yes	yes	yes	yes	yes	yes	yes
city	yes	yes	yes	yes	yes	yes	yes
N	2 866	1 758	1 616	1 600	1 408	752	3 872
R^2	0.779	0.783	0.849	0.853	0.767	0.871	0.784

注：（1）括号内为稳健标准误；（2）*、**和***分别表示 10%、5% 及 1% 的显著性水平；（3）此表中的所有变量均进行了组内中心化处理。

（2）是否为创新型城市。创新型城市试点是政府参与和支持城市创新的一项重要政策，旨在探索提高城市创新能力的有效路径（李政和杨思莹，2019）。那么，劳动力空间错配对区域技术创新的抑制作用是否会受到这一政策的影响呢？基于此，本书根据样本城市是否在 2008～2016 年期间被认定为创新型城市，将样本分为试点城市和非试点城市分别进行回归。其中，289 个样本城市中包含试点城市 47 个①，非试点城市 242 个。表 5－3 第（6）~（7）列分别给出了试点和非试点城市的劳动力空间错配对区域技术创新的影响。可以看出，试点和非试点城市的差异通过了 10% 水平的显著性检验，非试点城市的劳动力空间错配对区域技术创新的抑制作用明显强于试点城市（｜－0.150｜＞｜－0.073｜）。一个合理的解释是，政府的创新资源投入向试点城市倾斜，比如，帮助企业搭建研发平台和孵化平台、构建产学研协同创新体系、提供专项资金等，这些举措提高了创新要素的集聚程度以及企业在创新活动中的主体地位。

（3）城市行政级别的异质性（rank）。在中国，所有重要的资源都是从上级城市到下级城市逐级分配，城市行政级别已成为配置资源的重要手段和影响因素，更高行政级别的城市享有资源配置便利，掌握的资源也更多（江艇等，2018）。而且，城市等级是户籍管理制度的重要依据。由此可以猜想：劳动力空间错配可能会对不同行政等级城市的技术创新带来异质性影响。本书设置了城市等级虚拟变量，将直辖市、省会城市、副省级城市（包括计划单列市）这些重点城市（共计 35 个）赋值为 1，其他城市赋值为 0，变量名记为 rank。然后，同时将这一虚拟变量以及其与劳动力空间错配的交互项引入模型，回归结果见表 5－4 中模型（1）。结果表明，城市行政等级与劳动力空间错配的交互项系数在 5% 的水平上显著为正，意味着劳动力空间错配对区域技术创新的阻碍作用随着城市等级的提高而减弱。

表 5－4　　　　　　　　　　　　考虑城市特征的异质性结果

变量	行政级别	劳动力市场化		经济集聚
	（1）	（2）	（3）	（4）
$MisL$	-0.152^{***} （0.034）	-0.083^{**} （0.037）	-0.084^{*} （0.044）	-0.095^{**} （0.040）

---

① 部分城市所在的区列为试点，该城市同样被归为试点城市，如上海杨浦区、北京海淀区、天津滨海新区。

续表

变量	行政级别	劳动力市场化		经济集聚
	（1）	（2）	（3）	（4）
Rank	0.676 ***			
	（0.138）			
MisL × Rank	0.453 **			
	（0.212）			
Market		0.112 ***	0.018 *	
		（0.025）	（0.010）	
MisL × Market		0.075 ***	0.039 ***	
		（0.028）	（0.013）	
cluster				0.183 ***
				（0.024）
MisL × cluster				− 0.064
				（0.164）
RD	0.404 ***	0.370 ***	0.377 ***	0.373 ***
	（0.033）	（0.032）	（0.038）	（0.033）
ln*resea*	0.133 ***	0.080 ***	0.062 ***	0.075 ***
	（0.021）	（0.023）	（0.030）	（0.023）
ln*PGDP*	0.520 ***	0.212 ***	0.159 **	0.177 ***
	（0.047）	（0.051）	（0.077）	（0.057）
Infor	0.167	0.249	0.611	0.293
	（0.333）	（0.326）	（0.399）	（0.327）
Unpro	− 0.357 ***	− 0.300 ***	− 0.209 ***	− 0.294 ***
	（0.049）	（0.048）	（0.060）	（0.048）
Indus	0.014 ***	0.010 ***	0.010 ***	0.010 ***
	（0.002）	（0.003）	（0.003）	（0.003）
TC	0.043 ***	0.032 ***	0.048 *	0.034 ***
	（0.012）	（0.011）	（0.025）	（0.011）
FDI	0.498 ***	0.306 ***	0.107	0.316 ***
	（0.048）	（0.052）	（0.083）	（0.052）
Cons	− 6.866 ***	− 3.865 ***	− 3.957 ***	− 3.612 ***
	（0.377）	（0.418）	（0.654）	（0.465）
N	4624	4624	4624	4624
R^2	0.846	0.850	0.858	0.849

注：（1）括号内为稳健标准误；（2）＊、＊＊和＊＊＊分别表示10%、5%及1%的显著性水平。

（4）城市劳动力市场化程度的异质性（*market*）。一般而言，市场化程度反映了地区科研机构对市场需求的重视程度和制度保障的完善程度（王保林和张铭慎，2015），以及政府的干预程度（戴魁早和刘友金，2013），会对技术创新产生影响（冯宗宪等，2011）。由于本部分重点考察的是劳动力空间错配对区域技术创新的影响，所以在基准回归方程中引入了劳动力市场化程度变量以及该变量与劳动力空间错配的交互项，以考察劳动力市场化程度不同的城市其劳动力空间错配对区域技术创新的影响是否有差异。其中，劳动力市场化程度的测度借鉴赵伟和向永辉（2012）的做法，用城镇私营和个体从业人员在全部城镇职工中的占比表示。为了增强结论的稳健性，同时采用各城市所在省份劳动力市场分割的逆向指标来表征劳动力市场化程度①，这两种测算指标的估计结果分别见表5－4中模型（2）和模型（3）。发现劳动力市场化程度的提高不仅有利于区域技术创新，而且能够缓解劳动力空间错配对区域技术创新的抑制效应。之所以如此，一个合理的解释是，私营和个体从业人员从事工种的不稳定性相对较大，这部分人比例越高，创新创业活动的概率更大（叶文平等，2018），而且不同技能劳动力之间互补性增强有助于技术创新水平的提升（梁琦等，2018）。

（5）城市经济集聚水平的异质性（cluster）。本书关注不同经济集聚水平下，劳动力空间错配对区域技术创新的异质性，主要出于两方面的考虑。一方面，集聚经济的外部性能够通过匹配、共享和学习效应提高地区内资源组合的多样性，进而影响区域技术创新。另一方面，季书涵等（2016，2017）发现产业集聚是影响资源配置效率的一个重要原因。与他们的研究不同，本书关注的是各城市整体而不是某些特定产业的集聚水平对劳动力空间错配和区域技术创新两者关系的影响，此处同样采用工业增加值占地区 GDP 的比重来衡量经济集聚水平。表5－4中模型（4）的估计结果显示，经济集聚水平的估计系数显著为正，其与劳动力空间错配交互项的估计系数为负，但未通过显著性水平检验，出现这一现象的原因可能在于，集聚对于劳动力要素在不同的错配状态下所起的作用是不一样的，其在劳动力配置不足时能够改善资源错配，但是在劳动力配置过度时则会加剧资源错配（季书涵，2016）。此外，根据本书的数据结构可知，存在劳动力配置过度的样本更多，所以回归系数为负但不显著。

（三）区域技术创新水平的异质性

上述异质性检验结果表明，劳动力空间错配对区域技术创新的影响会因城市行政等级和经济特征存在明显的差异性。这可能是因为城市行政级别较高的重点城市和东部沿海城市的区域技术创新已经处于一个相对较高的水平，明显高于那些非重

---

① 劳动力市场分割的具体测算方法参见：黄赜琳，姚婷婷. 市场分割与地区生产率：作用机制与经验证据［J］. 财经研究，2020（1）：96－110。

点城市和中西部城市，导致劳动力空间错配对该地区技术创新的边际阻碍作用弱于那些非重点城市和中西部城市。简言之，随着区域技术创新水平的提升，劳动力空间错配的抑制作用会减弱。为验证这一猜想，本书选取了25%、50%和75%三个分位数点，采用面板分位数回归方法对式（5-1）进行估计，估计结果见表5-5中回归模型（2）~（4）。为便于比较，第（1）列展示了OLS估计方法的结果。在三个分位数点上，劳动力空间错配的回归系数始终在1%的水平上显著为负，说明对于不同水平的区域技术创新，劳动力空间错配均产生了抑制效应。但是，随着分位数点的逐渐提高，劳动力空间错配回归系数的绝对值在逐渐变小，图5-2（第一横排第二幅图）非常直观地呈现了这一趋势性。由此可以判断，随着区域技术创新水平的提升，劳动力空间错配对区域技术创新的边际抑制作用逐渐减弱。

表5-5　　　　　　分位数回归：考虑区域技术创新水平的异质性结果

变量	（1）	（2）	（3）	（4）
	OLS	QR_25%	QR_50%	QR_75%
$MisL$	-0.196***	-0.299***	-0.265***	-0.199***
	(0.026)	(0.029)	(0.026)	(0.029)
RD	0.545***	0.366***	0.739***	0.887***
	(0.103)	(0.057)	(0.051)	(0.056)
ln$resea$	0.170***	0.264***	0.155***	0.030**
	(0.020)	(0.015)	(0.013)	(0.015)
ln$PGDP$	1.212***	1.101***	1.167***	1.135***
	(0.029)	(0.028)	(0.025)	(0.027)
$Infor$	0.088*	0.092***	0.149***	0.359***
	(0.048)	(0.014)	(0.013)	(0.014)
$Unpro$	-0.378***	-0.173**	-0.191***	-0.192**
	(0.076)	(0.081)	(0.072)	(0.079)
$Indus$	0.017***	0.013***	0.012***	0.018***
	(0.002)	(0.002)	(0.002)	(0.002)
TC	0.123**	0.107***	0.198***	0.482***
	(0.059)	(0.022)	(0.020)	(0.022)
FDI	0.019***	0.016***	0.015***	0.016***
	(0.006)	(0.004)	(0.004)	(0.004)
$Cons$	-13.371***	-12.261***	-12.631***	-12.639***
	(0.246)	(0.237)	(0.212)	(0.232)
year	yes	yes	yes	yes
city	yes	yes	yes	yes
N	4 624	4 624	4 624	4 624
R^2	0.788	0.539	0.573	0.591

注：（1）括号内为稳健标准误；（2）*、**和***分别表示10%、5%及1%的显著性水平；（3）分位数回归模型中的R^2是Pseudo R^2的值。

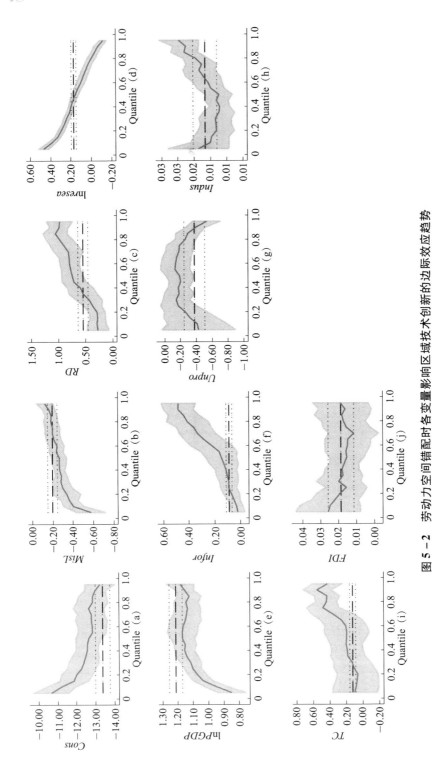

图 5 - 2　劳动力空间错配时各变量影响区域技术创新的边际效应趋势

资料来源：作者绘制。

三、稳健性检验

为了证实上述回归结果的可靠性，本部分从替换关键变量、纠正模型内生性、剔除异常样本点、考虑时滞效应四方面进行了稳健性检验。此外，资源错配包括地区间、行业间以及企业间三个层面，地区间的资源空间错配有可能是地区内部不同行业或企业间的要素流动障碍造成的。因此，本书还使用微观数据库来替换关键变量，从微观层面验证资源空间错配对区域技术创新的影响。

（一）替换关键变量

（1）替换被解释变量（$Inno\_2$）。为了更加全面地度量区域技术创新，本书还采用了寇宗来和刘学悦（2017）发布的《中国城市和产业创新力报告2017》中的相关数据表征不同城市的技术创新水平。该指标基于国家知识产权的专利数据和国家工商局的新注册企业数据两组微观数据，借鉴帕克斯和施坎曼（Pakes and Schankerman，1984）的做法，采用专利收益模型估计不同专利的平均价值，能够更好地度量城市的技术创新的经济价值。回归结果见表5－6第（1）列。

此外，专利授权可以进一步细分为发明专利，实用新型和外观设计三类。因此，本书分别以这三类专利授权数的对数作为被解释变量，依次进行回归，分别记为 $Inno\_3$、$Inno\_4$ 和 $Inno\_5$。回归结果见表5－6第（2）～（4）列。结果表明，除了在以发明专利数为被解释变量的回归模型中，劳动力空间错配没有通过显著性检验外，其在其他回归模型中均显著为负，表明劳动力空间错配与区域技术创新不同角度的表征变量之间的负向关系同样十分稳定。

（2）替换解释变量（$MisL\_2$）。造成资源空间错配的根本原因在于流动障碍，即要素在地区间流动存在高昂的成本。根据"冰川理论"，若不存在流动成本，不同市场上的产品或要素价格应该一致。基于此，本书借鉴该思想以及谢长泰和莫雷蒂（Hsieh and Moretti，2019）的做法，采用地区间的工资离差程度来衡量劳动力的空间错配程度。具体而言，首先利用2001～2013年中国工业企业数据库算出每个企业的职工平均工资，具体计算公式为：企业职工平均工资 ＝（应付工资＋应付福利费）／从业人数，然后算出各地级市层面所有规模以上工业企业职工平均工资的离差，作为劳动力空间错配的稳健性指标。表 5-6 中回归模型（5）报告了回归结果，发现劳动力空间错配的稳健性指标 $MisL\_2$ 的估计系数为负，且通过了 1% 的显著性水平检验，说明利用工业企业微观数据同样能够验证劳动力空间错配对区域技术创新的抑制效应。

表 5-6　劳动力空间错配影响区域技术创新的稳健性检验：替换关键变量

变量	替换被解释变量				替换解释变量
	创新指数 （1）	发明专利 （2）	实用新型 （3）	外观设计 （4）	工资离差 （5）
$MisL$	− 0.105 *** (0.017)	− 0.045 (0.028)	− 0.244 *** (0.024)	− 0.082 ** (0.039)	
$MisL\_2$					− 0.136 *** (0.024)
RD	0.412 *** (0.033)	0.561 *** (0.051)	0.424 *** (0.047)	0.692 *** (0.072)	0.488 *** (0.077)
$lnresea$	0.183 *** (0.005)	0.220 *** (0.007)	0.085 *** (0.007)	0.031 *** (0.011)	0.188 *** (0.014)
$lnPGDP$	0.352 *** (0.024)	0.896 *** (0.037)	1.180 *** (0.033)	1.123 *** (0.052)	1.177 *** (0.039)
$Infor$	0.285 *** (0.007)	0.146 *** (0.011)	0.104 *** (0.011)	0.156 *** (0.016)	0.036 *** (0.012)
$Unpro$	− 0.369 *** (0.046)	− 0.448 *** (0.072)	− 0.604 *** (0.065)	− 0.685 *** (0.102)	− 0.923 *** (0.095)
$Indus$	0.004 *** (0.001)	0.030 *** (0.002)	0.019 *** (0.002)	0.017 *** (0.003)	0.019 *** (0.002)
TC	0.001 (0.012)	0.084 *** (0.019)	0.095 *** (0.017)	0.079 *** (0.027)	0.474 *** (0.039)
FDI	− 0.016 *** (0.003)	− 0.008 * (0.004)	− 0.003 (0.004)	0.059 *** (0.006)	0.028 *** (0.005)
$Cons$	− 3.447 *** (0.185)	− 14.383 *** (0.288)	− 13.976 *** (0.261)	− 14.319 *** (0.409)	− 13.301 *** (0.284)
year	yes	yes	yes	yes	yes
city	yes	yes	yes	yes	yes
N	4 624	4 624	4 624	4 624	3 757
R^2	0.642	0.685	0.699	0.481	0.712

注：（1）括号内为稳健标准误；（2）*、** 和 *** 分别表示 10%、5% 及 1% 的显著性水平。

（二）处理内生性问题

区域技术创新和劳动力空间错配两者之间可能存在内生性问题：一是两者可能存在反向因果关系。前面的基准回归结果已经证实，一个地区的劳动力错配程度会抑制区域技术创新，但区域技术创新也有可能反过来影响劳动力空间配置效率。区域技术创新水平越高的地区，比如，上海和深圳这些城市得益于良好的制度环境，更能吸引劳动力向该地集聚，进而影响劳动力的空间配置效率。二是可能存在遗漏变量，影响一个地区技术创新的因素有很多，不可能在模型中全部加入，而且囿于数据可得性，有些影响因素也无法合理度量。三是可能存在测量误差。鉴于此，本书试图寻找劳动力空间错配的工具变量以缓解内生性问题造成的估计偏误。为资源空间错配找一个完美的工具变量极具挑战性（毛其淋，2013），与张杰等（2011）、毛其淋（2013）的做法一样，本书借鉴莱贝尔（Lewbel，2013）的方法来构建劳动力空间错配的工具变量，具体构造方法为：$MisL\_iv = (MisL_{it} - \overline{MisL_t})^3$，$\overline{MisL_t}$ 表示 t 时期各地区劳动力空间错配的均值。

工具变量两阶段最小二乘法（IV-2SLS）的估计结果见表 5-7 第（1）~（2）例。考虑到工具变量的有效性将直接影响估计结果的准确性，本书采用多种检验来评判其是否有效：第一，斯托克和與語基裕（Stock and Yogo，2002）的最小特征值统计量为 262.73，远远大于其对应 10% 水平上的临界值 16.38，且 Anderson-Rubin Wald 统计量在 1% 的显著性水平上拒绝内生回归系数之和等于零的假设，这两个检验充分说明工具变量和内生变量之间有较强的相关性；第二，Kleibergen-Paap rk LM 检验的 P 值为 0，强烈拒绝工具变量识别不足的原假设，Kleibergen-Paap Wald rk F 统计量大于 Stock-Yogo 检验 10% 水平上的临界值（31.50 > 16.38），这进一步拒绝了"工具变量是弱识别"的原假设。上述检验充分验证了工具变量的有效性，2SLS 的估计结果具有可信力。结果显示，劳动力空间错配的系数为 -0.454，且通过了 1% 的显著性水平。除了信息化水平和道路交通的显著性程度有所变化外，其他控制变量的系数符号和显著性均未发生变化。再次说明劳动力空间错配抑制区域技术创新的结论十分稳健。

表 5-7　　　　劳动力空间错配影响区域技术创新的稳健性检验：
工具变量法、样本清理、时滞

变量	IV-2SLS		剔除异常样本点		时滞效应
	第一阶段	第二阶段	缩尾	删除特殊城市	滞后一期
	MisL	*Inno*	*Inno*	*Inno*	*Inno*
	(1)	(2)	(3)	(4)	(5)
MisL_ iv	0.489 ***				
	(0.087)				

续表

变量	IV-2SLS		剔除异常样本点		时滞效应
	第一阶段	第二阶段	缩尾	删除特殊城市	滞后一期
	$MisL$	$Inno$	$Inno$	$Inno$	$Inno$
	（1）	（2）	（3）	（4）	（5）
$MisL$		−0.454***	−0.282***	−0.292***	
		（0.123）	（0.025）	（0.025）	
$LMisL$					−0.180***
					（0.019）
RD	0.159***	0.564***	0.678***	0.846***	0.494***
	（0.040）	（0.128）	（0.064）	（0.070）	（0.091）
$\ln resea$	0.023***	0.080***	0.043***	0.030***	0.072***
	（0.003）	（0.009）	（0.007）	（0.008）	（0.009）
$\ln PGDP$	−0.402***	1.016***	0.987***	0.961***	1.281***
	（0.053）	（0.091）	（0.034）	（0.035）	（0.036）
$Infor$	0.032**	0.125**	0.323***	0.464***	0.111**
	（0.013）	（0.055）	（0.019）	（0.024）	（0.049）
$Unpro$	0.440***	−0.526***	−0.560***	−0.533***	−0.735***
	（0.069）	（0.108）	（0.063）	（0.063）	（0.095）
$Indus$	−0.003**	0.019***	0.020***	0.020***	0.020***
	（0.001）	（0.002）	（0.002）	（0.002）	（0.002）
TC	0.044*	0.122*	0.515***	0.453***	0.098
	（0.025）	（0.073）	（0.054）	（0.056）	（0.062）
FDI	0.017***	0.023***	0.046***	0.048***	0.014**
	（0.003）	（0.007）	（0.005）	（0.005）	（0.005）
$Cons$	4.377***	−11.667***	−11.823***	−11.611***	−14.666***
	（0.440）	（0.850）	（0.271）	（0.276）	（0.256）
D-W-H 内生性检验		6.038**			
最小特征值统计量		262.73 ｛16.38｝			
Kleibergen-Paap rk LM		52.28***			
Kleibergen-Paap Wald rk F 统计量		31.50 ｛16.38｝			
Anderson-Rubin Wald		16.94***			
year	yes	yes	yes	yes	yes
city	yes	yes	yes	yes	yes
N	4624	4624	4624	4480	4608
R^2		0.794	0.722	0.699	0.686

注：（1）括号内为稳健标准误；（2）*、**和***分别表示10%、5%及1%的显著性水平；（3）最小特征值统计量中的 ｛｝内数值为 Wald 检验10%水平上的临界值，Kleibergen-Paap Wald rk F 统计量中 ｛｝内数值为 Stock-Yogo 检验10%水平上的临界值。

（三）剔除异常样本点

考虑到离群值和异常值会影响回归结果，本书从以下两个方面对数据进行清理，以提高回归结果的准确性：一是删除特殊城市样本，将四个直辖市（北京、天津、上海、重庆）和五个计划单列市（大连、青岛、宁波、厦门、深圳）剔除。二是对所有变量进行1%的双边缩尾处理，这种做法能够在最大限度保存数据信息的同时消除离群值造成的估计结果偏误。表5-7第（3）~（4）列分别为剔除特殊城市及缩尾处理后的估计结果。劳动力空间错配和各控制变量的回归系数符号及显著性与基准回归结果完全一致，再次论证了劳动力空间错配对区域技术创新的阻碍作用，结果依然十分稳健。

（四）考虑时滞效应

由于区域技术创新是一项回报周期较长的经济活动，劳动力空间错配的影响可能会存在时滞。鉴于此，将基准回归模型中的资本空间错配变量替换成一阶滞后项（$LMisL$）。表5-7第（5）列的估计结果显示，劳动力空间错配的一阶滞后项显著为负，说明即使考虑了滞后效应，依然支持劳动力空间错配不利于区域技术创新水平提升这一结论。

第三节　劳动力空间错配影响区域技术创新的机制识别

由前面理论分析可知，劳动力空间错配可能通过"扭曲收益效应""需求抑制效应"和"人力资本效应"三条传导路径影响区域技术创新。为了有效识别上述作用机制，本书借鉴巴伦和肯尼（Baron and Kenny, 1986）、温忠麟和叶宝娟（2014）的中介效应方法，构建与前面基准模型一致的递归模型对上述传导机制进行识别。具体回归模型如下：

$$Inno_{it} = c_0 + c_1 MisL_{it} + c_2 Control_{it} + u_i + v_t + \varepsilon_{it} \qquad (5-2)$$

$$M_{it} = a_0 + a_1 MisL_{it} + a_2 Control_{it} + u_i + v_t + \varepsilon_{it} \qquad (5-3)$$

$$Inno_{it} = b_0 + c'_1 MisL_{it} + b_1 M_{it} + b_2 Control_{it} + u_i + v_t + \varepsilon_{it} \qquad (5-4)$$

其中，M_{it} 为中介变量。中介效应模型的检验分三步：第一步对计量模型式

（5-2）进行回归，检验劳动力空间错配的回归系数是否显著。如果该变量的估计系数c_1显著为负，说明劳动力空间错配会对地区技术创新带来抑制效应，则进行下一个步骤的回归；第二步对计量模型式（5-3）进行回归，被解释变量M_{it}为中介变量，分别为表征"扭曲收益""消费需求"和"人力资本"的变量。如果此式中劳动力空间错配的估计系数a_1显著，说明劳动力空间错配会对上述传导机制产生影响；第三步对计量模型式（5-4）进行回归，如果劳动力空间错配和中介变量的系数c'_1和b_1都显著，且系数c'_1的绝对值与式（5-2）中c_1的绝对值相比有所下降，这就说明存在部分中介效应。若劳动力空间错配的系数不显著，但中介变量系数b_1显著，则说明中介变量起到了完全中介作用。需要说明的是，利用三步法回归时，需要手动计算 Sobel 统计量判断中介效应是否显著。首先，计算间接效应的标准误$S_{a_1b_1} = (\hat{a}_1^2 s_{b_1}^2 + \hat{b}_1^2 s_{a_1}^2)^{1/2}$，$s$ 代表相应估计值的标准误；其次，计算检验统计量 $Z = \hat{a}_1\hat{b}_1/S_{a_1b_1}$；最后，查看统计量 Z 是否通过显著性水平。

一、扭曲收益效应的检验

（一）扭曲收益的度量

既有研究一致认为扭曲收益难以直接衡量（张杰等，2011；戴魁早，2018；蒲艳萍和顾冉，2019）。张杰等（2011）用企业净利润率来测算企业的"扭曲租"，但这一方法仅适用于企业层面。戴魁早（2018）则用各地区的高技术企业的净利润率来测度，这一方法只能运用于省级层面。劳动力收益扭曲造成的直接后果是劳动收入份额下降（蒲艳萍和顾冉，2019），本书沿用他们的思想，用劳动收入份额来表征各城市的劳动力收益扭曲。第一步，算出各地区的劳动和资本所得。由于地级市缺乏以收入法核算的地区生产总值分项数据，所以本书借鉴潘文卿等（2017）的做法，用地级市所在省份的劳动和资本所得来代替。在收入法口径的核算体系下，地区生产总值包括劳动者报酬（WL）、生产税净额（NT）、固定资产折旧（DE）和营业盈余（OS）四部分。其中，前两部分分别属于劳动者和政府的报酬，后两部分属于资本的报酬。本书只关注劳动和资本，故按照戴天仕和徐现祥（2010）的做法，将政府所得的生产税净额分摊到劳动和资本所得，分摊后的劳动所得 $= WL + NT \times WL/(WL + DE + OS)$，资本所得 $= DE + OS + NT \times (DE + OS)/(WL + DE + OS)$。第二步，分别用各地区的劳动和资本所得除以收入法核算的地区生产总值，得到各地区的劳动份额和资本份额，劳动收入份额记为 LS_1。

既有研究在测算劳动收入份额时主要采用宏观数据。但宏观数据库存在统计口径不同、数据平衡和修订的问题（施新政等，2019）。而且宏观数据只能测算出省级的劳动收入份额，而本书是细化到地级市层面的研究。因此，本书同时还采用中国企业数据这一微观数据库来测度劳动收入份额，可以有效解决上述问题。具体参照王宋涛等（2016）的测算方法，首先计算各公司的劳动收入份额[①]，然后以各企业工业总产值在所在地区所有规模以上工业企业总产值中的比重为权重加权得到地级市层面的劳动收入份额[②]，用 LS_2 表示。

（二）检验结果与分析

劳动力空间错配通过扭曲收益这一传导机制影响区域技术创新的检验结果见表 5-8。其中，回归模型（1）~（3）是以宏观数据测算的劳动收入份额 LS_1 作为中介变量的检验结果，回归模型（4）~（6）则是以微观企业数据测算的劳动收入份额 LS_2 作为中介变量的检验结果。回归模型（1）是劳动力空间错配与区域技术创新回归的基准回归结果，即表 5-2 中的回归模型（8）。回归模型（2）是中介变量——劳动收入份额 LS_1 对劳动力空间错配的回归结果，劳动力空间错配的回归系数在 5% 的显著性水平上为负，表明劳动力空间错配的确会导致劳动收入份额下降，引起劳动收益扭曲。回归模型（3）为区域技术创新同时对劳动力空间错配和劳动收入份额 LS_1 的回归结果，劳动收入份额的系数在 1% 的显著性水平上为正，劳动力空间错配的估计系数依旧显著为负，但与基准回归结果相比，其绝对值从 0.199 变为 0.076，且显著性水平也有所下降，这表明扭曲收益效应是劳动力空间错配影响区域技术创新的重要传导机制，并且起部分中介作用。简而言之，劳动力空间错配不仅本身会抑制区域技术创新，而且还会通过扭曲劳动收益阻碍区域技术创新的提升，这一中介效应在总效应中的比重为 9.14%。以微观企业数据测算的劳动收入份额 LS_2 的中介效应检验得到了同样的结果，只不过解释力度有所下降，在总效应中的占比为 5.40%。

---

① 各公司的劳动收入份额＝雇员工资奖金总额/（企业利润总额＋雇员工资奖金总额）。
② 将企业利润为负值的样本删除，一些城市在个别年份的缺失数据用线性插值法补齐。

表 5 – 8　劳动力空间错配影响区域技术创新的传导机制检验：扭曲收益效应

变量	基准回归	劳动收入份额 1	区域技术创新	基准回归	劳动收入份额 2	区域技术创新
	Inno (1)	*LS_ 1* (2)	*Inno* (3)	*Inno* (4)	*LS_ 1* (5)	*Inno* (6)
MisL	− 0. 199 *** (0. 024)	− 0. 067 ** (0. 029)	− 0. 076 ** (0. 036)	− 0. 238 *** (0. 026)	− 0. 038 ** (0. 005)	− 0. 226 *** (0. 026)
RD	0. 520 *** (0. 048)	0. 032 (0. 026)	0. 360 *** (0. 033)	0. 557 *** (0. 068)	0. 017 (0. 013)	0. 551 *** (0. 067)
ln*resea*	0. 075 *** (0. 007)	0. 011 (0. 009)	0. 030 *** (0. 011)	0. 079 *** (0. 009)	0. 003 * (0. 002)	0. 078 *** (0. 009)
ln*PGDP*	1. 168 *** (0. 034)	0. 467 *** (0. 040)	0. 273 *** (0. 052)	1. 109 *** (0. 027)	0. 093 *** (0. 005)	1. 118 *** (0. 028)
Infor	0. 116 *** (0. 011)	0. 003 (0. 006)	0. 006 (0. 008)	0. 104 *** (0. 012)	0. 002 (0. 002)	0. 103 *** (0. 012)
Unpro	− 0. 648 *** (0. 067)	0. 209 *** (0. 038)	− 0. 295 *** (0. 049)	− 0. 500 *** (0. 077)	0. 006 (0. 015)	− 0. 502 *** (0. 077)
Indus	0. 020 *** (0. 002)	− 0. 013 *** (0. 002)	0. 010 *** (0. 003)	0. 018 *** (0. 002)	0. 012 *** (0. 001)	0. 018 *** (0. 002)
TC	0. 109 *** (0. 018)	− 0. 010 (0. 009)	0. 033 *** (0. 011)	0. 291 *** (0. 031)	0. 034 (0. 006)	0. 280 *** (0. 031)
FDI	0. 018 *** (0. 004)	− 0. 009 *** (0. 003)	0. 008 ** (0. 003)	0. 033 ** (0. 004)	0. 003 *** (0. 001)	0. 032 ** (0. 004)
LS_ 1			0. 113 *** (0. 019)			
LS_ 2						0. 336 *** (0. 082)
Cons	− 13. 452 *** (0. 268)	11. 449 *** (0. 333)	− 4. 553 *** (0. 473)	− 12. 666 *** (0. 218)	1. 239 *** (0. 043)	− 13. 082 *** (0. 240)
Sobel 检验	Z = − 2. 158 **			Z = − 3. 614 ***		
中介效应占比		9. 14%	部分中介		5. 40%	部分中介
N	4 624	4 624	4 624	3 757	3 757	3 757
R²	0. 695	0. 657	0. 848	0. 768	0. 452	0. 769

注：（1）括号内为稳健标准误；（2）* 、** 和*** 分别表示10% 、5% 及1% 的显著性水平；（3）各回归模型均控制了时间和个体固定效应。

二、需求抑制效应的检验

（一）需求抑制的度量

根据前面分析可知，劳动力空间错配不仅会影响地区的消费结构还会影响消费规模，所以本书同时从需求结构和需求规模两个方面来识别需求抑制效应是否是劳动力空间错配抑制区域技术创新的重要机制。关于需求结构的测算，本书借鉴王宁（2016）的方法，用居民消费支出占 GDP 的比重来衡量，记为 De_str。因为劳动力空间错配主要影响居民消费，对政府消费影响较小，而且政府消费占比相对稳定，这种度量方法能较好地反映各地区的消费结构。需求规模则参照相关文献中的常用做法，用社会消费品零售总额来度量，记为 De_sca。

（二）检验结果与分析

表 5 - 9 是劳动力空间错配通过消费需求这一渠道影响区域技术创新的检验结果。其中，回归模型（1）~（3）是以需求结构 De_str 作为中介变量的检验结果，回归模型（4）~（5）是以需求规模 De_sca 作为中介变量的检验结果。回归模型（1）报告了劳动力空间错配与区域技术创新回归的基准回归结果[①]。回归模型（2）是需求结构 De_str 对劳动力空间错配的回归结果，劳动力空间错配的回归系数在 1% 的统计水平上显著为负，说明劳动力空间错配会拉低地区的消费层次。回归模型（3）为区域技术创新同时对劳动力空间错配和需求结构 De_str 的回归结果，需求结构的回归系数在 5% 的统计水平上显著为正，劳动力空间错配的回归系数依旧显著为负。与基准回归结果相比，其绝对值从 0.199 下降至 0.068，且显著性水平也有较大幅度的下降，说明需求结构是劳动力空间错配影响区域技术创新的重要传导渠道，且发挥着部分中介作用。也就是说，劳动力空间错配之所以会抑制区域技术创新，一部分原因在于劳动力空间错配拉低了消费需求层次，进而不利于区域进行技术创新活动，这一中介效应对总体抑制效应的解释力度为 10.27%。需求规模 De_sca 的中介效应检验结果表明，劳动力空间错配不利于需求规模的扩张，导致"需求引致创新"的市场机制因有效需求不足而失效。此外，需求规模抑制效应比需求结构的抑制效应更加明显，其中介效应在总效应中的占比达到 17.95%。这一结论说明要扭转我国内需不足的局面，还需要着眼于要素市场的不断完善。

---

① 需求结构和需求规模对应的基准回归完全一样，所以未重复列出。

表 5 – 9   劳动力空间错配影响区域技术创新的传导机制检验：需求抑制效应

变量	基准回归 Inno (1)	需求结构 De_ str (2)	区域技术创新 Inno (3)	需求规模 De_ sca (4)	区域技术创新 Inno (5)
MisL	– 0.199 *** (0.024)	– 0.021 *** (0.003)	– 0.068 * (0.037)	– 0.033 *** (0.012)	– 0.075 ** (0.036)
RD	0.520 *** (0.048)	0.007 *** (0.003)	0.363 *** (0.033)	0.024 ** (0.011)	0.359 *** (0.033)
lnresea	0.075 *** (0.007)	0.002 ** (0.001)	0.030 *** (0.011)	0.030 *** (0.004)	0.032 *** (0.011)
lnPGDP	1.168 *** (0.034)	0.006 (0.004)	0.270 *** (0.051)	0.246 *** (0.017)	0.256 *** (0.052)
Infor	0.116 *** (0.011)	0.001 (0.001)	0.006 (0.008)	0.004 (0.003)	0.006 (0.008)
Unpro	– 0.648 *** (0.067)	0.009 ** (0.004)	– 0.289 *** (0.048)	0.036 ** (0.016)	– 0.294 *** (0.048)
Indus	0.020 *** (0.002)	0.012 *** (0.000)	0.015 *** (0.003)	0.001 (0.001)	0.010 *** (0.003)
TC	0.109 *** (0.018)	0.002 ** (0.001)	0.033 *** (0.011)	0.007 ** (0.004)	0.032 *** (0.011)
FDI	0.018 *** (0.004)	– 0.000 (0.000)	0.009 *** (0.003)	– 0.000 (0.001)	0.009 ** (0.003)
De_ str			0.377 ** (0.192)		
De_ sca					0.489 *** (0.046)
Cons	– 13.452 *** (0.268)	– 0.054 (0.033)	– 4.444 *** (0.419)	2.074 *** (0.138)	– 4.525 *** (0.430)
Sobel 检验		Z = – 1.891 *		Z = – 2.694 ***	
中介效应占比		10.27%	部分中介	17.95%	部分中介
N	4 624	4 624	4 624	4 624	4 624
R²	0.695	0.498	0.706	0.962	0.754

注：（1）括号内为稳健标准误；（2）＊、＊＊和＊＊＊分别表示10%、5%及1%的显著性水平；（3）各回归模型均控制了时间和个体固定效应。

三、人力资本效应的检验

（一）人力资本的度量

人力资本在现实中无法直接观察到，这也就决定了其在测算方面的难度。既有研究主要有两种估算方法：一是教育年限法（Barro and Lee，1993），其基本思想是受教育年限不同的人具有不同的人力资本，但这一方法忽视了培训等其他方式对人力资本积累的作用；二是收入法（Mulligan and Salamimartin，1995），这一方法同样有着明显的缺陷：影响工资的因素有很多，而且工资易变。基于此，本书采用朱平芳和徐大丰（2007）的估算方法，测算了各城市的人力资本水平，记为 Human_ 1。此外，本书还使用各地区每万人中的大学生人数来表征各地区的人力资本潜力，进行稳健性分析，记为 Human_ 2。

（二）检验结果与分析

劳动力空间错配通过人力资本这一传导机制作用于区域技术创新的检验结果见表 5 - 10。其中，回归模型（1）~（3）是以人力资本 Human_ 1 作为中介变量的检验结果，模型（4）~（5）是以人力资本 Human_ 2 作为中介变量的检验结果。回归模型（1）是劳动力空间错配与区域技术创新回归的基准回归结果[1]。回归模型（2）是人力资本 Human_ 1 对劳动力空间错配的回归结果，劳动力空间错配的回归系数显著为负，说明劳动力空间错配不利于人力资本培育和积累。回归模型（3）为区域技术创新同时对劳动力空间错配和人力资本 Human_ 1 的回归结果，人力资本的回归系数在 1% 的统计水平上显著为正，劳动力空间错配的回归系数依旧显著为负，且其绝对值要小于基准回归结果中的对应值（0.104 ＜0.199）。这说明人力资本效应是劳动力空间错配影响区域技术创新的重要作用机制，且起部分中介作用。劳动力空间错配会阻碍人力资本积累，从而抑制区域技术创新。当以高等教育水平来衡量人力资本 Human_ 2 时，中介效应检验结果依然稳健。

表 5 - 10　劳动力空间错配影响区域技术创新的传导机制检验：人力资本效应

变量	基准回归	人力资本1	区域技术创新	人力资本2	区域技术创新
	Inno (1)	Human_ 1 (2)	Inno (3)	Human_ 2 (4)	Inno (5)
MisL	- 0.199 *** (0.024)	- 0.065 ** (0.030)	- 0.104 *** (0.012)	- 0.084 * (0.043)	- 0.107 *** (0.025)
RD	0.520 *** (0.048)	0.049 ** (0.022)	0.506 *** (0.047)	0.680 *** (0.114)	0.583 *** (0.072)
lnresea	0.075 *** (0.007)	0.020 *** (0.008)	0.069 *** (0.007)	0.689 *** (0.022)	0.162 *** (0.014)

---

① Human_ 1 与 Human_ 2 对应的基准回归完全一样，所以未重复列出。

续表

变量	基准回归	人力资本1	区域技术创新	人力资本2	区域技术创新
	Inno （1）	Human_ 1 （2）	Inno （3）	Human_ 2 （4）	Inno （5）
lnPGDP	1. 168 *** （0. 034）	0. 129 *** （0. 011）	1. 209 *** （0. 023）	0. 226 *** （0. 046）	1. 126 *** （0. 037）
Infor	0. 116 *** （0. 011）	0. 001 （0. 005）	0. 133 *** （0. 011）	− 0. 020 （0. 022）	0. 053 *** （0. 012）
Unpro	− 0. 648 *** （0. 067）	− 0. 120 *** （0. 031）	− 0. 415 *** （0. 066）	− 0. 767 *** （0. 131）	− 0. 538 *** （0. 078）
Indus	0. 020 *** （0. 002）	0. 016 *** （0. 001）	0. 019 *** （0. 002）	0. 032 *** （0. 003）	0. 016 *** （0. 002）
TC	0. 109 *** （0. 018）	− 0. 006 （0. 008）	0. 102 *** （0. 018）	0. 247 *** （0. 052）	0. 297 *** （0. 030）
FDI	0. 018 *** （0. 004）	0. 006 *** （0. 001）	0. 016 *** （0. 004）	0. 057 *** （0. 007）	0. 028 *** （0. 004）
Human_ 1			0. 174 *** （0. 030）		
Human_ 2					0. 135 *** （0. 010）
Cons	− 13. 452 *** （0. 268）	3. 342 *** （0. 090）	− 14. 391 *** （0. 216）	− 3. 300 *** （0. 375）	− 12. 693 *** （0. 288）
Sobel 检验		Z = − 2. 030 **		Z = − 1. 933 *	
中介效应占比		9. 80%	部分中介	9. 58%	部分中介
N	4 624	4 624	4 624	4 624	4 624
R²	0. 695	0. 718	0. 781	0. 463	0. 715

注：（1）括号内为稳健标准误；（2） * 、** 和*** 分别表示10%、5% 及1% 的显著性水平；（3）各回归模型均控制了时间和个体固定效应。

四、作用机制的贡献比较

综上可知，扭曲收益效应、需求抑制效应以及人力资本效应是劳动力空间错配影响区域技术创新的重要作用机制。那么，到底哪种作用机制在劳动力空间错配影响区域技术创新的过程中起主导作用？为了回答这一问题，本书进一步采用普里彻和海耶斯（Preacher and Hayes，2008）的多重中介效应模型，这种方法的好处在于它不仅能识别每一种作用机制，而且还能够根据这些传导机制在总效应中所占的比重，比较不同传导机制的相对重要性①。表5－11汇报了劳动力空间

———————

① 需要说明的是，在比较前需要对变量进行中心化处理，得到的结果才可直接相比。

错配影响区域技术创新的总体中介效应结果，表5－12为三种作用机制的贡献分解。经过计算，扭曲收益效应、需求抑制效应以及人力资本效应在总效应中占比分别为9.61%、16.00%和14.45%。也就是说，需求抑制效应在劳动力空间错配阻碍区域技术创新中起主导作用，其次是人力资本效应，扭曲收益效应的相对贡献度最低。

表5－11　　劳动力空间错配影响区域技术创新的总体中介效应回归结果

变量	区域技术创新	扭曲收益效应	需求抑制效应	人力资本效应	区域技术创新
劳动力空间错配	-0.076^{**} (0.036)	-0.067^{**} (0.029)	-0.021^{***} (0.003)	-0.038^{***} (0.009)	-0.069^{*} (0.037)
扭曲收益效应					0.109^{***} (0.019)
需求抑制效应					0.579^{***} (0.192)
人力资本效应					0.289^{***} (0.065)
控制变量	控制	控制	控制	控制	控制
年份	2001~2016	2001~2016	2001~2016	2001~2016	2001~2016
N	4 624	4 624	4 624	4 624	4 624
R^2	0.848	0.657	0.498	0.800	0.848

注：（1）括号内为稳健标准误；（2）＊、＊＊和＊＊＊分别表示10%、5%及1%的显著性水平；（3）此表中的所有变量均进行了组内中心化处理。

表5－12　　劳动力空间错配影响区域技术创新的作用机制贡献比较

中介效应	资本空间错配→中介变量	中介变量→区域技术创新	效应量	占总效应的比重
扭曲收益效应	-0.067	0.109	-0.007	9.609%
需求抑制效应	-0.021	0.579	-0.012	15.999%
人力资本效应	-0.038	0.289	-0.011	14.450%

资料来源：作者计算整理得到。

第四节　劳动力空间错配造成的区域技术创新损失：反事实分析

根据前面研究结论，中国劳动力空间错配对区域技术创新产生抑制效应。那么，劳动力空间错配到底给区域技术创新造成了多大的损失？本节主要围绕这个问题展开。

一、估计方法

本书借鉴林伯强和杜克锐（2013）、白俊红和卞元超（2016）的做法，采用反事实检验的方法估算劳动力空间错配给区域技术创新带来的缺口。具体步骤为：第一步，以劳动力空间错配影响区域技术创新的基准回归结果——表5-2中的模型（8）为基准，得到各影响因素的估计系数；第二步，假定劳动力市场是不存在空间错配的完美状态，即劳动力空间错配变量取值为0，得到反事实的区域技术创新估计值；第三步，用反事实估算得到的区域技术创新减去实际的区域技术创新便为劳动力空间错配导致的区域技术创新损失。

二、估计结果

图5-3直观描绘了中国2001～2016年劳动力空间错配造成的区域创新损失，随着劳动力空间错配程度的下降，我国区域技术创新损失也在逐年减少，每万人的专利授权量对数缺口从2001年的0.13缩减2016年的0.09。进一步测算可得，如果能够消除劳动力空间错配，2001～2016年中国整体的技术创新水平将会提高10.95%，即平均每万人获得的专利授权数量会增加1.12件。由此可见，劳动力空间配置效率的提升有利于激发区域技术创新潜力，是我国实现创新发展的重要出路。

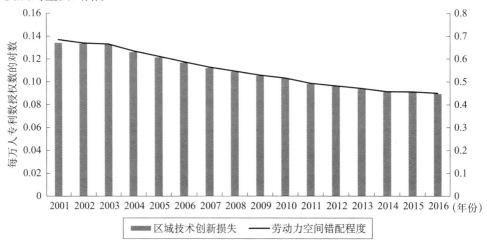

图5-3　各年份劳动力空间错配造成的区域技术创新损失

资料来源：作者绘制。

图 5-4 呈现了我国不同地区劳动力空间错配造成的技术创新损失。不难看出，西部地区劳动力空间错配给地区技术创新带来的损失最大，中部地区居中，东部地区损失最小。具体来说，劳动力若能够在地区间实现最优配置，西部、中部和东部地区的技术创新水平将分别提高 17.54%、9.5% 和 6.65%。

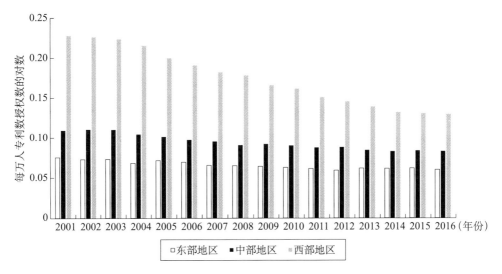

图 5-4　不同区域劳动力空间错配造成的区域技术创新损失
资料来源：作者绘制。

第五节　本章小结

本章在前面理论分析和特征事实分析的基础上，首先利用双向固定效应模型就劳动力空间错配对区域技术创新的影响展开实证分析；然后利用中介效应模型甄别劳动力空间错配影响区域技术创新的作用机制；最后用反事实分析估算劳动力空间错配给区域技术创新带来的损失缺口。得出以下主要结论。

（1）劳动力空间错配确实抑制了区域技术创新的提升，在替换关键变量测量指标、纠正模型的内生性问题、剔除异常样本点以及考虑时滞效应之后，劳动力空间错配不利于区域技术创新这一基本结论仍稳健。而且，对于劳动力配置过剩、中西部地区、非创新试点城市，以及行政级别越低、劳动力市场化程度越低的地区，这一抑制作用更明显。但随着区域技术创新水平的提升，劳动力空间错配对区域技术创新的边际抑制作用逐渐减弱。

（2）扭曲收益效应、需求抑制效应以及人力资本效应是劳动力空间错配影响区域技术创新的重要渠道，且均发挥部分中介作用，其中，需求抑制效应在劳动力空间错配阻碍区域技术创新中起主导作用。

（3）劳动力空间错配的缓解使我国技术创新损失逐年下降，若能消除劳动力空间错配，2001～2016 年中国技术创新水平将会提高 10.95%，即平均每万人获得的专利授权数量会增加 1.12 件。其中，西部地区的技术创新遭受的损失最大，中部地区居中，东部地区损失最小，损失缺口分别为 17.54%、9.5% 和 6.65%。

第六章　资本空间错配影响区域
技术创新的实证分析

创新活动具有长期性和不确定性，这就决定了充足而持续的资金投入是区域技术创新的重要保障。因此，资本配置效率对区域技术创新的提升至关重要。首先，在中国，政府对资本分配和定价的干预权较大，资本空间错配容易诱发企业采取寻租等"非生产性活动"谋求额外利益，破坏创新制度环境并挤出研发投入，阻碍区域技术创新。其次，在"政治锦标赛"和"财政分权"这些制度安排下，资本在地区间的配置效率会直接影响地区的财政支出偏向和创新偏好，从而影响区域技术创新。最后，资本空间错配还容易造成"低技术锁定"，不利于区域技术创新的提升。那么，中国资本空间错配会对区域技术创新产生什么样的影响？对于不同特征的城市，这一影响是否有所不同？资本空间错配影响区域技术创新的传导机制是什么？如果不存在资本空间错配，各地区的技术创新将达到何种水平？

本章在第三章理论分析的基础上，结合实证分析回答了上述问题，并验证理论模型得出的基本结论是否成立。本章主要内容的架构如下：首先，构建资本空间错配影响区域技术创新的双向固定效应计量模型，检验资本空间错配对区域技术创新的影响。其次，在基准回归结果基础上，从资本空间错配方向（配置不足与配置过度）、城市特征以及区域技术创新水平三个主要方面深入探讨资本空间错配对区域技术创新的异质性影响，并进行稳健性检验。再次，利用中介效应模型，逐一识别"创新制度环境""政府创新偏好"和"技术锁定效应"三条渠道在资本空间错配影响区域技术创新中的作用，并对其相对重要性进行分解。最后，利用反事实分析法估算了资本空间错配造成的区域技术创新缺口。

第一节　研究设计与识别方法

一、计量模型设定

在前面理论分析的基础上，本部分构建如下基准计量模型来考察资本空间错配对区域技术创新的影响，模型基本形式如下：

$$Inno_{it} = \beta_0 + \beta_1 MisK_{it} + \beta_2 Control_{it} + u_i + v_t + \varepsilon_{it} \qquad (6-1)$$

其中，下标 i 和 t 分别对应地区和时间；$Inno_{it}$ 为区域技术创新水平；$MisK_{it}$ 为核心解释变量——资本空间错配程度；$Control_{it}$ 为影响区域技术创新的控制变量集合；β_0 为截距项，β_2 是控制变量回归系数的集合，u_i 和 v_t 分别为个体固定效应和时间固定效应，ε_{it} 为随机误差项。本部分重点关注的是资本空间错配的系数 β_1 的符号和显著性，若 β_1 显著为负，说明在其他影响因素不变的情况下，资本空间错配不利于区域技术创新提升，则验证了前面理论模型得出的基本结论。

二、变量说明与数据来源

（一）被解释变量

本章节主要是考察资本空间错配对区域技术创新的影响，因此，被解释变量为区域技术创新（$Inno_{it}$）。关于区域技术创新的指标，综合考虑数据的可得性和代表性，基准回归中用地区专利授权数量来表征。需要说明的是，为了避免经济体量大小的影响，用每万人获得专利授权数的自然对数来衡量[①]。

（二）核心解释变量

本部分的核心解释变量为资本空间错配程度（$MisK_{it}$）。同前面一样，为了保证回归方向一致，在基准回归中对资本配置过度（$MisK > 0$）和资本配置不足（$MisK < 0$）这两种情况不做区分，借鉴季书涵（2016）、白俊红和刘宇英（2018）的做法取 $MisK_{it}$ 的绝对值，来考察资本空间错配程度对区域技术创新的平均效应。

（三）控 制 变 量

依据区域创新理论以及区域技术创新影响因素的国内外研究文献，本书纳入的控制变量主要包括以下几个大类。

第一，研发投入变量，包括研发投入强度（RD）和科研人员投入（$lnre-sea$）。资金支持是影响地区技术创新的重要因素，科研人员则是从事创新活动的

---

① 为了避免零值的影响，在实际计算过程中，将每万人获得的专利授权数量加 1 之后再取自然对数。

主体。为了消除经济体量对研发经费和人员投入的影响，本书用地方科学事业和教育事业财政支出之和在地区生产总值中的占比衡量各地区研发投入强度，用科学研究和技术服务业就业人数的对数来度量地区的科研人员投入。

第二，经济基础变量，经济发展水平（lnPGDP）和产业结构（Indus）是反映地区经济发展阶段的重要特征变量，本书用地区人均生产总值的对数来衡量经济发展水平，用各地区第二产业和第三产业之和在地区生产总值中的比重来表征产业结构特征。

第三，制度环境变量，知识产权保护（Unpro）是创新制度环境的重要方面。"最优知识产权保护假说"认为知识产权制度赋予的"专属效应"能激励技术创新，但过强的知识产权保护也有可能不利于技术吸收与模仿（王华，2011；刘小鲁，2011）。本书借鉴鲁钊阳和廖杉杉（2012）的方法衡量中国各省的知识产权保护程度，需要注意的是，这一指标是知识产权保护程度的逆向指标，数值越小代表知识产权保护越严格。

第四，信息共享和知识溢出特征变量，包括信息化水平（Infor）、道路交通（TC）和外商直接投资（FDI），这三个变量全面反映了地区内部以及地区间进行信息传递和知识溢出的便捷程度。用地区的国际互联网用户数来反映地区信息化水平。用地区的年客运量比上地区的总人口来衡量地区的道路交通情况。使用各地区实际利用外资金额占地区生产总值的比重作为外商直接投资的测度指标。

（四）数据来源

综合考虑数据的可得性以及统计口径的一致性，本部分以 2001～2016 年全国 289 个地级及以上城市的年度面板数据为样本。各地区的专利授权数据来自中国研究数据服务平台（CNDRS）。研发投入强度、信息化水平、科研人员、产业结构、道路交通和外商直接投资等城市层面的特征变量主要来自《中国城市统计年鉴》（2002～2017）、《中国区域经济统计年鉴》（2002～2017）、国泰安数据库以及各地级市统计公报，部分缺失数据利用线性插值法予以补充。需要说明的是，知识产权保护的逆向指标是用地级市所在省份的数值来衡量，其中，专利侵权案件的数据来源于中华人民共和国国家知识产权局统计年报[1]。

---

① 中华人民共和国国家知识产权局统计年报网址：http://www.sipo.gov.cn/tjxx/gjzscqjtjnb/index.htm。

三、描述性统计

表6-1给出了本部分计量模型中主要变量的描述性统计信息。其中，Panel A 为主要变量的度量方法及基本统计信息。Panel B 是以各地区资本空间错配程度（绝对值）的均值为界，将样本分为大于均值和小于均值两组，然后比较区域技术创新均值在两组中的差异。结果表明，资本空间错配程度较高地区的技术创新均值显著小于资本错配程度较低地区的对应值，初步说明资本空间错配程度和区域技术创新负相关的特征事实。图 6-1 为资本空间错配与区域技术创新的散点图，该图直观展示了两者之间的显著负向关系。下面将使用计量回归模型进一步分析资本空间错配对区域技术创新的具体影响。

表6-1   主要变量的度量方法与描述性统计

Panel A：变量度量方法及描述性统计

变量		变量度量方法	均值	标准差	最大值	最小值
被解释变量	区域技术创新（Inno）	每万人专利数授权数加 1 之后取对数	0.958	0.951	5.281	0.000
核心解释变量	资本空间错配（MisK）	$MisK_{it} = \left(\dfrac{K_{it}}{K}\right) / \left(\dfrac{s_{it}\,\alpha_{it}}{\bar{\alpha}}\right) - 1$	0.851	0.637	1.852	-3.245
控制变量	研发投入强度（RD）	科学和教育财政支出/地区GDP 比重	0.221	0.291	7.643	0.000
	科研人员（lnresea）	研发人员取对数	-1.030	1.179	4.233	-4.606
	经济发展水平（lnPGDP）	人均地区生产总值取对数	9.914	0.892	12.281	7.176
	信息化水平（Infor）	国际互联网用户数	0.486	1.174	51.740	0.000
	知识产权保护（Unpro）	鲁钊阳和廖杉杉（2012）	0.158	0.182	1.000	0.000
	产业结构（Indus）	第二和第三产业占总产值比重	84.644	9.598	99.970	42.800
	道路交通（TC）	客运量/地区总人口	0.228	0.651	34.515	0.005
	外商直接投资（FDI）	实际利用外资占总产值比重	2.203	3.283	63.184	0.000

Panel B：资本空间错配差异分组

Inno	MisK < mean 样本量	Mean1	MisK > mean 样本量	Mean2	MeanDiff
	2823	0.501	1801	-0.403	-0.904***

注：2001~2016 年，289 个城市总观测值为 4 624 个。

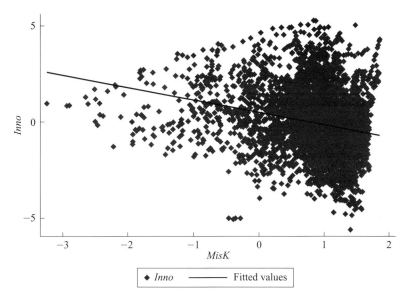

图 6 - 1　资本空间错配程度与区域技术创新的散点图

资料来源：作者绘制。

第二节　资本空间错配影响区域技术创新的实证检验

一、基准回归结果分析

在对基准回归模型（6 - 1）进行参数估计之前，首先对个体效应和时间效应进行检验，得到个体和时间的联合 Hausman 统计量为 105.81（对应 P 值为 0.0000），故选用双向固定效应模型检验资本空间错配对区域技术创新的影响，这在一定程度上可消除不可观测因素对估计结果的干扰。如无特殊说明，下面采用的均是双向固定效应模型。

表 6 - 2 报告了资本空间错配对区域技术创新的基准估计结果。其中，第（1）列仅考虑了资本空间错配对区域技术创新的影响，资本空间错配的估计系数在 1% 的统计水平上显著为负，初步说明资本空间错配对区域技术创新产生抑制效应。第（2）~（8）列是在第（1）列的基础上依次加入研发投入（包括财力和人力）、经济发展水平、信息化水平、知识产权保护、产业结构、道路交通及外商直接投资等控制变量后的逐步回归估计结果。为避免各变量之间的多重共

线性造成估计结果的偏差，本书使用 spearman 方法对所有变量进行相关性分析，发现各主要变量之间的相关系数相对较小，且各控制变量与资本空间错配这一核心解释变量之间的相关系数不超过 0.4，说明模型不存在严重的多重共线性问题。从表 6-2 不难看出，资本空间错配的回归系数始终显著为负，且估计系数的绝对值出现了一定幅度的下降，这也就表明不论是否考虑其他影响因素，估计结果均支持资本空间错配显著阻碍了区域技术创新的提升这一基本结论。以第（8）列为例，资本空间错配程度每增加一个单位，每万人口专利授权数量将减少 15.7%。这一发现与黄奇帆（2020）对经济现实的观察相一致：当前不管是科技类独角兽企业的成长，还是创新企业的驱动，中国资本市场的成功案例并不多见，资源优化配置功能相对弱化。

表 6-2 中回归模型（8）报告了控制变量对区域技术创新的影响，各控制变量的回归系数均符合理论预期。其中，研发投入强度、科研人员投入、经济发展水平、信息化水平、产业结构、道路交通及外商直接投资均对区域技术创新有显著的正向影响。这是因为研发资金和人员投入为技术创新活动提供了财力和人力保障，有利于区域创新水平的提升。地区经济发展水平和产业结构高级化程度从需求端影响着区域技术创新，地区的经济发展水平和产业结构越高，该地区的市场有效需求也就越大，对技术创新的拉动作用越明显。一个地区的信息化水平及实际利用外资的比例越高，交通越便利，说明该地区对内对外开放水平越高，信息共享和技术溢出条件越成熟，因而越有利于区域技术创新。知识产权保护的逆向指标显著为负，说明目前知识产权保护越有力，越能赋予企业"专属效应"，更能激发其进行技术创新。上述因素对区域技术创新的影响也为我国区域技术创新提升提供了指导方向。

二、异质性分析

表 6-2 报告的基准估计结果为资本空间错配对区域技术创新的整体影响。由前面中国资本空间错配的特征事实可知，中国各地区的资本错配存在明显的时空差异性。不仅表现在资本空间错配程度方面，而且还表现在资本错配方向方面。此外，各地区的区域技术创新也存在较大差异。那么，对于拥有不同特征的城市而言，资本空间错配对区域技术创新的影响是否会有所不同？下面分别从资

本空间错配方向、城市特征以及区域技术创新水平三个大的方面检验资本空间错配对区域技术创新的异质性影响。

表6-2　　　　　　资本空间错配影响区域技术创新的基准回归结果

解释变量	(1)	(2)	(3)	(4)	(5)	(6)	(7)	(8)
MisK	-0.390***	-0.236***	-0.175***	-0.160***	-0.158***	-0.150***	-0.146***	-0.157***
	(0.032)	(0.028)	(0.020)	(0.020)	(0.019)	(0.019)	(0.019)	(0.015)
RD		0.919***	0.673***	0.573***	0.543***	0.533***	0.522***	0.490***
		(0.070)	(0.048)	(0.048)	(0.048)	(0.047)	(0.047)	(0.085)
lnresea		0.319***	0.087***	0.076***	0.082***	0.075***	0.074***	0.070***
		(0.009)	(0.007)	(0.007)	(0.007)	(0.007)	(0.007)	(0.010)
lnPGDP			1.645***	1.608***	1.598***	1.379***	1.366***	1.342***
			(0.023)	(0.023)	(0.022)	(0.031)	(0.031)	(0.030)
Infor				0.111***	0.102***	0.102***	0.103***	0.103**
				(0.011)	(0.011)	(0.011)	(0.011)	(0.045)
Unpro					-0.730***	-0.735***	-0.740***	-0.734***
					(0.067)	(0.066)	(0.066)	(0.090)
Indus						0.020***	0.020***	0.020***
						(0.002)	(0.002)	(0.002)
TC							0.093***	0.093
							(0.018)	(0.062)
FDI								0.018***
								(0.006)
Cons	0.282***	-0.488***	-16.777***	-16.411***	-16.193***	-15.680***	-15.552***	-15.371***
	(0.034)	(0.036)	(0.224)	(0.225)	(0.223)	(0.227)	(0.227)	(0.232)
year	yes	yes	yes	yes	yes	yes	yes	yes
city	yes	yes	yes	yes	yes	yes	yes	yes
N	4 624	4 624	4 624	4 624	4 624	4 624	4 624	4 624
R²	0.031	0.287	0.670	0.677	0.685	0.691	0.693	0.695

注：（1）括号内为稳健标准误；（2）*、**和***分别表示10%、5%及1%的显著性水平。

（一）资本空间错配方向的异质性：配置不足与配置过度

由中国资本空间错配的特征事实可以清晰地看出，资本配置过度地区多为我国东部沿海先发地区，资本配置不足主要集中在内陆地区。由此引人思考的是：资本配置不足和资本配置过度对区域技术创新的影响是否存在差异，哪一种方向的资本空间错配对区域技术创新的抑制效应更突出？

类似劳动力空间错配的做法，此处仍采用似无相关模型（SUEST）来进行资本空间错配影响区域技术创新的异质性分析。表6-3中的第（1）~（2）列分别给出了资本配置过度和资本配置不足的分组检验结果，对应的SUEST检验P值为 0.019，通过了显著性检验，因此可以直接比较回归系数的大小。结果显示，不论是资本配置过度还是资本配置不足，资本空间错配的估计系数都为负数，但是资本配置不足样本下的资本空间错配的系数未通过显著性检验。资本配置过度样本下的资本空间错配的回归系数在 1% 的统计水平上显著为负，资本配置过度每增加一个单位会导致区域技术创新水平下降 11.8%。资本配置过度最严重的地区依次为海口市、鄂尔多斯市、乌海市和福州市，而这些地区的土地财政依赖度也较高。以海南省为例，2015 年与 2016 年海南省房地产开发投资占固定资产投资的比重分别达到 50.8% 和 47.7%，占地区生产总值的比重分别为 46% 和 44.2%，远超房地产投资占固定资产投资 25%、占地区生产总值 10% 的上限①。因此，资本配置过度阻碍区域技术创新的一个可能的解释是：资本配置过度的城市用于土地竞标和房地产开发的资金规模和资金占比过大，从而挤出了技术升级与研发方面的创新支出。

（二）城市特征的异质性

（1）城市区位异质性。由中国资本空间错配的特征事实可知，中部地区、东部地区、西部地区的资本空间错配程度依次递增。那么，资本空间错配对区域技术创新的影响是否因城市区位特征存在差异？表 6 - 3 中的第（3）~（5）列分别给出了东部、中部、西部地区的分样本估计结果②。对比不同地区的回归结果可知，资本空间错配对区域技术创新的抑制作用存在明显的区域差异，西部地区最大，其次是中部地区，而东部地区不显著。因为西部地区属于资本配置严重不足的地区，而且经济发展水平相对落后，那么在资金有限的情况下，地方政府倾向于将有限的资金投入到基础设施建设、房地产等见效快的生产性部门，进而挤出了创新部门的资金投入，造成创新活动因缺乏足够的资金投入难以有效推进，所以资本空间错配对区域技术创新的阻碍作用在西部地区更突出。

（2）是否为创新型城市。创新型城市试点作为政府参与城市创新建设的一项重要政策（李政和杨思莹，2019），资本空间错配对区域技术创新的抑制作用是否会受到政府这一政策的影响呢？本书根据样本城市是否在 2008 ~ 2016

① 资料来源：http://www.sohu.com/a/214816045_100019684。
② 城市区域分类同第五章。

年期间被认定为创新型城市，将样本分为试点城市和非试点城市进行比较分析。其中，样本城市中试点城市有 47 个①，非试点城市有 242 个。表 6 - 3 第（6）~（7）分别报告了试点和非试点城市的资本空间错配对区域技术创新的影响。结果表明，同劳动力空间错配一样，资本空间错配对于非试点城市的技术创新阻碍作用要明显强于试点城市（｜- 0.120｜>｜- 0.110｜），两组样本中资本空间错配的估计系数以及系数差异均通过了显著性检验（SUEST 检验 P 值为0.029）。出现这一差异的原因在于创新型试点城市会得到更多的政策倾斜，在创新资源、创新机构、创新机制和创新环境方面优于非试点城市，能够更好地推动区域技术创新建设。

（3）分时段的异质性。由前面资本空间错配的动态演化特征可知，1994 ~2017 年，中国资本空间错配先后出现了 2003 年和 2009 年两个拐点，可划为优化期（1994 ~2002 年）、持续恶化期（2003 ~2009 年）和波动恶化期（2010 ~2017 年）三个阶段。考虑到样本量以及前后统计口径一致性，以及 2008 年全球金融危机后中央政府出台大规模财政刺激政策的影响，故将样本期划分为 2001 ~2008 年和 2009 ~2016 年两个阶段，比较金融危机前后资本空间错配对区域技术创新的影响。分阶段的估计结果见表 6 - 3 中第（8）~（9），SUEST 检验 P 值为0.023，通过了显著性检验，说明在不同时间段内资本空间错配对区域技术创新的影响存在异质性。在后危机时期，资本空间错配每增加一个单位，区域创新技术会下降 13.6%，而在金融危机发生之前，这一系数仅为 6.9%。简而言之，资本空间错配在金融危机发生后对区域技术创新的负向影响更加突出，出现这一差异的原因可能在于：一方面，金融危机发生后，中央政府将"稳增长"作为工作重心，进行大规模基建投资，比如，以海口市和鄂尔多斯市为代表的城市依赖"土地财政"拉动经济增长，而忽视对创新部门的投入，不利于区域技术创新的提升；另一方面，由中国资本空间错配的特征事实可知（见图 4 - 4），资本空间错配程度在金融危机发生后恶化幅度加剧，导致其对区域技术创新的抑制效应更大。

---

① 部分城市所在的区列为试点，该城市同样被归为试点城市，如上海杨浦区。

表6-3　考虑资本空间错配方向、城市区位、是否为创新型城市、分时段的异质性结果

变量	劳动力空间错配方向		城市区位			是否为创新型城市		分时段	
	配置过度 (1)	配置不足 (2)	东部 (3)	中部 (4)	西部 (5)	试点 (6)	非试点 (7)	2001~2008年 (8)	2009~2016年 (9)
MisK	-0.118 *** (0.013)	-0.022 (0.039)	-0.020 (0.013)	-0.086 *** (0.028)	-0.168 *** (0.018)	-0.110 *** (0.022)	-0.120 *** (0.014)	-0.069 *** (0.017)	-0.136 *** (0.017)
RD	0.134 *** (0.032)	0.131 *** (0.031)	0.096 *** (0.034)	0.298 *** (0.038)	0.037 ** (0.017)	0.096 *** (0.024)	0.143 *** (0.035)	-0.004 (0.043)	0.115 *** (0.015)
lnresea	0.251 *** (0.017)	0.148 *** (0.021)	0.030 (0.021)	0.239 *** (0.018)	0.294 *** (0.026)	0.057 * (0.030)	0.244 *** (0.018)	0.258 *** (0.016)	0.170 *** (0.019)
lnPGDP	0.837 *** (0.049)	1.178 *** (0.043)	0.821 *** (0.050)	0.901 *** (0.043)	0.891 *** (0.055)	0.776 *** (0.067)	1.053 *** (0.035)	1.112 *** (0.034)	0.976 *** (0.045)
Infor	0.003 (0.019)	0.072 *** (0.017)	0.054 *** (0.018)	0.047 *** (0.016)	0.050 *** (0.020)	0.038 * (0.021)	0.046 *** (0.014)	0.033 *** (0.014)	0.063 *** (0.021)
Unpro	-0.116 *** (0.021)	-0.069 *** (0.017)	-0.228 *** (0.045)	-0.024 (0.018)	-0.032 (0.021)	-0.152 *** (0.027)	-0.088 *** (0.015)	-0.081 *** (0.018)	0.114 *** (0.015)
Indus	0.433 *** (0.032)	0.063 *** (0.024)	0.538 *** (0.043)	0.005 (0.020)	0.316 *** (0.035)	0.378 *** (0.056)	0.180 *** (0.021)	0.130 *** (0.021)	0.280 *** (0.031)
TC	0.078 ** (0.036)	0.007 (0.007)	0.113 *** (0.027)	0.298 ** (0.117)	0.032 *** (0.007)	0.079 *** (0.020)	0.030 *** (0.011)	0.076 (0.049)	0.016 (0.012)
FDI	0.270 *** (0.020)	0.255 *** (0.049)	0.174 *** (0.019)	0.349 *** (0.044)	0.040 (0.068)	0.238 *** (0.026)	0.319 *** (0.029)	0.215 *** (0.015)	0.404 *** (0.024)
Cons	-0.072 (0.065)	0.388 *** (0.064)	-0.062 (0.071)	0.226 *** (0.064)	0.029 (0.092)	-0.007 (0.085)	0.300 *** (0.055)	0.244 *** (0.055)	-0.230 *** (0.047)
SUEST检验	0.019		0.000			0.029		0.023	
N	2319	2305	1616	1600	1408	752	3872	2312	2312
R²	0.815	0.816	0.848	0.851	0.772	0.876	0.783	0.799	0.724

注：(1) 括号内为稳健标准误；(2) *、**和***分别表示10%、5%及1%的显著性水平；(3) 此表所有变量均进行了组内中心化处理；(4) 各回归模型均控制了个体和时间效应。

（4）城市行政级别的异质性（rank）。城市行政级别是影响资源配置的重要因素，通常更高行政级别的城市享有更多的资源，尤其是资本。而且，行政等级较高的城市通常是区域创新驱动发展战略的先行者，吸引了更多的创新资源集聚，也更可能被认定为创新型城市。那么，资本空间错配对于区域技术创新的影响是否会在不同行政等级的城市存在异质性。基于此，本书设置了城市等级虚拟变量，将35个重点城市（包括直辖市、省会城市、副省级城市及计划单列市）赋值为1，其他城市赋值为0，变量名记为rank。回归结果见表6-4中第（1）列，城市行政等级与资本错配的交互项系数在1%的水平上显著为正，表明城市行政等级越高，资本空间错配对区域技术创新的抑制作用越弱，出现这一差异的原因在于行政级别高的城市在创新资源的质量、创新制度环境等方面具有其他城市无法比拟的优势，对资本空间错配会产生一定的缓解作用。

表6-4　　　　　　　　　　　考虑城市特征的异质性结果

变量	行政级别 （1）	金融发展 （2）	国有化程度 （3）
MisK	-0.149 *** (0.028)	-0.140 *** (0.040)	-0.099 *** (0.034)
Rank	0.634 *** (0.122)		
MisK × Rank	0.196 *** (0.066)		
FD		0.109 *** (0.028)	
MisK × FD		0.053 * (0.030)	
Nation			-0.169 ** (0.084)
MisK × Nation			-0.214 * (0.127)
RD	0.400 *** (0.033)	0.356 *** (0.032)	0.591 *** (0.050)
lnresea	0.132 *** (0.021)	0.069 *** (0.023)	0.047 * (0.027)
lnPGDP	0.605 *** (0.044)	0.316 *** (0.050)	0.092 (0.056)
Infor	0.245 (0.332)	0.003 (0.008)	0.084 (0.352)
Unpro	-0.359 *** (0.049)	-0.275 *** (0.048)	-0.188 *** (0.058)

变量	行政级别 （1）	金融发展 （2）	国有化程度 （3）
Indus	0.016 *** （0.003）	0.012 *** （0.003）	0.006 ** （0.003）
TC	0.043 *** （0.012）	0.034 *** （0.011）	− 0.015 （0.022）
FDI	0.490 *** （0.048）	0.312 *** （0.052）	0.330 *** （0.060）
Cons	− 7.947 *** （0.337）	− 5.115 *** （0.402）	− 2.638 *** （0.477）
year	yes	yes	yes
city	yes	yes	yes
N	4 624	4 624	3 757
R^2	0.846	0.850	0.804

注：（1）括号内为稳健标准误；（2）*、**和***分别表示10%、5%及1%的显著性水平。

（5）金融发展的异质性（*FD*）。技术创新的资本主要来源于金融市场融资和政府财政支持，因此，金融发展对技术创新的推动作用已经得到广泛认同（李苗苗等，2015；易信和刘凤良，2015）。与此同时，金融发展通过融资成本、企业进入退出市场、企业家才能与项目匹配性等渠道影响着资本配置效率（Midrigan and Xu，2014；Moll，2014；Wu，2018）。由此可见，资本空间错配对区域技术创新的作用会受到地区金融发展的影响。基于此，本书以地区金融机构贷款余额占 GDP 的比重作为金融发展的测度指标，考察金融发展会对资本空间错配与区域技术创新两者间的关系产生何种影响，估计结果见表6－4第（2）列。资本空间错配对区域技术创新的负向影响会随金融发展水平的提高而减弱，这主要是因为金融发展能够有效缓解资本空间错配。

（6）国有化程度的异质性（*Nation*）。一个地区的企业国有化程度是否会影响资本空间错配对区域技术创新的阻碍作用？基于此，在基准回归模型的基础上纳入了表征国有化程度的变量以及其与资本空间错配的交互项。国有化程度数据来源于中国工业企业数据库，借鉴既有文献的做法，根据企业登记注册类型和企业实收资本，将企业分为国有企业、民营企业和外资企业，然后以企业工业总产值为权重算出城市层面的国有化程度。估计结果见表6－4第（3）列，国有化程度与资本空间错配的交互项系数显著为负，说明在国有化程度越高的地区，资本空间错配对区域技术创新的抑制效应越突出，这是因为国有化程度越高，偏向国有企业的政策越会偏离资本最优配置状态，地区经济效率损失越严重（张天华和张少华，2016）。

（三）区域技术创新水平的异质性

上述异质性检验结果表明，资本空间错配对区域技术创新的影响在不同特征的城市具有明显的异质性。在行政级别越高、金融发展水平越高、国有化程度越低、创新试点以及东部地区的城市，资本空间错配对区域技术创新的抑制作用相对较小，出现这一异质性的一种可能是拥有这些特征的城市技术创新水平本身就已经领先其他地区。为了验证上述原因，本书采用了分位数回归考察资本空间错配对不同技术创新水平的边际影响。表6-5报告了分位数回归结果，随着分位数点的逐渐提高，资本空间错配回归系数的绝对值先减小后又出现小幅度的增加，同时结合图6-2中（第一横排第二幅图）资本空间错配边际效应的趋势，可以清晰地看出，绝对值增加时（最右侧向下弯曲阶段）的置信区间明显窄于绝对值减小时（左侧上升阶段）的置信区间。由此可以判断，随着区域技术创新水平的提升，资本空间错配对区域技术创新的边际抑制作用逐渐弱化。也就是说，对于技术创新水平越高的地区，资本空间错配的负向影响越小。

表6-5　　　　　分位数回归：考虑区域技术创新水平的异质性结果

变量	（1）OLS	（2）QR_25%	（3）QR_50%	（4）QR_75%
MisK	-0.146*** (0.024)	-0.163*** (0.032)	-0.066*** (0.018)	-0.082*** (0.023)
RD	0.473*** (0.088)	0.214*** (0.083)	0.679*** (0.069)	0.763*** (0.121)
lnresea	0.168*** (0.019)	0.263*** (0.014)	0.156*** (0.020)	0.038* (0.020)
lnPGDP	1.309*** (0.026)	1.257*** (0.015)	1.240*** (0.028)	1.210*** (0.035)
Infor	0.077* (0.044)	0.050 (0.035)	0.127** (0.056)	0.349*** (0.056)
Unpro	-0.482*** (0.073)	-0.307*** (0.081)	-0.336*** (0.079)	-0.400*** (0.087)
Indus	0.019*** (0.002)	0.017*** (0.002)	0.016*** (0.002)	0.020*** (0.003)
TC	0.110** (0.054)	0.050 (0.093)	0.195*** (0.056)	0.453*** (0.088)

变量	（1）OLS	（2）QR_ 25%	（3）QR_ 50%	（4）QR_ 75%
FDI	0.022 *** (0.007)	0.022 *** (0.005)	0.019 *** (0.006)	0.019 *** (0.005)
Cons	−14.595 *** (0.200)	−14.225 *** (0.184)	−13.724 *** (0.200)	−13.617 *** (0.340)
year	yes	yes	yes	yes
city	yes	yes	yes	yes
N	4624	4624	4624	4624
R^2	0.787	0.534	0.568	0.588

注：（1）括号内为稳健标准误；（2）*、**和***分别表示10%、5%及1%的显著性水平；（3）分位数回归模型中的 R^2 报告的是 Pseudo R^2 的值。

三、稳健性检验

为了充分论证资本空间错配对区域技术创新的抑制效应，本部分进一步从替换关键变量、纠正模型的内生性问题、剔除异常样本点、考虑时滞效应四个方面进行稳健性检验。

（一）替换关键变量

为避免关键变量测算误差造成的伪回归问题，本节采用替换关键变量的度量方法。

（1）替换被解释变量。与分析劳动力空间错配一致，稳健性回归中同样采用寇宗来和刘学悦（2017）发布的《中国城市和产业创新力报告2017》中的城市创新指数来表征城市的技术创新水平，记为 *Inno_ 2*。此外，还进一步将专利细分为发明专利，实用新型和外观设计三类，以这三类专利授权数的对数作为被解释变量，分别考察资本空间错配的影响，对应类别下的被解释变量依次记为 *Inno_ 3*、*Inno_ 4* 和 *Inno_ 5*。替换被解释变量的回归结果见表6-6第（1）~（4）列。结果表明，在不同被解释变量的回归模型中，资本空间错配的估计系数均显著为负，说明资本空间错配会抑制区域技术创新这一基本结论十分稳健。

（2）替换解释变量（*MisK_ 2*）。"冰川理论"认为，若不存在流动成本，不同市场上的产品或要素价格应该一致。流动成本的存在会阻碍资本在区际自由流

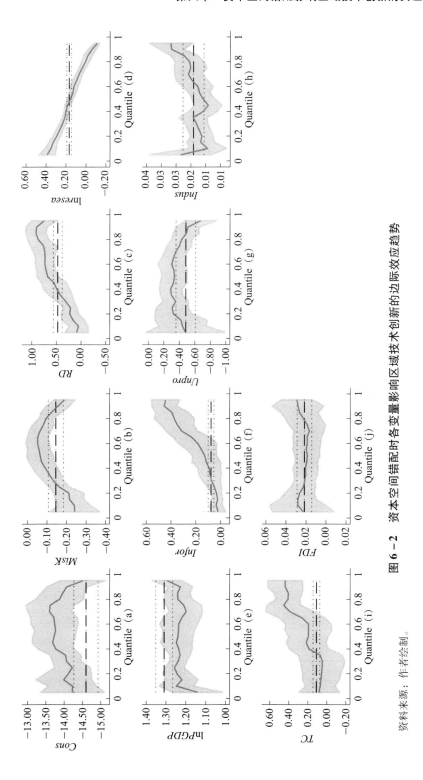

图 6 - 2　资本空间错配时各变量影响区域技术创新的边际效应趋势

资料来源：作者绘制。

动，进而影响资本空间配置效率。因此，本书借鉴该思想，用不同地区资本价格的差异来衡量资本空间错配程度。具体而言，首先利用2001～2013年中国工业企业数据算出每个企业的利息率，具体计算公式为：企业利息率＝利息支出/实收资本，据此再算出各地级市层面所有规模以上工业企业利息率的离差，作为资本空间错配的稳健性指标①。表6－6中回归模型（5）报告了回归结果，发现资本空间错配的稳健性指标 $MisK\_2$ 的估计系数在1%的显著性水平上为负，说明即使利用工业企业微观数据，资本空间错配抑制区域技术创新同样能够得以验证。

表6－6　　　资本空间错配影响区域技术创新的稳健性检验：替换关键变量

变量	替换被解释变量				替换解释变量
	创新指数 Inno_ 2 (1)	发明专利 Inno_ 3 (2)	实用新型 Inno_ 4 (3)	外观设计 Inno_ 5 (4)	利息离差 Inno (5)
$MisK$	－ 0. 223 *** (0. 020)	－ 0. 123 *** (0. 012)	－ 0. 118 *** (0. 018)	－ 0. 155 *** (0. 018)	
$MisK\_2$					－ 0. 156 *** (0. 015)
RD	0. 343 *** (0. 023)	0. 239 *** (0. 015)	0. 312 *** (0. 021)	0. 307 *** (0. 022)	0. 590 *** (0. 051)
ln$resea$	0. 169 *** (0. 008)	0. 105 *** (0. 005)	0. 090 *** (0. 007)	0. 016 ** (0. 007)	0. 054 ** (0. 027)
ln$PGDP$	0. 537 *** (0. 035)	0. 309 *** (0. 022)	0. 243 *** (0. 031)	0. 101 *** (0. 033)	0. 060 ** (0. 026)
$Infor$	0. 090 *** (0. 006)	0. 034 *** (0. 004)	0. 041 *** (0. 005)	0. 040 *** (0. 005)	－ 0. 002 (0. 009)
$Unpro$	－ 0. 161 *** (0. 035)	0. 028 (0. 022)	－ 0. 064 ** (0. 031)	－ 0. 053 (0. 032)	－ 0. 251 *** (0. 055)
$Indus$	0. 008 *** (0. 002)	0. 007 *** (0. 001)	0. 012 *** (0. 002)	0. 005 *** (0. 002)	0. 005 * (0. 003)
TC	－ 0. 010 (0. 008)	0. 014 *** (0. 005)	0. 026 *** (0. 007)	－ 0. 009 (0. 008)	－ 0. 012 (0. 022)
FDI	0. 019 *** (0. 002)	0. 012 *** (0. 001)	0. 017 *** (0. 002)	0. 023 *** (0. 002)	0. 320 *** (0. 060)
$Cons$	5. 541 *** (0. 279)	3. 252 *** (0. 174)	3. 347 *** (0. 249)	1. 484 *** (0. 260)	－ 2. 241 *** (0. 459)
year	yes	yes	yes	yes	yes
city	yes	yes	yes	yes	yes
N	4 624	4 624	4 624	4 624	3 757
R^2	0. 767	0. 606	0. 721	0. 485	0. 800

注：（1）括号内为稳健标准误；（2） * 、 ** 和 *** 分别表示10%、5%及1%的显著性水平。

———————————

① 城市在个别年份的缺失数据用线性插值法补齐。

（二）处理内生性问题

由资本空间错配的特征事实可知，资本配置过度的地区恰好是技术创新水平较高的东部沿海地区，也就是说，区域技术创新水平越高的先发地区本身对创新资源的吸引力就更强，这可能会加剧地区间资本错配程度。考虑到区域技术创新和资本空间错配之间可能存在的反向因果关系，以及遗漏变量和变量测量误差等因素导致的内生性问题。为了缓解内生性问题造成的估计偏误，本书借鉴莱贝尔（Lewbel，2013）的方法来构建资本空间错配的工具变量，具体构造方法为：$MisK\_iv = (MisK_{it} - \overline{MisK_t})^3$，$\overline{MisK_t}$ 表示 t 时期各地区资本空间错配的均值。

表 6-7 第（1）~（2）列为工具变量两阶段最小二乘法（IV-2SLS）的估计结果。本书采用多种检验方法来判断工具变量是否有效：（1）斯托克和舆語基裕（Stock and Yogo，2002）的最小特征值统计量为 2053.94，远超其对应 10% 水平上的临界值 16.38，且 Anderson-Rubin Wald 统计量在 1% 的显著性水平上拒绝内生回归系数之和等于零的假设，这两个检验充分说明工具变量和内生变量之间有较强的相关性；（2）Kleibergen-Paap rk LM 检验的 P 值为 0，强烈拒绝工具变量识别不足的原假设，Kleibergen-Paap Wald rk F 统计量大于 Stock-Yogo 检验10% 水平上的临界值（47.55 > 16.38），这进一步拒绝了"工具变量是弱识别"的原假设。上述检验充分验证了工具变量的有效性，说明采用 2SLS 的估计结果是可信的。结果显示，资本空间错配的估计系数为 -0.295，仍显著为负，其他控制变量的系数符号和显著性均未发生变化，资本空间错配不利于区域技术创新提升的结论依旧成立。

表 6-7　资本空间错配影响区域技术创新的稳健性检验：工具变量法、样本清理、时滞

变量	IV-2SLS		剔除异常样本点		时滞效应
	第一阶段	第二阶段	缩尾	删除特殊城市	滞后一期
	MisK	*Inno*	*Inno*	*Inno*	*Inno*
	（1）	（2）	（3）	（4）	（5）
MisK_ iv	0.110 ***				
	（0.016）				
MisK		-0.295 ***	-0.076 ***	-0.120 ***	
		（0.034）	（0.029）	（0.030）	
LMisK					-0.138 ***
					（0.079）

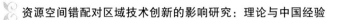

续表

变量	IV-2SLS		剔除异常样本点		时滞效应
	第一阶段	第二阶段	缩尾	删除特殊城市	滞后一期
	MisK	Inno	Inno	Inno	Inno
	(1)	(2)	(3)	(4)	(5)
RD	0.084 *	0.629 ***	0.745 ***	0.879 ***	0.690 ***
	(0.051)	(0.083)	(0.050)	(0.053)	(0.133)
lnresea	0.010 *	0.040 ***	0.034	0.040 *	0.057 **
	(0.005)	(0.007)	(0.023)	(0.023)	(0.022)
lnPGDP	0.185 *	1.244 ***	0.285 ***	0.238 ***	0.372 ***
	(0.029)	(0.035)	(0.047)	(0.048)	(0.094)
Infor	−0.048 ***	0.278 ***	−0.037 *	−0.025	−0.041
	(0.015)	(0.027)	(0.019)	(0.022)	(0.030)
Unpro	−0.208 ***	−0.667 ***	−0.266 ***	−0.255 ***	−0.302 ***
	(0.046)	(0.075)	(0.047)	(0.047)	(0.090)
Indus	−0.003 ***	0.019 ***	0.011 ***	0.011 ***	0.010 **
	(0.001)	(0.002)	(0.003)	(0.003)	(0.005)
TC	−0.117 **	0.385 ***	0.099 **	0.138 ***	0.114
	(0.053)	(0.078)	(0.048)	(0.050)	(0.094)
FDI	0.043 ***	0.057 ***	0.528 ***	0.507 ***	0.051 ***
	(0.004)	(0.006)	(0.064)	(0.068)	(0.006)
Cons	−1.520 ***	−14.093 ***	−4.751 ***	−4.381 ***	−5.401 ***
	(0.217)	(0.234)	(0.381)	(0.387)	(0.810)
D − W − H 内生性检验		21.655 ***			
最小特征值统计量		2053.94 {16.38}			
Kleibergen-Paap rk LM		131.05 ***			
Kleibergen-Paap Wald rk F 统计量		47.55 {16.38}			
Anderson-Rubin Wald		28.33 ***			
year	yes	yes	yes	yes	yes
city	yes	yes	yes	yes	yes
N	4 624	4 624	4 624	4 480	4 608
R^2		0.813	0.853	0.856	0.850

注：（1）括号内为稳健标准误；（2）*、**和***分别表示10%、5%及1%的显著性水平；（3）最小特征值统计量中的 {} 内数值为 Wald 检验10%水平上的临界值，Kleibergen-Paap Wald rk F 统计量中 {} 内数值为 Stock-Yogo 检验10%水平上的临界值。

（三）剔除异常样本点

离群值和异常值会影响回归结果的准确性，因此剔除异常样本点之后再次进行估计：一是将四个直辖市（北京、天津、上海、重庆）和五个计划单列市（大连、青岛、宁波、厦门、深圳）从样本中剔除。二是对所有变量进行1%的双边缩尾处理，这种方法能在最大限度地保存数据信息的同时消除离群值造成的估计结果偏误。剔除特殊城市及缩尾处理后的估计结果见表6－7第（3）～（4）列，资本空间错配和各控制变量的回归系数符号及其显著性水平与基准回归结果完全一致，表明资本空间错配阻碍区域技术创新的核心结论十分稳健。

（四）考虑时滞效应

考虑到资本空间错配对区域技术创新的影响可能存在一定的时滞效应，因此本书进一步把基准回归模型中的资本空间错配变量替换成一阶滞后项（$LMisK$）。从表6－7第（5）列的估计结果可知，资本空间错配的一阶滞后项系数显著为负，除了信息化水平和道路交通这两个变量外，其他控制变量的系数显著性和符号未发生变化，再次说明资本空间错配对区域技术创新具有显著的抑制作用，结果十分稳健。

第三节　资本空间错配影响区域技术创新的机制识别

根据前面理论分析，资本空间错配可能会通过"创新制度环境""政府创新偏好"以及"低端技术锁定"三条作用机制影响区域技术创新。为了有效甄别上述作用机制，本书采用了巴伦和肯尼（Baron and Kenny，1986）、温忠麟和叶宝娟（2014）的中介效应模型，构建了与前面基准模型一致的递归模型，并对上述作用机制进行逐一检验。具体如下：

$$Inno_{it} = c'_0 + c'_1 MisK_{it} + c'_2 Control_{it} + u_i + v_t + \varepsilon_{it} \qquad (6-2)$$

$$M_{it} = a'_0 + a'_1 MisK_{it} + a'_2 Control_{it} + u_i + v_t + \varepsilon_{it} \qquad (6-3)$$

$$Inno_{it} = b'_0 + c''_1 MisK_{it} + b'_1 M_{it} + b'_2 Control_{it} + u_i + v_t + \varepsilon_{it} \qquad (6-4)$$

其中，M_{it}为中介变量。中介效应模型的检验分三步。第一步对计量模型式（6－2）进行回归，检验资本空间错配的回归系数是否显著，如果该变量的估计系数c'_1显著为负，说明资本空间错配会抑制区域技术创新，则进行下一个步骤的回归。第二步对计量模型式（6－3）进行回归，被解释变量M_{it}为中介变量，分别为表征"创新制度环境""政府创新偏好"以及"技术低端锁定"的变量。如果此式中资本空间错配的估计系数 a'_1 显著，意味着资本空间错配会对上述三条传导机制产生影响。第三步对计量模型式（6-4）进行回归，如果资本空间错配和中介变量的系数 c''_1 和 b'_1 都显著，而且系数 c''_1 的绝对值小于式（6-2）中 c'_1 的绝对值，表明此中介变量起部分中介作用；如果资本空间错配的系数不显著，但中介变量系数 b'_1 显著，则说明中间变量起到了完全中介作用。需要说明的是，利用三步法回归时，需要手动计算 Sobel 统计量以验证中介效应是否显著。首先，计算间接效应的标准误 $S_{a_1 b_1} = (\hat{a}_1^2 s_{b_1}^2 + \hat{b}_1^2 s_{a_1}^2)^{1/2}$，$s$ 代表相应估计值的标准误；其次，计算检验统计量 $Z = \hat{a}'_1 \hat{b}'_1 / S_{a'_1 b'_1}$；最后，查看统计量 Z 是否通过显著性水平。

一、创新制度环境的检验

（一）创新制度环境的度量

资本空间错配影响创新制度环境最直接的体现就是寻租。由于寻租是一项隐蔽性较强的非生产性活动，因而相关数据难以直接获得。但是，企业在寻求政治关联而进行寻租活动时，很大一部分费用是用于吃喝招待（Gai et al.，2011），这一部分费用通常涵盖在企业的管理费用项下，而企业的管理费用数据是可得的。因此本书参照万华林和陈信元（2010）的做法，首先用"管理费用/企业总资产"算出每个企业寻租成本，然后计算该地区所有企业寻租成本的平均值以衡量地区层面的寻租空间。考虑到不同类型的企业寻租动机强弱不同，比如，小规模企业或者是民营企业为了获取更多的资源，有更强的动机与政府建立政治联系（余明桂等，2010）。所以本书以各企业的产值在该地区企业总产值中所占比重作为权重，从而得到经过产值加权后的地区层面寻租成本，其用 Rent 来表示。

此外，本书还借鉴既有文献的做法，用地区腐败程度来度量创新制度环境（鲁元平等，2018）。需要说明的是，腐败数据只到省级层面，故本书以地级市人口在全省所占比重为权重，与地级市所在省的公职人员、职务犯罪人均案件件数相乘，得到各地级市的腐败数据，记为 Corru。

（二）检验结果与分析

表6-8给出了资本空间错配通过创新制度环境这一作用机制影响区域技术

创新的检验结果。其中，回归模型（1）~（3）是以中国工业企业数据库测算的寻租 *Rent* 作为中介变量的检验结果，回归模型（4）~（6）则是以《中国检察年鉴》数据测算的腐败 *Corru* 作为中介变量的检验结果。模型（1）是研究期限为2001~2013 年的基准回归结果①，模型（2）是寻租对资本空间错配的回归结果。结果显示，资本空间错配的回归系数显著为正，说明资本空间错配容易引起寻租活动，与法乔（Faccio.，2006）、余明桂等（2010）的结论一致。回归模型（3）是区域技术创新同时对资本空间错配和寻租的回归结果，寻租的估计系数在 1%的统计水平上显著为负，资本空间错配的估计系数依旧显著为负，但其绝对值相较于基准回归结果有所下降，从 0.157 降至 0.144，说明资本空间错配会通过破坏创新制度环境抑制区域技术创新。此外，创新制度环境起部分中介作用——资本空间错配不仅本身会抑制区域技术创新，而且会通过破坏创新制度环境对区域技术创新产生负向影响。腐败程度 *Corru* 作为创新制度环境代理变量的中介效应检验得到了同样的结果。Sobel 检验拒绝了不存在中介效应的原假设，再次印证破坏创新制度环境是资本空间错配阻碍区域技术创新提升的重要作用机制之一。

表 6 - 8　资本空间错配影响区域技术创新的传导机制检验：创新制度环境

变量	基准回归	寻租	区域技术创新	基准回归	腐败	区域技术创新
	Inno （1）	*Rent* （2）	*Inno* （3）	*Inno* （4）	*Corru* （5）	*Inno* （6）
MisK	- 0. 160 *** （0. 023）	0. 065 ** （0. 031）	- 0. 144 *** （0. 035）	- 0. 157 *** （0. 015）	0. 030 *** （0. 004）	- 0. 101 *** （0. 029）
RD	0. 924 *** （0. 078）	1. 798 *** （0. 542）	1. 003 *** （0. 067）	0. 490 *** （0. 085）	- 0. 027 *** （0. 007）	0. 859 *** （0. 053）
ln*resea*	0. 240 *** （0. 013）	0. 154 （0. 241）	0. 033 （0. 027）	0. 070 *** （0. 010）	- 0. 008 *** （0. 003）	0. 035 （0. 023）
ln*PGDP*	1. 028 *** （0. 034）	0. 469 （0. 492）	0. 072 （0. 056）	1. 342 *** （0. 030）	0. 044 *** （0. 006）	0. 269 *** （0. 048）
Infor	- 0. 736 （0. 454）	- 0. 240 （3. 286）	0. 060 （0. 347）	0. 103 ** （0. 045）	0. 028 （0. 043）	0. 264 （0. 319）
Unpro	- 0. 360 *** （0. 073）	- 2. 060 *** （0. 482）	- 0. 216 *** （0. 054）	- 0. 734 *** （0. 090）	- 0. 050 *** （0. 006）	- 0. 282 *** （0. 047）
Indus	0. 020 *** （0. 002）	0. 281 *** （0. 028）	0. 007 ** （0. 003）	0. 020 *** （0. 002）	0. 000 （0. 000）	0. 011 *** （0. 003）
TC	0. 191 *** （0. 068）	1. 450 *** （0. 512）	0. 000 （0. 061）	0. 093 （0. 062）	0. 025 *** （0. 007）	0. 151 *** （0. 050）

---

① 寻租的相关数据截至 2013 年。

变量	基准回归	寻租	区域技术创新	基准回归	腐败	区域技术创新
	Inno（1）	Rent（2）	Inno（3）	Inno（4）	Corru（5）	Inno（6）
FDI	0.959 ***（0.050）	-6.009 ***（0.003）	0.611 ***（0.079）	0.018 ***（0.006）	-0.063 ***（0.009）	0.476 ***（0.068）
Rent			-0.208 ***（0.009）			
Corru						-0.498 ***（0.114）
Cons	-12.041 ***（0.210）	10.141 ***（3.930）	-4.553 ***（0.473）	-15.371 ***（0.232）	-0.027（0.052）	-4.484 ***（0.382）
Sobel 检验	Z = -2.088 **			Z = -3.775 ***		
中介效应占比		8.58%	部分中介		12.89%	部分中介
N	3 757	3 757	3 757	4 624	4 624	4 624
R^2	0.767	0.326	0.810	0.695	0.344	0.857

注：（1）括号内为稳健标准误；（2）＊、＊＊和＊＊＊分别表示10%、5%及1%的显著性水平；（3）各回归模型均控制了时间和个体固定效应。

二、政府创新偏好的检验

（一）政府创新偏好的度量

由前面理论分析可知，在"政治锦标赛"和"财政分权"双重制度约束下的中国，地区资金状况会直接影响政府的财政支出偏向和创新偏好，进而影响区域技术创新。若地区存在资本错配，地方政府为了平衡各部门对既定财政资金的需求，会倾向于把财政资金投入到见效快的房地产和基建部门，挤占科技支出。为了验证这一机制是否存在，本书借鉴相关文献（鲁元平等，2018；李政和杨思莹，2018），分别以财政支出中科技支出占比（Tech）、房地产投资在 GDP 中的占比（Real）、基建投资在 GDP 中的占比[①]（Infra）三个指标从不同角度来表征政府的创新偏好。

（二）检验结果与分析

表6-9报告了政府创新偏好这一传导机制在资本空间错配影响区域技术

[①] 财政支出中基建支出截至 2006 年，本书用《中国城市建设统计年鉴》中基建支出（财政性资金）衡量。

创新中所起的作用。回归模型（1）~（3）、（4）~（5）、（6）~（7）依次为以科技支出占比 *Tech*、房地产投资占比 *Real*、基建投资占比 *Infra* 作为中介变量的中介效应检验结果。其中，基准回归结果（1）在三个财政支出指标作为中介变量时完全一样，所以无须重复列出。回归模型（2）中资本空间错配的系数符号显著为负，而在回归模型（4）和（6）中，资本空间错配均显著为正，意味着地区资本错配程度越高，地区科技支出在财政支出中的占比越小，而房地产和基建投资的占比反倒越大。简言之，地区资本错配程度的加剧会使地方财政偏向于房地产和基建行业，从而挤占创新支出，这主要是因为政府迫于财政压力和政绩考核压力，会将有限的资金投向见效快的部门。回归模型（3）、（5）、（7）中中介变量的回归系数均通过了显著性检验，且资本空间错配回归系数的绝对值都小于基准回归中的绝对值（｜−0.103｜<｜−0.157｜、｜−0.116｜<｜−0.157｜、｜−0.116｜<｜−0.157｜）。由此可以判断，资本空间错配会影响企业的财政支出偏向，抑制创新偏好，进而阻碍区域技术创新，政府创新偏好起部分中介作用。

表 6 − 9　　资本空间错配影响区域技术创新的传导机制检验：政府创新偏好

变量	基准回归 （1）	科技支出 （2）	区域技术创新 （3）	房地产 （4）	区域技术创新 （5）	基建支出 （6）	区域技术创新 （7）
MisK	− 0.157 *** （0.015）	− 0.106 *** （0.025）	− 0.103 *** （0.029）	0.020 *** （0.003）	− 0.116 *** （0.030）	0.025 *** （0.006）	− 0.116 *** （0.029）
RD	0.490 *** （0.085）	3.840 *** （0.044）	0.418 *** （0.088）	0.065 *** （0.005）	0.872 *** （0.054）	− 0.041 *** （0.010）	0.873 *** （0.053）
ln*resea*	0.070 *** （0.010）	0.121 *** （0.020）	0.024 （0.023）	0.005 ** （0.002）	0.039 * （0.023）	0.007 （0.004）	0.039 * （0.023）
ln*PGDP*	1.342 *** （0.030）	0.411 *** （0.040）	0.296 *** （0.048）	0.022 *** （0.004）	0.247 *** （0.048）	0.004 （0.009）	0.247 *** （0.048）
Infor	0.103 ** （0.045）	− 1.598 *** （0.269）	0.438 （0.320）	− 0.023 （0.029）	0.250 （0.320）	0.336 *** （0.060）	0.241 （0.321）
Unpro	− 0.734 *** （0.090）	0.094 ** （0.040）	− 0.268 *** （0.047）	− 0.025 *** （0.004）	− 0.257 *** （0.047）	− 0.019 ** （0.009）	− 0.256 *** （0.047）
Indus	0.020 *** （0.002）	− 0.015 *** （0.002）	0.013 *** （0.003）	0.002 *** （0.000）	0.010 *** （0.003）	0.003 *** （0.001）	0.011 *** （0.003）
TC	0.093 （0.062）	0.053 （0.042）	0.132 *** （0.050）	0.020 *** （0.004）	0.138 *** （0.050）	− 0.030 *** （0.009）	0.139 *** （0.050）
FDI	0.018 *** （0.006）	− 0.430 *** （0.057）	0.559 *** （0.068）	− 0.022 *** （0.006）	0.508 *** （0.068）	− 0.027 ** （0.013）	0.508 *** （0.068）
Tech			0.118 ** （0.018）				

续表

变量	基准回归 （1）	科技支出 （2）	区域技术创新 （3）	房地产 （4）	区域技术创新 （5）	基建支出 （6）	区域技术创新 （7）
Real					− 0.283 *** （0.017）		
Infra							− 0.258 *** （0.082）
Cons	− 15.371 *** （0.232）	5.353 *** （0.322）	− 5.103 *** （0.393）	5.249 *** （0.329）	− 4.471 *** （0.383）	0.114 *** （0.072）	− 4.468 *** （0.383）
Sobel 检验占比		Z = − 3.560 *** 10.83%	部分中介	Z = − 6.189 *** 4.65%	部分中介	Z = − 2.511 *** 5.27%	部分中介
N	4 624	4 624	4 624	4 624	4 624	4 624	4 624
R^2	0.695	0.810	0.857	0.423	0.856	0.320	0.857

注：（1）括号内为稳健标准误；（2）*、**和***分别为10%、5%及1%的显著性水平；（3）各回归模型均控制时间和个体固定效应。

三、低端技术锁定的检验

（一）低端技术锁定的度量

本书认为资本空间错配会抑制企业的创新投入、加剧技术引进惰性、阻碍技术溢出，造成技术水平的低端锁定，不利于区域技术创新。戴魁早（2018）认为，技术市场交易情况能够较好地反映技术锁定，本书在其基础上有所改进，同时用各地区大中型企业技术引进与技术改造经费支出占比之差 *Lock*、技术引进经费在技术活动经费①支出中的占比 *Vft*（技术锁定的逆向指标），从正反两个方面度量技术锁定，验证"低端技术锁定"这一机制是否存在。

（二）检验结果与分析

表6－10为低端技术锁定效应在资本空间错配影响区域技术创新中所起作用的检验结果。回归模型（1）为基准回归结果，（2）~（3）、（4）~（5）分别是以规上企业引进技术经费支出在总支出占比 *Vft* 和技术锁定② *Lock* 作为中介变量的检验结果。同样地，基准回归结果未重复列出。回归模型（2）中资本空间错配

---

① 各地区大中型工业企业技术活动经费支出数据只公布到省级，本书以各地区 GDP 在所占省份 GDP 中的比重为权重，换算得到地级市层面的相关数据。

② 规上企业技术引进与技术改造经费之差占总支出的比重。

的系数符号显著为负，表明资本空间错配对技术引进产生显著的负向影响。回归模型（3）中，技术引进的估计系数显著为正，资本空间错配的系数显著为负，但系数绝对值小于基准回归结果（｜-0.108｜<｜-0.157｜），说明资本空间错配不利于地区技术引进，从而会阻碍区域技术创新的提升。回归模型（4）中资本空间错配的系数符号显著为正，意味着资本空间错配程度的加剧容易造成技术锁定，这一结论与戴魁早（2018）的发现一致。回归模型（5）中技术锁定 $Lock$ 的估计系数为负，且通过了1%的显著性水平检验，说明技术锁定对区域技术创新存在负向影响，资本空间错配的系数为-0.105，其绝对值同样小于基准回归中的0.157，这一结果说明低端技术锁定起部分中介作用。上述回归结果从正反两方面验证了资本空间错配通过将地区技术水平锁定在较低水平这一作用机制阻碍了区域技术创新的提升。

表 6-10　资本空间错配影响区域技术创新的传导机制检验：低端技术锁定

变量	基准回归	技术引进	区域技术创新	低端技术锁定	区域技术创新
	$Inno$ （1）	Vft （2）	$Inno$ （3）	$Lock$ （4）	$Inno$ （5）
$MisK$	-0.157*** (0.015)	-0.045*** (0.007)	-0.108*** (0.029)	0.043*** (0.007)	-0.105*** (0.029)
RD	0.490*** (0.085)	0.064*** (0.013)	0.861*** (0.053)	-0.075*** (0.014)	0.854*** (0.053)
ln$resea$	0.070*** (0.010)	0.007 (0.006)	0.038 (0.023)	-0.006 (0.006)	0.037 (0.023)
ln$PGDP$	1.342*** (0.030)	0.101*** (0.012)	0.230*** (0.048)	-0.091*** (0.012)	0.225*** (0.048)
$Infor$	0.103** (0.045)	-0.084 (0.081)	0.265 (0.320)	0.120 (0.082)	0.280 (0.319)
$Unpro$	-0.734*** (0.090)	0.084*** (0.012)	-0.271*** (0.047)	-0.087*** (0.012)	-0.278*** (0.047)
$Indus$	0.020*** (0.002)	0.002*** (0.001)	0.010*** (0.003)	-0.001** (0.001)	0.010*** (0.003)
TC	0.093 (0.062)	0.010 (0.013)	0.136*** (0.050)	-0.013 (0.013)	0.135*** (0.050)
FDI	0.018*** (0.006)	-0.106*** (0.017)	0.526*** (0.068)	0.076*** (0.017)	0.526*** (0.068)
Vft			0.174*** (0.061)		
$Lock$					-0.248*** (0.060)
$Cons$	-15.371*** (0.232)	-0.823*** (0.096)	-4.328*** (0.386)	0.729*** (0.098)	-4.290*** (0.384)

续表

变量	基准回归	技术引进	区域技术创新	低端技术锁定	区域技术创新
	Inno	*Vft*	*Inno*	*Lock*	*Inno*
	（1）	（2）	（3）	（4）	（5）
Sobel 检验		Z = - 2.607***		Z = - 3.429***	
中介效应占比		6.76%	部分中介	9.22%	部分中介
N	4 624	4 624	4 624	4 624	4 624
R^2	0.695	0.238	0.856	0.254	0.857

注：（1）括号内为稳健标准误；（2）＊、＊＊和＊＊＊分别表示10%、5%及1%的显著性水平；（3）各回归模型均控制了时间和个体固定效应。

四、作用机制的贡献比较

上述中介效应模型结果表明，"创新制度环境""政府创新偏好""低端技术锁定"在资本空间错配抑制区域技术创新过程中发挥重要的传导作用。那么，哪一种作用机制是最主要的传导渠道？弄清这一问题对区域技术创新水平的提升至关重要。鉴于此，本部分采用普里彻和海耶斯（Preacher 和 Hayes，2008）的多重中介效应模型，进一步分解不同传导机制的相对贡献①。表6-11展示了资本空间错配影响区域技术创新的总体中介效应结果，表6-12为三种作用机制的相对重要性。经过计算可知，在资本空间错配影响区域技术创新的总效应中，"创新制度环境""政府创新偏好""低端技术锁定"这三条作用机制的解释力度分别为11.13%、31.07%和5.67%。由此可以得出，"政府创新偏好"在资本空间错配抑制区域技术创新的过程中扮演着极其重要的角色，其次是"制度创新环境"，而"技术锁定效应"较微弱。这说明在当前要推动创新驱动发展战略，政府扶持十分必要。

表6-11   资本空间错配影响区域技术创新的总体中介效应回归结果

	区域技术创新	创新制度环境	政府创新偏好	技术锁定效应	区域技术创新
资本空间错配	- 0.086***	0.383***	- 0.160***	0.039***	- 0.058*
	（0.028）	（0.027）	（0.032）	（0.008）	（0.033）
创新制度环境					- 0.025***
					（0.008）
政府创新偏好					0.167***
					（0.019）

---

① 在比较前需要对变量进行中心化处理，得到的结果才可直接相比。

续表

	区域技术创新	创新制度环境	政府创新偏好	技术锁定效应	区域技术创新
低端技术锁定					-0. 125 **
					(0. 057)
控制变量	控制	控制	控制	控制	控制
年份	2001~2016	2001~2013	2001~2016	2001~2016	2001~2016
N	4624	3757	4624	4624	4624
R^2	0. 849	0. 336	0. 669	0. 328	0. 806

注：（1）括号内为稳健标准误；（2）＊、＊＊和＊＊＊分别表示10%、5%及1%的显著性水平；（3）各回归模型均控制了时间和个体固定效应。

表 6 - 12　　　　资本空间错配影响区域技术创新的作用机制贡献比较

中介效应	资本空间错配→中介变量	中介变量→区域技术创新	效应量	占总效应的比重
创新制度环境	0. 383	-0. 025	-0. 010	11. 134%
政府创新偏好	-0. 160	0. 167	-0. 027	31. 070%
低端技术锁定	0. 039	-0. 125	-0. 005	5. 669%

资料来源：作者计算整理。

第四节　资本空间错配造成的区域技术创新损失：反事实分析

依据前面理论分析和实证检验结果，资本空间错配阻碍了区域技术创新。那么，资本空间错配到底给区域技术创新造成了多严重的损失？本节拟回答这一问题。

一、估计方法

参照林伯强和杜克锐（2013）、白俊红和卞元超（2016）的做法，采用反事实检验的方法估计资本空间错配造成的区域技术创新损失缺口。具体估计步骤有三步：首先，以资本空间错配影响区域技术创新的基准回归结果，即表 6 - 2 中的模型（8）作为基准，得到各影响因素的估计系数；其次，假定资本市场不存在空间错配，即资本空间错配变量取值为 0，估算出反事实的区域技术创新值；最后，用反事实估算得到的区域技术创新减去实际区域技术创新，即为资本空间错配导致的区域技术创新损失。

二、估计结果

中国 2000~2016 年资本空间错配造成的区域创新损失，如图 6-3 所示，资本空间错配程度的加剧导致我国区域技术创新损失缺口逐年变大，创新缺口从 2001 年的 0.30 增至 2016 年的 0.35。通过进一步测算，如果不存在资本空间错配，2001~2016 年中国平均的技术创新将会提高 32.35%。也就是说，如果能够消除资本空间错配，我国平均每万人获得的专利授权数量会增加 1.38 件。对比来看，资本空间错配对中国技术创新的损失大于劳动力空间错配造成的损失，这可能是因为相对于劳动力数量，劳动力质量对技术创新来说更为重要。但是，囿于数据可得性，本书未能进行进一步深入分析。因此，打破市场壁垒，破除市场分割，促进资源跨区域有序自由流动，是实现以创新引领高质量发展的应有之义（黄赜琳和姚婷婷，2020）。

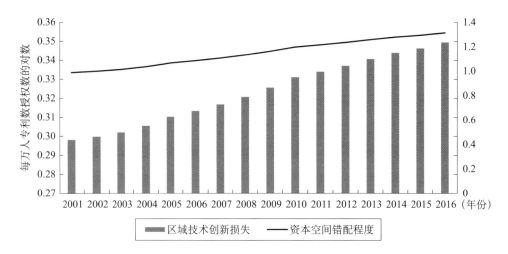

图 6-3　各年份资本空间错配造成的区域技术创新损失
资料来源：作者绘制。

整体来看，资本空间错配加剧导致我国区域创新缺口逐年上升。那么，对于不同地区而言，创新损失又各有何特点？图 6-4 直观描绘了不同区域资本空间错配造成的技术创新损失程度及走势，发现三个特征：第一，各地区的创新损失均在逐年增加，与全国整体层面一致。第二，相较而言，区域技术创新损失由高到低依次为东部地区、西部地区、中部地区。具体来说，如果能够消除资本空间错配，东部、西部、中部地区平均的技术创新水平将会比现有水平分别高出35.39%、31.48%、30.04%。这是因为东部地区和西部地区的资本错配程度更严重，因而造成区域创新损失更大。第三，随着时间推移，各地区资本错配造成的区域技术创新损失的差异在逐渐缩小。

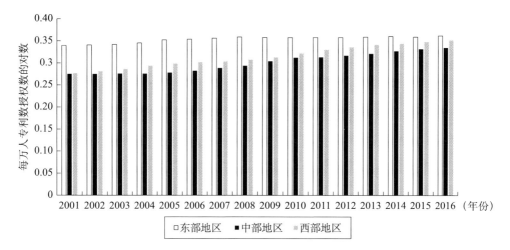

图6-4　不同区域资本空间错配造成的区域技术创新损失

资料来源：作者绘制。

第五节　本章小结

本章在前面理论分析的基础上，就资本空间错配对区域技术创新的影响展开实证检验。首先，利用双向固定效应模型对资本空间错配与区域技术创新的关系进行基准回归，在此基础上进行稳健性检验，并利用似无相关模型和分位数回归从资本空间错配方向、城市特征以及区域技术创新水平三个大的方面进行异质性分析；然后，利用多重中介效应模型甄别并比较主要传导机制在资本空间错配影响区域创新中的作用；最后，用反事实分析估算资本空间错配造成的区域技术创新损失缺口。主要结论有以下几点。

（1）资本空间错配抑制区域技术创新，在替换关键变量测量指标、纠正模型的内生性、剔除异常样本点和考虑时滞效应之后，依然支持这一基本结论。而且，在资本配置过剩、行政级别越低、金融发展水平越低、国有化程度越高、非创新试点、中西部地区城市以及危机后期样本，资本空间错配对区域技术创新的抑制作用更突出。但是，随着区域技术创新水平的提升，资本空间错配对区域技术创新的边际抑制作用逐渐弱化。

（2）"创新制度环境""政府创新偏好""低端技术锁定"这三条作用机制是资本空间错配阻碍区域技术创新的主要传导渠道，而且上述机制均发挥部分中介作用，通过进一步的分解，发现政府创新偏好起着主导作用。

（3）反事实分析结果表明，资本空间错配程度的加剧导致我国区域技术创新损失缺口在逐年变大，若消除资本空间错配，2001～2016年中国平均的技术创新水平将会提高32.35%，即每万人获得的专利授权数量会增加1.38件。其中，区域技术创新损失由大到小依次为东部、西部和中部地区，损失缺口分别为35.39%、31.48%、30.04%。而且，资本空间错配造成的区域技术创新损失大于劳动力空间错配造成的损失，这可能是因为相对于劳动力数量，劳动力质量对技术创新来说更为重要。但是，囿于数据可得性，本书未能进一步深入分析。

第七章 资源相对错配对区域技术创新的影响

前面分别探究了劳动力和资本这两种资源的空间错配对区域技术创新的影响。不禁引人思考的是：如果某一地区既存在劳动力空间错配，又存在资本空间错配，但两种资源不对称错配（错配程度或者错配方向不同），即资源相对错配又会对区域技术创新产生何种影响？

从理论上说，技术创新是一个多要素互动的过程（张宗和和彭昌奇，2009）。第三章理论分析结论也表明创新投入结构受资源相对错配的影响。一方面，作为地区资源禀赋结构的反映，资本和劳动力两种资源的相对配置效率会影响企业的要素投入组合、技术选择以及创新投入（黄鹏和张宇，2014），最终作用于区域技术创新。另一方面，资本和劳动力的相对错配会影响地区的资源禀赋结构，而资源禀赋结构是形成产品结构、生产方式、产业链层级的基础，企业的研发决策正是这些因素综合作用的结果。因此，单一资源（资本或劳动力）的空间错配不足以解释中国技术创新何以存在东高西低的区域差异，同时考虑两种资源相对错配对区域技术创新的影响十分必要。从中国资源空间错配的实际情况来看，相对于最优配置，我国东部地区资本配置过度而劳动力配置不足，西部地区资本配置不足而劳动力配置过剩，也就是说东部地区的资本相对于劳动力配置过剩，而西部地区恰好相反。我国不同区域的资源相对配置情况存在明显差异，这有可能是区域技术创新差异明显的一个重要原因。

资源相对错配是指因资本和劳动力这两种资源的不对称错配（错配程度或错配方向差异）造成生产过程中资本—劳动力比例偏离最优状态。约翰逊（Johnson，1966）、蒙德拉克（Mundlak，1970）、麦基（Magee，1973）较早关注了资源相对错配，其信号载体是资本和劳动力的相对价格在不同地区构成比例不相等，用两种资源的边际产出之比与边际成本之比来表示。当某地区的工资利率比与另一地区的工资利率比存在差异时，那么要素市场就存在相对错配。目前，除了黄鹏和张宇（2014）、张宇和巴海龙（2015）外，鲜有学者对两种资源的相对错配

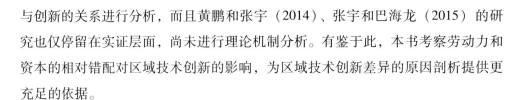

与创新的关系进行分析，而且黄鹏和张宇（2014）、张宇和巴海龙（2015）的研究也仅停留在实证层面，尚未进行理论机制分析。有鉴于此，本书考察劳动力和资本的相对错配对区域技术创新的影响，为区域技术创新差异的原因剖析提供更充足的依据。

第一节　资源相对错配影响区域技术创新的理论分析

由内生增长理论和技术进步偏向理论可知，资源相对错配会影响地区的资源禀赋特征，进而影响生产活动中的要素投入组合以及技术进步偏向性，最后作用于区域技术创新。一方面，资源相对错配会引起资源禀赋结构错示，进而影响创新投入。另一方面，资源相对错配容易导致地区技术进步偏向与要素禀赋不适宜，进而影响技术创新。这两方面均会阻碍区域技术创新。

一、资源相对错配通过禀赋结构错示抑制创新投入

若一个地区存在资源相对错配，作为资源禀赋特征的信号载体，要素价格不仅无法准确地反映地区的资源禀赋特征（张宇和巴海龙，2015），而且会释放出错误的信号——资源禀赋结构错示。在这种情况下，企业就很难根据"比较优势"来决定要素投入组合（杨振兵等，2015），导致生产过程中的要素投入组合偏离最优状态，阻滞研发活动对资源禀赋结构的变化做出迅速反应，不利于区域技术创新。

根据技术进步偏向性的相关研究，资源禀赋和要素价格是技术进步产生偏向的根本原因（Acemoglu，2002）。技术进步偏向于劳动还是资本取决于"价格效应"和"规模效应"两种作用的角力。"价格效应"是指技术进步倾向于节约更加稀缺、昂贵的生产要素，"规模效应"指要素的相对市场规模是技术进步偏向性的关键，即两种要素的充裕度以及由此决定的要素相对价格最终决定技术进步偏向。若某一地区的资本配置不足而劳动力配置过剩，那么，该地区的资本相对于劳动力而言更昂贵，企业在生产过程中会倾向于用劳动对资本进行替代，容易造成劳动力被过度使用，导致资本—劳动投入比例不符合资源禀赋特征，偏离最优状态。以资本配置不足而劳动力配置过剩的情景为例，资源相对错配造成的资

源禀赋错示会从以下三个方面抑制区域技术创新投入。第一，劳动力价格的相对低估造成的资源禀赋结构错示影响技术创新模式。因为劳动对资本的过度替代不利于推进生产的"自动化"和"智能化"，有碍于生产方式变革和技术创新。第二，资源相对错配影响了产业结构。劳动力价格的相对低估造成的资源禀赋结构错示容易形成以劳动密集型产品为主、资本密集型和技术密集型产品为辅的产业结构，这种产业结构特点不利于区域技术创新活动的展开（Vergeer and Kleinkneer，2007）。第三，劳动力价格的相对低估造成的资源禀赋结构错示会导致地区产业固化在产业价值链低端，比如，初级加工和零部件组装，弱化了创新研发的需求和动力，不利于区域技术创新。

二、资源相对错配通过技术选择适宜性抑制技术创新

适宜性技术理论认为，经济体的技术创新受制于其所在区域的资本和劳动力的资源状态，每一种类型的技术创新模式都与特定的资本和劳动资源投入组合相对应（Basu and Weil，1998）。资源相对错配意味着资本和劳动的相对价格和充裕度发生变化，由此会引起要素投入比例和技术选择方向发生变化，但是这种变化需要一定的周期来调整。当要素投入比例未能根据要素丰裕度进行及时调整时，容易导致该地区的技术选择与该地区资源禀赋结构不匹配，即产生技术选择不适宜。

当一个地区的资源相对错配引起技术选择与资源禀赋不适宜时，会阻碍区域技术创新提升。一方面，技术选择不适宜阻滞产业结构优化升级。当资源相对错配造成技术创新模式或技术进步偏向与最优要素投入比例不一致时，不利于资源在产业间的再配置，进而阻滞了地区产业结构的调整升级。孔宪丽等（2015）的研究表明，技术选择适宜性在创新投入驱动产业结构调整中起着至关重要的作用，与资源禀赋结构不匹配的技术选择不仅会导致创新驱动产业结构调整的效率大打折扣，而且还会给所有产业部门的生产效率带来不同程度的损失。另一方面，技术选择不适宜不利于地区经济增长和生产效率的提升，进而抑制了区域技术创新。适宜的技术选择和资本深化是产业结构升级和生产率提升的重要条件（黄茂兴和李军军，2009）。若地区资源相对错配造成该地技术选择偏离当地的资源禀赋特征，比如，进行技术模仿而未选择超前技术时，不利于资本深化，对地

区产业结构和经济增长也会带来明显的负面影响，不利于区域技术创新（黄茂兴和李军军，2009）。安东内利（Antoneli，2016）研究发现，地区的技术进步偏向与要素禀赋越适宜，越有利于全要素生产率的提升。雷钦礼和徐家春（2015）发现，我国技术进步与要素配置对全非要素生产率的交互作用从抑制转向促进的原因就在于技术选择适宜性的提高。

第二节　资源相对错配影响区域技术创新的实证分析

一、研究设计与识别方法

（一）计量模型设定

从前面理论分析可知，资本和劳动力的相对错配对区域技术创新具有抑制效应。本小节主要考察资源相对错配对区域技术创新的影响，回归模型基本形式如下：

$$Inno_{it} = \gamma_0 + \gamma_1 Remis_{it} + \gamma_2 Control_{it} + u_i + v_t + \varepsilon_{it} \qquad (7-1)$$

其中，下标 i 和 t 分别对应地区和时间；$Inno_{it}$ 为区域技术创新水平；$Remis_{it}$ 为核心解释变量——资源相对错配程度；$Control_{it}$ 为影响区域技术创新效率的控制变量集合；γ_0 为截距项，γ_2 是控制变量回归系数的集合，u_i 和 v_t 分别为个体固定效应和时间固定效应，ε_{it} 为随机扰动项。本节重点关注资源相对错配的系数 γ_1 的符号和显著性，若其显著为负，表明在其他影响因素不变的情况下，资源相对错配对区域技术创新具有抑制效应。

（二）变量说明

（1）被解释变量。本节主要是考察资源相对错配对区域技术创新的影响，所以，被解释变量为区域技术创新（$Inno_{it}$）。与前面一致，基准回归中用地区每万人获得专利授权数的自然对数来衡量区域技术创新[1]。

（2）核心解释变量。本部分的核心解释变量为资源相对错配程度（$Remis_{it}$）。资源相对错配是指因资本和劳动力的不对称错配（错配程度或错配方向

---

[1]　为了避免零值的影响，在实际计算过程中，将每万人获得的专利授权数量加1之后再取自然对数。

差异）造成生产过程中资本—劳动力投入比例偏离最优状态。基于此，本书借鉴许捷和柏培文（2017）的做法，充分考虑资本与劳动之间不完全替代性以对资源相对错配进行更准确的度量，测算公式为：$Remis_{it} = (MisK_{it}/MisL_{it}) - 1$。其中，$MisK_{it}$、$MisL_{it}$ 分别为资本和劳动力空间错配。若 $Remis_{it} > 0$，说明资本相对于劳动力配置过度；若 $Remis_{it} = 0$，资本相对于劳动不存在错配；若 $Remis_{it} < 0$，说明资本相对于劳动力配置不足。本节主要考察资源相对错配与区域技术创新的关系，为保证回归方向一致，在下面基准回归模型中，不区分资源相对错配的具体方向，对变量 $Remis_{it}$ 取绝对值，数值越大表明资本相对于劳动力而言越偏离最优状态。

由图 7-1 描绘的中国资源相对错配走势可以看出：第一，不同地区的资源相对错配程度存在明显差异。东部地区资源相对错配最严重，即资本—劳动力投入比例越偏离最优状态，其次是西部地区，中部地区的偏离程度最低。这是因为：从错配程度方面来看，不论是资本空间错配还是劳动力空间错配，东部和西部地区的错配程度都高于中部地区；从错配方向来看，东部地区劳动力配置不足但资本配置过度，西部地区劳动力配置过度而资本配置不足，因此东西部地区劳动力和资本投入比例的偏离度十分明显。相比较而言，中部地区的资源偏离度较小。第二，不同地区的资源相对错配方向各不相同。1994 年以来，东部地区的资本相对于劳动力配置过度；中部地区以 2014 年为分水岭，在此之前资本相对于劳动力配置不足，2014 年起资本相对于劳动力配置过剩；而西部地区则以 2011 年为分界点，从资本相对劳动力配置不足转向配置过度。出现这一扭转可能与中国政府为了缩小区域发展差距而推行的区域平衡政策有关，要素从东部沿海地区流向中西部。第三，中国资源相对错配程度在逐渐减弱。东部地区的资源相对错配程度从 1999 年起呈直线下降趋势，中部和西部地区资源相对错配程度逐步向零值逼近，说明要素空间流动的部分制度性藩篱在消除，资本—劳动投入比例逐步优化。

（3）控制变量。依据区域创新理论以及区域技术创新影响因素的相关文献，控制变量主要包括：第一，研发投入变量，包括研发投入强度（RD）和科研人员投入（$lnresea$）。前者用地方科学事业和教育事业财政支出之和在地区生产总值中的占比来表示，后者用科学研究和技术服务业就业人数的对数来衡量。研发

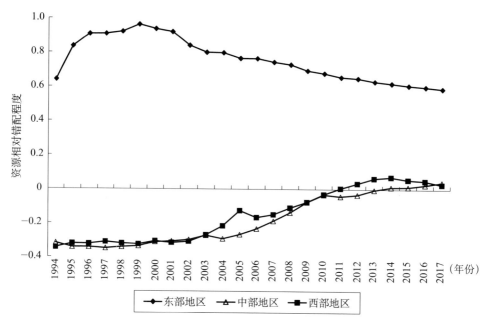

图 7 - 1　1994 ~ 2017 年中国资源相对错配走势

资料来源：作者绘制。

投入是技术创新的基础条件，因此，预期其系数符号为正。第二，经济基础变量，经济发展水平（ln*PGDP*）和产业结构（*Indus*）从总量和结构两方面反映了地区经济所处的发展阶段，分别用地区人均生产总值的对数、第二产业与第三产业之和在地区生产总值中的比重来衡量，预期系数符号为正。第三，制度环境变量，与区域技术创新最密切相关的制度是知识产权保护（*Unpro*）。本节借鉴鲁钊阳和廖杉杉（2012）的做法来衡量中国各省的知识产权保护程度[①]。"最优知识产权保护假说"认为，知识产权制度赋予的"专属效应"能激励技术创新，但过强的知识产权保护也有可能不利于技术吸收与模仿（王华，2011；刘小鲁，2011）。所以，知识产权保护的系数符号不确定。第四，信息共享和知识溢出特征变量，信息化水平（*Infor*）、道路交通（*TC*）和外商直接投资（*FDI*）这三个变量能够较为全面地刻画地区内部以及地区间进行信息传递和知识溢出的难易程度，依次用地区的国际互联网用户数、年客运量与地区的总人口比值、实际利用

---

①　有两点需要说明：一是这一指标为知识产权保护程度的逆向指标，数值越小代表知识产权保护越严格；二是囿于数据可得性，各地级市用所在省份的对应数据来表征。

外资金额占地区生产总值的比值来度量，预期它们的系数符号均为正。

（三）数据来源

结合数据的可得性以及统计口径的一致性，本节以 2001～2016 年全国 289 个地级及以上城市的年度面板数据为样本。数据来源主要有：各地区的专利授权数据来自中国研究数据服务平台（CNDRS）；研发投入强度、信息化水平、科研人员、产业结构、道路交通和外商直接投资等城市层面的特征变量主要来自《中国城市统计年鉴》（2002～2017）、《中国区域经济统计年鉴》（2002～2017）、国泰安数据库以及各地级市统计公报；专利侵权案件的数据来源于中华人民共和国国家知识产权局统计年报①。需要说明的是，部分缺失数据利用线性插值法予以补充。各变量的描述性统计结果见表 7-1。

表 7-1　　　　　　　　　主要变量的描述性统计

变量	变量名称	均值	标准差	最大值	最小值
Inno	区域技术创新	0.958	0.951	5.281	0.000
Remis	资源相对错配	0.176	1.025	-0.959	8.179
RD	研发投入强度	0.221	0.291	7.643	0.000
lnresea	研发人员	-1.030	1.179	4.233	-4.606
lnPGDP	经济发展水平	9.914	0.892	12.281	7.176
Infor	信息化水平	0.486	1.174	51.740	0.000
Unpro	知识产权保护	0.158	0.182	1.000	0.000
Indus	产业结构	84.644	9.598	99.970	42.800
TC	道路交通	0.228	0.651	34.515	0.005
FDI	外商直接投资	2.203	3.283	63.184	0.000

注：2001～2016 年 289 个城市总观测值为 4 624 个。

二、基本实证结果

表 7-2 报告了资源相对错配对区域技术创新的估计结果。其中，第（1）～（3）列为全样本下回归模型中资源相对错配对区域技术创新的影响，依次为混合回归、随机效应、固定效应模型的回归结果。此外，考虑到中西部地区的资源

---

① 中华人民共和国国家知识产权局统计年报网址：http://www.sipo.gov.cn/tjxx/gjzscqjtjnb/index.htm。

相对错配在不同时期发生明显的变化——从资本相对劳动不足转向资本相对劳动过剩，所以，进一步以 2008 年为分界点对不同时期的子样本进行分阶段估计。对个体和时间效应进行检验，发现个体和时间的联合 Hausman 统计量为 60.76（对应 P 值为 0.0000），故选用双向固定效应模型更合适。如无特殊说明，下面分析的是双向固定效应模型的估计结果。

表 7 - 2　　　　　资源相对错配影响区域技术创新的基准实证结果

变量	全样本			2001 ~ 2008 年	2009 ~ 2016 年
	(1) POLS	(2) RE	(3) FE	(4) FE	(5) FE
Remis	- 0.047 *** (0.014)	- 0.070 *** (0.016)	- 0.083 *** (0.016)	- 0.060 *** (0.018)	- 0.173 *** (0.025)
RD	0.423 *** (0.047)	0.469 *** (0.047)	0.570 *** (0.047)	- 0.019 (0.147)	0.380 *** (0.052)
lnresea	0.069 *** (0.007)	0.072 *** (0.007)	0.080 *** (0.007)	0.266 *** (0.014)	0.056 *** (0.009)
lnPGDP	1.314 *** (0.022)	1.316 *** (0.028)	1.402 *** (0.033)	1.254 *** (0.039)	1.086 *** (0.051)
Infor	0.126 *** (0.011)	0.113 *** (0.011)	0.123 ** (0.046)	0.118 ** (0.049)	0.053 *** (0.012)
Unpro	- 0.550 *** (0.065)	- 0.679 *** (0.066)	- 0.764 *** (0.067)	- 0.562 *** (0.101)	- 0.629 *** (0.084)
Indus	0.020 *** (0.002)	0.020 *** (0.002)	0.018 *** (0.002)	0.013 *** (0.002)	0.029 *** (0.003)
TC	0.093 *** (0.018)	0.099 *** (0.018)	0.091 *** (0.018)	0.122 (0.075)	0.021 (0.019)
FDI	0.019 *** (0.004)	0.017 *** (0.003)	0.012 *** (0.004)	0.017 *** (0.005)	0.011 *** (0.007)
Cons	- 14.969 *** (0.177)	- 14.939 *** (0.201)	- 15.712 *** (0.234)	- 13.223 *** (0.257)	- 13.654 *** (0.374)
year	yes	yes	yes	yes	yes
city	yes	yes	yes	yes	yes
N	0.780	0.690	0.688	0.799	0.715
R^2	4 624	4 624	4 624	2 312	2 312

注：(1) 括号内为稳健标准误；(2) *、** 和 *** 分别表示 10%、5% 及 1% 的显著性水平。

由表 7 - 2 的回归结果可以看出，无论在何种情况下，资源相对错配的估计系数均在 1% 的水平上显著为负，这一结果验证了理论分析的基本结论——资源相对错配不利于区域技术创新。以全样本下双向固定效应模型为例，资源相对错配的系数为 - 0.083，表明在控制其他因素的情况下，资源相对错配对区域技术创新产生抑制效应，资本相对劳动力过剩或不足程度每增加 1 个单位，将导致当地技术创新水平下降 8.3%。从回归模型（4）和（5）的分阶段估计结果来看，在 2001～2008 年与 2009～2016 年两个子样本中，资源相对错配的系数分别为 −0.060 和 −0.173，进一步说明资源相对错配对区域技术创新存在负向影响，且在 2008 年以后这一负向作用愈加明显。本书认为资源相对错配抑制技术创新的主要原因在于：资源相对错配会导致地区的要素投入偏离最优的资本—劳动力投入比例，造成技术选择不适宜要素禀赋结构，进而不利于地区创新活动的展开。

从其他因素对区域技术创新的影响来看，各控制变量的系数符号均与预期相符。见表 7−2，研发经费和人员投入、经济发展、信息化水平、产业结构、道路交通、外商直接投资均对区域技术创新有显著的正向影响，这是因为充足的研发投入、健康持续的经济发展、完善的制度环境是区域技术创新的重要条件。知识产权保护的逆向指标的回归系数显著为负，说明制度环境完善对区域技术创新水平的提升同样十分重要。对处于当前发展阶段的中国来说，知识产权保护越严格，越能够为新技术、新工艺、专利等赋予更明确的"专属效应"，进而促进技术创新。因此，要充分激发各地区技术创新的潜能，在提高资源配置效率的同时，加大研发投入力度、促进经济发展、提高信息化和对外开放水平、加快产业结构优化调整、改善交通条件、严格保护知识产权同样重要。

三、稳健性分析结果

前面估计结果表明，资源相对错配不利于区域技术创新，本部分进一步从替换关键变量、纠正模型的内生性、剔除异常样本点、考虑时滞效应四个方面进行稳健性检验。

（一）替换关键变量

为避免关键解释变量测算误差造成的伪回归问题，本书用寇宗来和刘学悦（2017）的城市创新指数来表征城市的技术创新水平，进行稳健性分析，记为 Inno_ 2。进一步地，将专利细分为发明专利，实用新型和外观设计三类，分别考察资源相对错配对这三类专利授权数的影响，依次记为 Inno_ 3、Inno_ 4 和 Inno_ 5。替换被解释变量的回归结果见表 7−3 第（1）~（4）列。结果表明，在不同被解释变量的回归模型中，资源相对错配的估计系数均显著为负，说明资源相对错配会抑制区域技术创新这一基本结论有较强的稳健性。

表 7 – 3　　资源相对错配影响区域技术创新的稳健性检验：替换被解释变量

变量	创新指数 Inno_ 2 (1)	发明专利 Inno_ 3 (2)	实用新型 Inno_ 4 (3)	外观设计 Inno_ 5 (4)
Remis	− 0. 235 ***	− 0. 022 ***	− 0. 041 ***	− 0. 025 ***
	(0. 068)	(0. 005)	(0. 008)	(0. 009)
RD	3. 961 ***	0. 373 ***	0. 432 ***	0. 467 ***
	(0. 196)	(0. 017)	(0. 025)	(0. 029)
lnresea	0. 215 ***	0. 078 ***	0. 064 ***	0. 006
	(0. 029)	(0. 002)	(0. 004)	(0. 004)
lnPGDP	0. 423 ***	0. 120 ***	0. 432 ***	0. 239 ***
	(0. 142)	(0. 013)	(0. 020)	(0. 023)
Infor	0. 271	− 0. 409 **	− 1. 362 ***	0. 680 **
	(1. 923)	(0. 164)	(0. 245)	(0. 283)
Unpro	− 0. 642 **	− 0. 115 ***	− 0. 248 ***	− 0. 251 ***
	(0. 279)	(0. 024)	(0. 035)	(0. 041)
Indus	− 0. 013	0. 000	0. 004 ***	0. 004 ***
	(0. 008)	(0. 001)	(0. 001)	(0. 001)
TC	0. 171 **	0. 046 ***	0. 064 ***	0. 034 ***
	(0. 075)	(0. 006)	(0. 010)	(0. 011)
FDI	1. 321 ***	0. 238 ***	0. 475 ***	0. 754 ***
	(0. 158)	(0. 013)	(0. 020)	(0. 023)
Cons	− 3. 743 ***	− 1. 173 ***	− 4. 080 ***	− 2. 499 ***
	(1. 025)	(0. 103)	(0. 154)	(0. 178)
N	0. 180	0. 527	0. 615	0. 481
R^2	4 624	4 624	4 624	4 624

注：（1）括号内为稳健标准误；（2）＊、＊＊和＊＊＊分别表示10%、5%及1%的显著性水平；（3）本表为双向固定效应模型回归估计结果；（4）本书控制了个体和固定效应。

（二）处理内生性问题

在考察资源相对错配对区域技术创新的影响时，一个不容忽视的问题是地区的技术创新水平可能是影响资本和劳动力空间流动的一个重要因素。也就是说，区域技术创新和资源相对错配之间可能存在反向因果关系。因此，为了缓解内生性问题造成的估计偏误，本书选择工具变量两阶段最小二乘法（IV-2SLS）进行稳健性检验。为资源错配找一个完美的工具变量极具挑战性（毛其淋，2013），本书借鉴莱贝尔（Lewbel，2013）的思想构建了反映资本和劳动力相对错配的工具变量，具体公式为：$Remis\_ iv = (Remis_{it} - \overline{Remis}_t)^3$，$\overline{Remis}_t$ 表示 t 时期各地区资源相对错配的均值。

表 7 – 4 中第 （1）～（2）列为工具变量两阶段最小二乘法（IV-2SLS）的估计结果。本书采用多种检验方法来判断工具变量是否有效，以保证估计结果的准确性：第一，斯托克和與語基裕（Stock and Yogo.，2002）的最小特征值统计量远大于其对应 10% 水平上的临界值（133.94 > 16.38），且 Anderson-Rubin Wald 统计量在 1% 的显著性水平上拒绝内生回归系数之和等于零的假设，充分说明工具变量和内生变量之间强相关；第二，Kleibergen-Paap rk LM 检验强烈拒绝工具变量识别不足的原假设，Kleibergen-Paap Wald rk F 统计量 48.25 大于 Stock-Yogo 检验 10% 水平上的临界值 16.38，进一步拒绝了"工具变量是弱识别"的原假设。上述检验充分验证了工具变量的有效性，说明采用 2SLS 的估计结果是可信的。结果显示，资源相对错配的估计系数显著为负，其他控制变量的系数符号和显著性均未发生变化，说明在纠正了内生性问题之后，资源相对错配抑制区域技术创新的结论十分稳健。基于工具变量两阶段最小二乘法的抑制效应高于基准模型估计结果（| – 0.337 | > | – 0.071 |），由此说明区域技术创新和资源相对错配的双向因果关系的确会导致基准模型估计结果被低估。

表 7 – 4　　　　资源相对错配影响区域技术创新的稳健性检验：
工具变量法、样本清理、时滞

变量	IV-2SLS		剔除异常样本点		时滞效应
	第一阶段	第二阶段	缩尾	删除特殊城市	滞后一期
	Remis	*Inno*	*Inno*	*Inno*	*Inno*
	（1）	（2）	（3）	（4）	（5）
Remis_ iv	0.157 ***				
	（0.022）				
Remis		– 0.337 ***	– 0.084 ***	– 0.102 ***	
		（0.111）	（0.014）	（0.015）	
LRemis					– 0.083 ***
					（0.014）
RD	– 0.023	0.483 ***	0.694 ***	0.841 ***	0.738 ***
	（0.035）	（0.113）	（0.063）	（0.070）	（0.064）
ln*resea*	0.014 ***	0.075 ***	0.074 ***	0.078 ***	0.072 ***
	（0.009）	（0.009）	（0.007）	（0.007）	（0.007）
ln*PGDP*	0.520 ***	1.479 ***	1.215 ***	1.241 ***	1.134 ***
	（0.037）	（0.074）	（0.037）	（0.037）	（0.032）
Infor	0.006	0.112 **	0.150 ***	0.152 ***	0.130 ***
	（0.010）	（0.053）	（0.044）	（0.044）	（0.043）

变量	IV-2SLS		剔除异常样本点		时滞效应
	第一阶段	第二阶段	缩尾	删除特殊城市	滞后一期
	Remis	Inno	Inno	Inno	Inno
	（1）	（2）	（3）	（4）	（5）
Unpro	0.355***	-0.604***	-0.614***	-0.599***	-0.589***
	(0.087)	(0.088)	(0.063)	(0.064)	(0.064)
Indus	-0.010***	0.017***	0.021***	0.020***	0.021***
	(0.002)	(0.002)	(0.002)	(0.002)	(0.002)
TC	0.026	0.105*	0.071	-0.018	0.056
	(0.022)	(0.063)	(0.057)	(0.060)	(0.057)
FDI	0.024***	0.024**	0.801***	0.900***	0.829***
	(0.006)	(0.010)	(0.042)	(0.048)	(0.043)
Cons	-3.307***	-15.586***	-14.230***	-14.459***	-13.413***
	(0.268)	(0.478)	(0.282)	(0.290)	(0.233)
D-W-H 内生性检验		5.667**			
最小特征值统计量		133.94 {16.38}			
Kleibergen-Paap rk LM		131.05***			
Kleibergen-Paap Wald rk F 统计量		48.25 {16.38}			
Anderson-Rubin Wald		8.55***			
N	4 624	4 624	4 624	4 480	4 608
R^2		0.783	0.720	0.690	0.709

注：（1）括号内为稳健标准误；（2） *、**和***分别表示10%、5%及1%的显著性水平；（3）最小特征值统计量中的 {} 内数值为 Wald 检验10%水平上的临界值，Kleibergen-Paap Wald rk F 统计量中 {} 内数值为 Stock-Yogo 检验10%水平上的临界值；（4）控制时间和个体效应。

（三）剔除异常样本点

考虑到异常值会影响回归结果，本书对所有变量进行1%的双边缩尾处理，以在最大限度保存数据信息完整的同时消除离群值造成的估计结果偏误。此外，本书剔除四个直辖市（北京、天津、上海、重庆）和五个计划单列市（大连、青岛、宁波、厦门、深圳）。剔除特殊城市及缩尾处理后的估计结果见表7-4第（3）~（4）列。资源相对错配及各控制变量的估计系数符号和显著性与基准回归结果完全一致，表明资源相对错配阻碍区域技术创新，结果十分稳健。

（四）考虑时滞效应

技术创新是周期较长的经济活动，那么，资源的相对错配对区域技术创新的影响可能存在一定的时滞，所以本书把基准回归模型中的资源相对错配变量替换成一阶滞后项（*LRemis*），考察资源相对错配对区域技术创新的影响。由表7-4第（5）列的估计结果可知，资源相对错配一阶滞后项的回归系数为-0.083，且通过了1%的显著性水平检验。除道路交通外，其他控制变量回归系数的显著性和符号均未发生变化，表明资源相对错配对区域技术创新具有显著的抑制作用。

四、异质性分析结果

前面主要分析了资源相对错配对区域技术创新的平均效应。但是，中国各地区资本和劳动力的相对错配情况（程度和方向）存在明显差异。那么，资源相对错配与区域技术创新的关系是否会因城市特征而存在异质性？本小节试图从资源相对错配方向和城市特征两个主要方面进行更深入的探讨。需要说明的是，本小节采用似无相关模型的SUR检验（SUEST）进行分组回归，这一方法的优点在于放松了各控制变量系数在不同组别不存在差异以及不同组别的干扰项同分布这两个强假设，异质性分析更加准确。

（一）资源相对错配方向的异质性：资本相对劳动力配置不足与资本相对劳动力配置过度

从理论上看，资源相对错配存在资本相对劳动力配置不足、资本相对劳动力配置过度两种情形。从中国实际情况来看，各地区资源错配方向存在明显差异：资本相对于劳动配置过剩主要集中在东部沿海地区，而西部地区多为资本相对劳动力配置不足。因此，本书就资本相对劳动力配置过度和资本相对劳动力配置不足对区域技术创新的影响进行比较分析。

表7-5中的第（1）~（2）列分别对应这两种情形的分组检验结果，SUEST检验通过了显著性检验（P值为0.086），表明可直接进行回归系数的比较。结果显示：资本相对劳动力配置过度情形下的资源相对错配的回归系数为-0.102，资本相对劳动力配置不足情形下的资源相对错配的回归系数为-0.188，说明资

本相对劳动配置不足对区域技术创新的抑制作用更加突出。导致这一差异的主要原因是资本相对劳动配置不足主要是中西部地区，这些地区资本配置不足造成劳动对资本的替代，而劳动对资本的过度替代容易导致地区的产业结构固化为以附加值较低的劳动密集型产业为主，不利于生产"自动化"和"智能化"，从而抑制区域技术创新。

表7-5 考虑资本空间错配方向、城市区位、是否为创新试点城市的异质性结果

变量	资源相对错配方向		城市区位			是否为创新型城市	
	资本相对过度 (1)	资本相对不足 (2)	东部 (3)	中部 (4)	西部 (5)	试点 (6)	非试点 (7)
Remis	-0.102 *** (0.015)	-0.188 *** (0.063)	-0.021 (0.014)	-0.146 *** (0.038)	-0.157 *** (0.019)	-0.067 *** (0.020)	-0.108 *** (0.017)
RD	0.176 *** (0.037)	0.075 *** (0.028)	0.093 *** (0.034)	0.290 *** (0.036)	0.042 ** (0.017)	0.078 *** (0.024)	0.143 *** (0.036)
ln*resea*	0.278 *** (0.019)	0.130 *** (0.020)	0.032 (0.021)	0.248 *** (0.018)	0.312 *** (0.026)	0.076 *** (0.029)	0.254 *** (0.019)
ln*PGDP*	0.884 *** (0.060)	1.103 *** (0.056)	0.846 *** (0.054)	0.885 *** (0.043)	0.827 *** (0.053)	0.848 *** (0.073)	1.047 *** (0.035)
Infor	0.072 *** (0.021)	0.039 ** (0.015)	0.056 *** (0.019)	0.047 *** (0.016)	0.056 *** (0.021)	0.031 (0.021)	0.048 *** (0.014)
Unpro	-0.172 *** (0.023)	-0.050 *** (0.016)	-0.228 *** (0.044)	-0.021 (0.018)	-0.028 (0.021)	-0.156 *** (0.028)	-0.089 *** (0.015)
Indus	0.420 *** (0.039)	0.108 *** (0.023)	0.532 *** (0.043)	0.008 (0.020)	0.326 *** (0.035)	0.347 *** (0.055)	0.179 *** (0.021)
TC	0.065 ** (0.032)	0.026 ** (0.012)	0.113 *** (0.027)	0.337 *** (0.121)	0.035 *** (0.008)	0.085 *** (0.019)	0.033 *** (0.013)
FDI	0.244 *** (0.017)	0.309 *** (0.047)	0.173 *** (0.019)	0.348 *** (0.045)	0.042 (0.066)	0.236 *** (0.026)	0.328 *** (0.029)
Cons	0.025 (0.065)	0.194 ** (0.087)	-0.034 (0.072)	0.191 *** (0.065)	-0.015 (0.094)	0.065 (0.086)	0.320 *** (0.056)
SUEST 检验值	0.086		0.000			0.022	
year	yes	yes	yes	yes	yes	yes	yes
city	yes	yes	yes	yes	yes	yes	yes
N	1 965	2 659	1 616	1 600	1 408	752	3 872
R^2	0.788	0.781	0.848	0.852	0.768	0.873	0.781

注：(1) 括号内为稳健标准误；(2) *、**和***分别表示10%、5%及1%的显著性水平。

（二）城市特征的异质性

（1）城市区位异质性。由中国资源相对错配的特征事实可知，东、中、西部地区的资源相对错配程度和错配方向均存在明显差异。从错配程度来说，资源相对错配程度由高到低依次为东部＞西部＞中部；从错配方向来说，东部地区资本相对于劳动力配置过度，中西部地区从资本相对于劳动力配置不足转向配置过度。东部地区的技术创新水平明显高于中西部地区，这种差异是否由资源相对错配的地区差异造成？本小节将对该问题进行探讨。

表 7 – 5 中的第（3）~（5）列分别给出了东、中、西部地区的分样本估计结果[①]。从不同地区的回归结果可以看出，资源相对错配对区域技术创新的影响存在明显的区域差异。对于中西部地区，资源相对错配程度均与区域技术创新存在显著的负向关系，但在西部地区的抑制效应明显强于中部地区，而在东部地区子样本中资源相对错配的回归系数虽然为负，但未通过显著性检验。这可以从两个方面进行解释：一方面，中西部地区大多资本相对劳动力配置不足，而这种资源相对错配情形对区域技术创新有更强的抑制作用，这在资源相对错配方向的异质性中已得到验证；另一方面，中西部地区资本的相对不足，从微观企业方面来说会影响企业要素投入组合和技术创新模式，从宏观方面来说其会影响地区的产业结构，还有可能影响当地政府的财政支出偏向和创新倾向，最终负向作用于地区的技术创新。

（2）是否为创新型城市。从既有文献来看，创新型城市试点政策对城市创新水平有显著的提升作用（李政和杨思莹，2019）。那么，资源相对错配对区域技术创新影响是否会在试点和非试点城市之间表现出差异性？基于此，本书根据样本城市是否在 2008 ~ 2016 年期间被认定为创新型城市，对试点城市和非试点城市进行比较分析。

表 7 – 5 第（6）~（7）报告了资源相对错配对试点和非试点城市区域技术创新的影响。结果显示，资源相对错配的系数在试点和非试点城市的估计方程中均显著为负，相比较而言，其系数绝对值在非试点城市样本中更大（｜ – 0.108 ｜＞ ｜ – 0.067 ｜），估计系数差异的 SUEST 检验通过了显著性检验（P 值为 0.022）。这表明资源相对错配对非试点城市技术创新的阻碍作用要明显强于试点城市，这

---

① 东部地区包括北京、天津、河北、辽宁、上海、江苏、浙江、福建、山东、广东、海南，共计 11 个省（直辖市）；中部地区（8 省）包括山西、吉林、黑龙江、安徽、江西、河南、湖北和湖南，共计 8 个省份；西部地区包括四川、重庆、贵州、云南、西藏、陕西、甘肃、青海、宁夏、新疆、广西、内蒙古，共计 12 个省（直辖市）。

可能是因为被认定为国家创新试点的城市具有更优越的创新基础条件和经济社会发展水平，而且能得到更大力度的政策支持，能够更好地推动区域技术创新建设，资源相对错配对这些城市影响相对较小。

五、作用机制检验

由前面理论分析得到，当地区的资本和劳动力资源的不对称错配造成生产过程中资本—劳动力比例偏离最优状态时，其会通过技术进步偏向性影响区域技术创新。因此，本部分将借鉴巴伦和肯尼（Baron and Kenny，1986）、温忠麟和叶宝娟（2014）的中介效应模型来识别资源相对错配是否会通过技术进步偏向性这一机制间接作用于区域技术创新。具体识别步骤有三步：第一步是区域技术创新对核心解释变量资源相对错配回归，若资源相对错配有显著的影响效应则进行下一个步骤的回归；第二步是中介变量技术进步偏向性对资源相对错配回归，资源相对错配也通过显著性检验；第三步是区域技术创新同时对中介变量技术进步偏向性和核心解释变量资源相对错配回归，如果中介变量技术进步偏向性达到显著性水平，核心解释变量资源相对错配回归系数的绝对值显著下降，则技术进步偏向性起到部分中介作用。依据阿西莫格鲁（Acemoglu，2002）对技术进步偏向性的定义，本书借鉴潘文卿等（2017）的方法估算出 289 个地级市 2001～2016 年的技术进步偏向性，记为 $Biase$。若 $Biase > 0$，表明技术进步偏向于资本；若 $Biase < 0$，表明技术进步偏向于劳动力。有两点需要补充说明：一是囿于数据的可得性，无法计算地级市层面的要素替代弹性，所以同潘文卿等（2017）的做法一样，用地级市所在省份的要素替代弹性代替；二是采用最小二乘虚拟变量法（LSDV）估计各地区要素份额，第四章已详细介绍具体估计步骤，此处不再赘述。

表 7-6 报告了资源相对错配通过技术进步偏向性这一作用机制对区域技术创新的影响。模型（1）为区域技术创新对资源相对错配的回归结果，资源相对错配的回归系数显著为负。模型（2）是中介变量技术进步偏向性对资源相对错配的回归结果，结果显示，资源相对错配的回归系数在 1% 的水平上显著为正，说明资本相对劳动力越过剩越容易导致技术进步偏向资本，这与易信和刘凤良（2013）的研究结论一致。前面估算发现，2001～2016 年中国大部分地区技术进步偏向资本，进一步论证了资源相对错配与技术进步资本偏向程度之间的正

向关系。回归模型（3）是区域技术创新同时对中介变量技术进步偏向性和核心解释变量资源相对错配的回归结果。结果显示，技术进步偏向性的估计系数为 −0.211，且通过了1%的显著性水平检验，说明中国大多数城市技术进步偏向资本却偏离具有比较优势的劳动力资源，即选择非适宜技术（潘文卿等，2017）。资源相对错配的估计系数依旧显著为负，但其绝对值相较于基准回归结果有所下降，从0.083降至0.072，这说明技术进步偏向性是资源相对错配抑制区域技术创新的重要机制，在资源相对错配阻碍区域技术创新的总效应中，有18.22%是通过这一机制起作用的。

表7−6　　资源相对错配影响区域技术创新的机制检验：技术进步偏向性

变量	基准回归 *Inno* （1）	技术进步偏向性 *Biase* （2）	区域技术创新 *Inno* （3）
Remis	−0.083 *** (0.016)	0.076 *** (0.027)	−0.072 *** (0.016)
RD	0.570 *** (0.047)	0.103 (0.083)	0.531 *** (0.047)
ln*resea*	0.080 *** (0.007)	0.004 (0.012)	0.081 *** (0.007)
ln*PGDP*	1.402 *** (0.033)	0.105 (0.065)	1.352 *** (0.023)
Infor	0.123 ** (0.046)	−0.633 (0.812)	0.819 * (0.465)
Unpro	−0.764 *** (0.067)	−0.501 *** (0.117)	−0.558 *** (0.066)
Indus	0.018 *** (0.002)	0.004 (0.004)	0.019 *** (0.002)
TC	0.091 *** (0.018)	0.024 *** (0.032)	0.091 *** (0.019)
FDI	0.012 *** (0.004)	−0.015 ** (0.007)	0.018 *** (0.004)
Biase			−0.211 *** (0.079)
Cons	−15.712 *** (0.234)	0.301 *** (0.032)	−15.246 *** (0.172)
Sobel 检验		$Z = -1.927$ *	
中介效应占比		18.22%	部分中介
N	4624	4624	4624
R^2	0.688	0.267	0.775

注：（1）括号内为稳健标准误；（2）＊、＊＊和＊＊＊分别表示10%、5%及1%的显著性水平；（3）各回归模型均控制了时间和个体固定效应。

第三节　资源相对错配造成的区域技术创新损失：反事实分析

依据前面理论分析和实证检验，资源相对错配对区域技术创新具有抑制效应。那么，资源相对错配给我国整体和各地区的技术创新造成了多大的损失？本部分采取反事实分析法对这一问题予以回答。

一、估计方法

自福格尔（Fogel，1962）于 1962 年首次采用反事实分析的方法分析铁路对美国经济的影响以来，该方法被广泛应用于历史事件或制度的效果分析。林伯强和杜克锐（2013）、白俊红和卞元超（2016）先后将此方法引入要素市场扭曲的能源损失和创新效率损失中。本书同样采用反事实分析法来估算资源相对错配的创新损失。估算步骤有三步：首先，以资源相对错配影响区域技术创新的基准回归结果（表 7 - 2 中的回归模型（3））作为基准，得到各影响因素的估计系数；其次，假定不存在资源相对错配，即资本—劳动力比例为最优状态，估算出反事实的区域技术创新值；最后，用反事实估算得到的区域技术创新减去实际区域技术创新即可得到资源相对错配的区域技术创新损失。

二、估计结果

根据上述反事实分析方法，测算出资源相对错配在不同年份造成的创新损失。如图 7 - 2 所示，资源相对错配程度与由此导致的区域技术创新损失的走势完全一致——同步下降，创新损失从 2001 年的 0.06 下降到 2016 年的 0.05。进一步测算发现，如果能够消除资源相对错配，使资本和劳动力的配置比例处于最优比例，中国整体的技术创新水平将会提高 5.67%。

图 7 - 3 展示了不同区域因资源相对错配造成的创新缺口及时间趋势。从图 7 - 3 可以归纳出：第一，相比较而言，区域技术创新损失由大到小依次为东、西、中部地区，这与资本空间错配的情况一致。具体来说，如果能够消除资源相对错配，东、中、西部地区平均的技术创新水平将会比现有水平分别高出 7.46%、3.66%、5.87%，这是由各地区的资源相对错配的程度差异所决

定的。第二，各地区的创新损失走势存在明显差异，东部地区的创新缺口与全国整体层面一致逐年缩小，但中西部地区的创新缺口呈现先小幅上升后下降的波动趋势。随着时间推移，各地区资本错配造成的区域技术创新损失的差异在逐渐缩小。

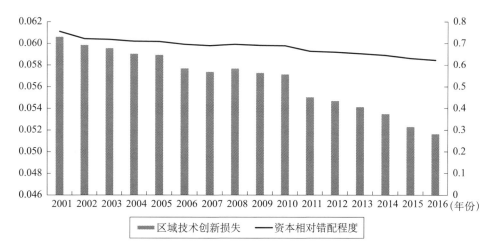

图 7 - 2　资本空间错配造成的区域技术创新损失

资料来源：作者绘制。

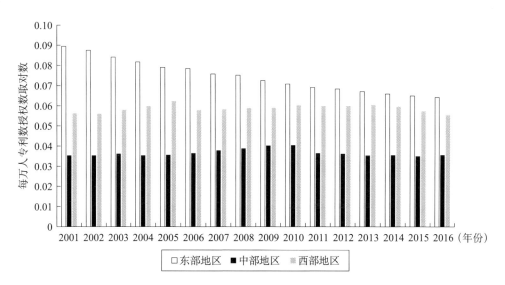

图 7 - 3　不同区域资本空间错配造成的区域技术创新损失

资料来源：作者绘制。

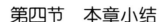

第四节　本章小结

地区的资源禀赋结构是影响区域技术创新的重要因素。某一地区资本和劳动力的不对称错配（错配程度或方向不同）使地区面临不同的资源禀赋结构，造成生产过程中资本—劳动力比例偏离最优状态，进而影响区域技术创新。基于此，本章将研究视角扩展到资本和劳动力的相对错配，在技术进步偏向的视角下考察资源相对错配通过技术进步偏向性这一机制对区域技术创新的影响。首先利用双向固定效应模型检验资源相对错配与区域技术创新的关系；然后利用中介效应模型识别技术进步偏向性这一传导机制的中介作用；最后用反事实分析估算资源相对错配造成的区域技术创新损失。主要研究结论如下。

（1）整体来看，中国资源相对错配程度在逐渐减弱。但是不同地区的资源相对错配程度和方向均存在明显差异。从错配程度来看，东部地区资源相对错配最严重，其次是西部地区，中部地区最低；从错配方向来看，东部地区资本相对于劳动力配置过度，中部、西部地区分别以 2014 年和 2011 年为分界点，从资本相对劳动力配置不足转向资本相对劳动力配置过度。

（2）资源相对错配对区域技术创新产生抑制作用，资本—劳动力配置比例越偏离最优状态越不利于区域技术创新提升。在替换关键变量测量指标、纠正模型的内生性、剔除异常样本点以及考虑时滞效应之后，这一基本结论仍稳健。而且在资本相对劳动力不足的城市、西部地区、非试点城市，资源相对错配的抑制作用更加突出。

（3）技术进步偏向性是资源相对错配影响区域技术创新的重要渠道。在资源相对错配阻碍区域技术创新的总效应中，这一机制的解释力度达到 18.22%。

（4）资源相对错配导致区域技术创新损失逐年下降。若能够消除资源相对错配，中国整体的技术创新水平将提高 5.67%。分区域来看，技术创新损失由大到小依次为东、西、中部地区。各地区的创新损失走势存在明显差异，东部地区的创新缺口逐年下降，但中西部地区的创新缺口呈现先小幅上升后下降的趋势。

第八章　研究结论与政策建议

第一节　主要研究结论

处于转变经济发展方式关键时期的中国经济正面临两个突出的现实问题：资源空间错配与技术创新不足。根据研发内生经济增长理论和资源基础理论，资源配置在区域技术创新中发挥着至关重要的作用。基于以上现实背景与理论动机，本书从理论和经验两个维度探究中国资源空间错配与区域技术创新的关系，主要包括劳动力空间错配、资本空间错配的现状和影响因素及其对区域技术创新的影响效应、作用机制、损失缺口。首先，从理论层面论证资源空间错配对区域技术创新的影响，以及劳动力和资本这两种资源空间错配影响区域技术创新的作用机制；其次，剖析中国资源空间错配的特征事实，并在政府干预视角下识别了政府在要素市场上的典型制度对资源空间错配的影响，而且同时从政府干预和市场摩擦两方面进行了资源空间错配的影响因素分析；再次，实证检验了资源（劳动力、资本、资本—劳动力相对）空间错配对区域技术创新的影响及其异质性特征，在此基础上对资源空间错配影响区域技术创新的主要传导机制进行甄别与比较；最后，利用反事实分析法估算出资源空间错配造成的区域技术创新损失。

本书主要研究结论如下。

第一，理论分析表明，不论是资本空间错配还是劳动力空间错配，随着资源错配程度的加剧，创新成本会增加，创新收益生产率会降低，进而抑制区域技术创新。而且，创新投入结构会受到两种资源相对错配程度以及创新效率的影响。具体来说，本书借鉴谢长泰和克列诺（Hsieh and Klenow，2009）的生产率错配模型，在理论模型中同时引入资本和劳动力错配并放松产品市场存在错配的假定，构建了资源空间错配影响区域技术创新的理论分析框架，分别解析出劳动力和资本的空间错配对区域技术创新的影响。

理论分析还表明，当存在劳动力空间错配时，劳动力收益向下扭曲，制约需求规模的扩大和需求结构的升级，阻碍人力资本的深化，最终会通过"扭曲收益效应""需求抑制效应""人力资本效应"三条路径阻碍区域技术创新。当存在资本空间错配时，不仅会诱发企业通过寻租等"非市场化行为"谋求政治关联，破坏当地的创新制度环境，而且还会影响企业的财政支出偏向，抑制创新偏好。此外，资本空间错配容易造成低端技术锁定，进而主要通过"创新制度环境""政府创新偏好""低端技术锁定"这三条传导路径抑制区域技术创新。

第二，中国资源空间错配的特征事实分析表明：一是从错配程度来看，中国劳动力空间错配程度总体上呈下降态势，说明劳动力空间错配问题得到有效缓解。劳动力空间错配程度由高到低依次为西南、西北、中部、环渤海、东南和东北地区，呈现出"西部最严重，中部居中，东部最低"的区域特征；中国资本空间错配程度逐步攀升，呈现出"西部最严重，东部居中，中部最低"的区域分异特征。二是从错配方向来看，相对于最优配置状态，东部地区劳动力配置不足但资本配置过度，而中西部地区劳动力配置过剩但资本配置不足，区域内资本流动存在"卢卡斯悖论"现象。

此外，本书还从政府干预和市场摩擦两个方面对资源空间错配进行了影响因素分析。结果发现：政府干预未必会加剧资源空间错配，要依地区资源配置现状而定。对于劳动力资源本身配置不足的地区，降低户籍准入门槛或提升最低工资标准，有利于缓解该地区劳动力空间错配；对于劳动力配置过度的地区，采取同样的干预政策则会加剧劳动力错配。同样地，政府对资本不足地区采取资本偏袒政策，能够缓解资本空间错配，但如果资本偏袒政策向资本充裕地区倾斜，则会加剧资本空间错配。要素市场发育不完善也是资源空间错配的重要原因，金融发展、市场化进程、城镇化、高等教育水平、医疗资源均对劳动力空间错配有改善效应，而对外开放和房价则产生加剧效应。对于资本空间错配而言，金融发展、经济集聚、经济发展有助于缓解资本空间错配，而政府干预、城镇化、房价、地区竞争会加剧资本空间错配。

第三，劳动力空间错配对区域技术创新影响的实证分析结果表明：一是劳动力空间错配对区域技术创新有抑制效应，这一结果在替换关键变量测量指标、纠正模型的内生性问题、剔除异常样本点以及考虑时滞效应之后仍十分稳健。而且，在劳动力配置过剩、中西部地区、非创新试点城市，以及行政级别越低、劳动力市场化程度越低的地区，劳动力空间错配对区域技术创新的抑制作用越突出。但随着区域技术创新水平的提升，劳动力空间错配对区域技术创新的边际抑制作用逐渐减弱。二是机制检验发现，扭曲收益效应、需求抑制效应以及人力资本效应是劳动力空间错配影响区域技术创新的重要渠道，其中，需求抑制效应起主导作用。三是反事实分析结果表明，劳动力空间错配的缓解使区域技术创新损失逐年下降，如果能够消除劳动力空间错配，2001~2016 年，中国平均的技术创新水平将会提高 10.95%，即平均每万人获得的专利授权数量增加 1.12 件。分区域来看，西部地区的技术创新遭受的损失最大，中部地区居中，东部地区损失最小，损失缺口分别为 17.54%、9.5% 和 6.65%。

第四，资本空间错配对区域技术创新影响的实证分析结果表明：一是资本空间错配也对区域技术创新起阻碍作用。从替换关键变量测量指标、纠正模型的内生性、剔除异常样本点、考虑时滞效应四个方面进行稳健性检验，依然支持资本空间错配阻碍区域技术创新这一基本结论。异质性分析发现，在资本配置过剩、行政级别越低、金融发展水平越低、国有化程度越高、非创新试点、中西部地区城市以及危机后期样本，资本空间错配对区域技术创新的抑制作用越明显。但是，随着区域技术创新水平的提升，资本空间错配对区域技术创新的边际抑制作用逐渐弱化。二是中介效应模型验证了"创新制度环境""政府创新偏好""低端技术锁定"这三条作用机制在资本空间错配影响区域创新过程中所起的部分中介作用，进一步分解发现政府创新偏好起主导作用。三是经过反事实分析，资本空间错配的加剧导致我国区域技术创新损失缺口逐年变大。若消除资本空间错配，2001~2016 年中国平均的技术创新水平会提高 32.35%，即每万人获得的专利授权数量将增加 1.38 件。区域技术创新损失由大到小依次为东部、西部和中部地区，损失缺口分别为 35.39%、31.48%、30.04%。而且，资本空间错配造成的区域技术创新损失大于劳动力空间错配造成的损失。

第五，资源相对错配对区域技术创新的影响研究发现：一是从整体来看，中国资源相对错配程度在逐渐减弱，但是不同地区存在明显差异：从错配程度来看，东部地区资源相对错配最严重，其次是西部地区，中部地区的偏离程度最低；从错配方向来看，东部地区资本相对于劳动力配置过度，中部、西部地区分别以 2014 年和 2011 年为分界点，从资本相对劳动力配置不足转向资本相对劳动力配置过度。二是资本和劳动力的不对称错配（错配程度或方向不同）会造成生产过程中资本—劳动力比例偏离最优状态，进而抑制区域技术创新。而且，在资本相对劳动力配置不足的城市、西部地区、非试点城市，资源相对错配的抑制作用更突出。资源相对错配主要通过技术进步偏向性阻碍区域技术创新。三是反事实分析表明，若能够消除资源相对错配，2001～2016 年中国整体的技术创新将提高 5.67%。

综合上述主要发现，本书得出重要结论如下：第一，中国的确存在十分严峻的资源空间错配问题，资本空间错配在持续恶化，劳动力空间错配虽然在不断缓解，但错配程度依然处于高位，甚至超过资本空间错配程度。第二，资源空间错配对区域技术创新产生了显著的抑制效应，给中国区域技术创新造成了严重损失。在总投入不变的情况下，若消除资本和劳动力空间错配，2001～2016 年中国整体的技术创新水平将有较大幅度的提升。第三，中国资源空间错配对于区域技术创新抑制作用存在明显的异质性，而且作用机制较为多元化。第四，在经济高质量发展的新的战略起点，着力于缓解资源空间错配的供给侧结构性改革可以激发区域技术创新潜力，实现区域高质量发展的新时代目标。

第二节　政策建议

本书在资源空间流动失衡、创新不足的现实背景下，紧贴"促进各类要素合理流动和高效集聚，增强创新发展动力，加快构建高质量发展的动力系统"[①] 的政策内涵，对资源空间错配和区域技术创新二者的关系进行深入探讨，对于引导资源在地区之间合理流动、推进创新驱动发展战略，以及实现区域协调、高质量发展具有重要的政策启示意义。

一、因地制宜地调整政府在要素市场的干预政策

政府干预是中国要素市场上的一个突出特征，相当一部分研究认为，政府干预正是我国资源错配问题的症结所在，如所有制歧视、户籍制度、信贷歧视。本

---

① 资料来源：求是网，http://www.qstheory.cn/dukan/qs/2019 – 12/15/c_ 1125346157.htm。

书发现，政府在要素市场上的干预政策并不一定会导致资源空间错配，只有不当的干预政策才会如此。因此，政府要根据要素特性、地区市场化程度以及经济发展需要分类施策。

第一，依据地区的劳动力配置情况推进户籍制度改革。整体来看，户籍制度会加剧劳动力空间错配，所以要坚定不移地深化户籍制度改革。鉴于户籍制度的资源配置效应依情况而定，对于原本劳动力配置不足的地区，要放松该地区的户籍制度限制，提高其他地区的户籍准入门槛，促进劳动力从其他地区流向该地区，缓解劳动力空间错配；而对于原本劳动力配置过度的地区，可适度提高该地区的户籍准入门槛。由于东部沿海地区的劳动力相对于最优配置量过剩，而西部地区则配置不足，所以政府可全面取消西部地区的落户限制，而在劳动力配置过剩地区（超大城市）要调整落户条件，适度控制人口规模。总而言之，要根据地区实际情况调整户籍准入门槛，合理有序地引导劳动力资源在区域间再配置，尤其是易受制度壁垒影响的群体，支持农民工本地就业。

第二，强化地区间最低工资标准的平衡性，适度提高劳动力不足地区的最低工资标准。对于劳动力配置不足的地区，提高该地区最低工资标准能够提高该地区劳动者的间接效用，有利于缓解劳动力错配；而对于那些原本劳动力配置过度的地区，最低工资标准的提升，会进一步增强该地区的吸引力，使劳动力配置过度情况更加严重。因此，在调整最低工资标准时，要兼顾当地与其他地区的劳动力配置情况，提高各地区最低工资标准的平衡性与协调性。而且，实际收入差距是劳动力流动的最重要因素，尤其是对于最低工资标准更敏感的低技能劳动者来说，因此最低工资标准的提升要与地区的物价水平和劳动生产率密切挂钩。

第三，实施区位导向性政策要从全局出发，考虑政策的整体与长远效应。以开发区政策为例，这一政策的出发点是为了发挥集聚效应和示范效应，带动经济发展。但是在 2003 年之后，其逐渐演变为一种平衡区域发展的手段，在全国遍地开花。这种平衡式的开发区政策牺牲了"效率"换取了地区发展的"平衡"，使更多资源流向低效率地区，扭曲了资源配置效率。我国的实际情况是，单位面积产值更高的经济先发地区（东部沿海地区）劳动力配置不足但资本配置过度，单位面积产值更低的经济后发地区（中西部地区）劳动力配置过剩但资本配置不足。所以，政府应有全局观念，资本偏袒政策应更多地偏向中西部地区，通过专项拨款、银行贷款、税收优惠、政府补贴等方式，引导资本流入，按照市场化原则加大对帮扶项目的金融支持。这样在优化资本空间配置的同时，还能实现经济高效率增长。

二、多管齐下地完善要素市场体系，优化资源空间配置

影响资源空间配置效率的因素有很多。本书发现，金融发展、市场化进程、城镇化、高等教育水平、医疗资源、对外开放程度、房价、经济集聚对劳动力和资本空间配置发挥不尽相同的作用。所以，要多管齐下地完善要素市场体系，才能实现资源的空间增长与流动，提高资源配置效率。重点从以下方面着手。

第一，深化金融体系改革，尤其是加快供给侧结构性改革。本书发现，金融发展在缓解劳动力和资本空间错配中发挥着至关重要的作用。首先，建立金融价格形成机制，让利率能够真实地反映资本的多寡，使金融机构和资金需求者根据供求关系决定资金流向。其次，降低金融业进入门槛，形成服务目标多层次的竞争体系，以期减弱银行信贷随政府导向而为，充分发挥非银行金融机构在资本市场上的资金供给作用。再次，消除资本市场上的"信贷歧视"，调整信贷结构，提高非国有企业和小规模企业的贷款比例。最后，在法治轨道上推动市场经济制度建立。在现代化进程中发展市场经济，需要产权制度、交易制度、竞争制度、信用制度等一系列制度作为支撑。具体来讲，在资本市场的制度建设中要完善退市制度、注册制、投资者保护制度、信息披露制度、违规案件严厉惩戒制度等许多制度。

第二，增加公共服务供给，推动公共资源按常住人口规模配置，缩小地区间人均公共资源差距。本书发现，高等教育水平和医疗资源均能改善劳动力空间错配。从我国的实际情况来看，高技能劳动力跨区域流动的一个重要动机就是为了获得更好的教育和医疗资源。因此，增加地区的公共服务供给，建立城镇教育、医疗卫生等基本公共服务与常住人口数量挂钩机制，推动公共资源按常住人口规模配置，缩小地区间的人均公共资源差距是推动劳动力在地区间充分合理流动的一个可行之举。需要注意的是，当前房价已成为劳动力在地区间流动的一个重要因素，比如，北上广过高的房价可能会将一部分人"赶出"，导致劳动者不能"人尽其才"。所以，要根据地区情况调控住房价格，将房价收入比控制在合理

范围内。

第三，加快经济发展，发挥经济集聚对资源配置的改善效应。任何经济体都存在不同程度的资源空间错配，但是随着经济发展水平的提高，要素市场体系会逐渐完善，资源配置也会逐步优化。与此同时，经济集聚会引导资源从效率较低的地区或部门配置到效率更高的地区或部门，所以要为经济集聚创造条件，提高资源配置效率。

三、充分重视资源配置在技术创新中的作用

根据资源基础理论，人力和财力是创新的重要条件。本书发现，不论是劳动力空间错配还是资本空间错配，抑或是两者的相对错配，均对区域技术创新产生了显著的抑制效应。所以，政府在推进创新发展战略时，要充分考虑资源配置对技术创新的影响，化优化资源配置是充分发挥各地区创新潜力的重要前提条件。首当其冲的是要认清资本空间错配还在持续恶化的现实，结合信贷政策、投资政策和税收优惠政策重点解决这一问题，为区域技术创新提供充足的资金支持。对于劳动力市场，在深化户籍制度改革的同时，还要优化教育和医疗等公共资源配置、完善就业政策体系，使"人能尽其才"，进而为技术创新提供人力支持。在此基础上，资源配置影响区域技术创新的传导机制所发挥的作用也不容忽视。

第一，提升劳动收入份额，从需求端促进区域技术创新。"链接模型"强调了需求在创新中的作用，市场需求不仅会激励创新，而且还会降低创新失败的风险。本书发现，劳动力空间错配会使劳动力收益向下扭曲，从而制约需求规模的扩大和需求结构的升级，最终阻碍区域技术创新。所以，要多举措地提升劳动收入份额。一方面，完善劳动力市场，使工资水平与劳动生产率挂钩，发挥工资的价格信号功能，实现"劳有所得"；另一方面，完善收入再分配机制，以税收减免等形式提高中低等收入阶层的实际收入。

第二，转变政绩考核机制，优化财政支出结构。在我国，在"财政分权"以及政绩考核下的政府竞争制度下，地方政府在自利性偏好的驱动下，会更关注地方经济增长的即期效益，倾向于把财政资金投入到生产性部门，而不是科技支出等公共服务部门。简而言之，地区的资本配置情况会直接影响政府的财政支出偏向和创新偏好，进而影响区域技术创新。区域技术创新需要政府提供一定的财政支出作为

保障，所以，要转变"唯 GDP 论英雄"的考核机制，将地区的高质量发展作为新的考核目标，在地方财政支出结构中要增加与创新相关的支出比重，比如，科教支出。这样地方政府会更加重视创新发展，提升区域技术创新水平。

第三，遏制打击企业的政治寻租行为，完善知识产权保护制度。创新资源与制度环境是决定区域技术创新的最主要的两个方面。资源空间错配容易诱发企业通过寻租等"非市场化行为"谋求政治关联，这种非生产性的寻租活动不仅会挤出企业的研发投入，而且会破坏当地的创新制度环境，抑制区域技术创新。一方面，中央政府要弱化地方政府对土地、劳动力、资本、能源等关键要素的初始分配权和自由裁量权，这可以在一定程度上避免地方政府利用行政干预手段人为"创租"，而且要加大对寻租行为的遏制打击力度，限制违规企业在信贷市场上的资源获得性，营造公平竞争的创新环境。另一方面，知识产权保护是创新制度环境的重要方面。本书发现，知识产权保护越严格越有利于区域技术创新，所以进一步加大对知识侵权行为的惩处力度，规范专利保护制度，赋予创新企业更多的"专属效应"，激励企业进行技术创新。

第四，充分发挥研发投入、经济发展水平、信息化水平、产业结构、知识产权保护制度、道路交通及外商直接投资等因素的积极作用。本书发现，上述因素均与区域技术创新正相关，不仅为技术创新提供了充裕的资源基础与良好的制度环境，还有利于先进技术的共享与溢出，这对于区域技术创新至关重要。在促进经济发展的同时，加大通信设施建设力度，加快实现"5G"全覆盖，完善交通基础设施，提高对外开放水平，进一步加快产业结构优化升级，全面促进区域技术创新。

第三节　研究局限与研究展望

一、研究局限

第一，资源空间错配影响区域技术创新的理论模型中没有引入政府部门。本书的理论模型只涉及厂商与消费者，没有涉及政府部门。一方面，是为了模型的简化；另一方面，政府政策干预是影响资源空间配置效率的重要原因，本书单独构建了政府干预对资源空间错配的理论分析，为了避免内生性问题，所以在构建资源空间错配影响区域技术创新的理论模型时，是基于资源空间错配已经存在这一既定事实。

第二，本书在探讨劳动力空间错配时未考虑劳动者技能异质性。从中国的实际情况来看，不同技能的劳动力跨区域流动所面临的制度壁垒是存在明显差异的。现阶段各地区竞相颁布人才政策来进行抢人大战，考虑异质性劳动力的空间配置问题更加切合现实。目前已有少数文献用非常粗糙的指标探讨省级层面人力资本错配，由于本书研究劳动力在城市间的配置问题，囿于数据可得性，本书未能更细致地考察异质性劳动力的空间配置问题。

第三，通过理论分析和模型解析，本书对资源空间错配影响区域创新的传导路径有了比较完整的阐释和分析。但是囿于数据的限制，一些微观机制在验证时可能由于变量测度的准确性，造成结果的偏差，比如，"扭曲收益效应"和"低端锁定效应"。很难有指标能够准确地反映因资源错配造成这两方面发生的变化，只能用地区层面数据和工业企业微观数据库相结合的方式，较为粗略地测度这两个指标，以此来识别资源空间错配如何通过这些机制影响区域技术创新。

二、研究展望

基于本书的局限性以及可能的贡献，还存在一些有待完善和拓展的地方。

第一，在资源空间错配影响区域技术创新的理论分析部分嵌入微观作用机制。本书在理论分析中，从技术创新的供给端（技术、人力资本）和需求端（需求）及制度因素（政府创新偏好）三个方面详细阐释了资源空间错配影响区域技术创新的逻辑机制；在经验研究中也对这些机制进行了识别。但是，若能够在理论分析部分引入政府部门，并将这些机制纳入更进一步的解析，那么资源空间错配对区域技术创新的影响效应和作用机制将更加明晰。

第二，测算资源空间错配时能够将政府不当干预和市场发育不完善造成的错配程度剥离开来。造成资源空间错配的原因可归为政策不当干预和要素市场发育不完全两类。但是，在经济运行过程中，市场化行为和政府行为是相互交织的，所以目前关于资源空间错配的测算均是从事后结果出发，无法区分资源空间错配到底有多大程度是由政府不当干预造成的，因而无法精准识别资源空间错配对区域技术创新的影响，这是资源错配相关研究富有挑战性的地方，也是后续研究可以拓展的地方。

第三，深入探讨异质性劳动力空间配置的相关问题。本书假定劳动力是同质的，仅从数量视角揭示劳动力在地区间的配置对区域技术创新的影响，以期能够引导人口在地区间有序流动，实现劳动力在地区间的合理配置，提升区域技术创新。然而，高技能劳动力在地区间流动门槛比低技能劳动力低得多，而且不同技能的劳动力投入对技术创新的影响是截然不同。下一阶段的研究将聚焦人力资本的错配、劳动力技能互补等相关问题，探究这些差异化政策对我国劳动力空间配置效率的影响，这对于户籍制度进一步深化改革、公共服务体系完善都具有极强的政策指导意义。

第四，土地要素市场。土地是生产之要、财富之母。土地要素的资源配置效率势必会牵动劳动力、资本、数据信息、技术等其他要素的市场化配置。从现实看，新修订的《土地管理法》于2020年1月1日起施行，此后，国务院于2020年3～5月先后发布出台了《关于授权和委托用地审批权的决定》《关于构建更加完善的要素市场化配置体制机制的意见》和《关于新时代加快完善社会主义市场经济体制的意见》，它们均把土地要素市场化配置摆在了突出位置，释放出新时代深化土地要素市场化改革配置的强烈信号。而且，经过多年的探索，当前的城乡建设用地增减挂钩和结余指标跨省域调剂政策仍是主要依靠行政手段推行，市场化配置不足。因此，探究土地要素与劳动力、资本等多要素相互作用的综合改革效应更贴合中国实际情况，更加具有现实意义。

第五，分析资源空间错配的影响因素时纳入数字经济的颠覆性作用。数字经济重塑了经济社会生态，它的蓬勃发展再次引发学术界对市场与政府边界的争论：一种观点认为数字经济有益于发挥市场分散决策体系的优势，从而优化资源配置；另一种观点却认为数字经济会增强政府控制经济的能力。在数字经济的话语下，钟摆似乎向政府方向倾斜。不过，技术进步仍在继续，经济发展也增加了人们对自主选择的需求，所以数字经济中市场与政府的作用正在发生新变化。此外，数字经济时代，数据要素作为未来的石油，其配置效率势必也会对区域技术创新产生不可忽视的影响。因此，下一阶段的研究将深入讨论数字信息这一要素的资源配置效应，及其对劳动力、资本这两种传统要素的配置效率以及区域技术创新的影响。

参考文献

［1］白俊红，卞元超．要素市场扭曲与中国创新生产的效率损失［J］．中国工业经济，2016（11）：39－55．

［2］白俊红，卞元超．政府支持是否促进了产学研协同创新［J］．统计研究，2015，32（11）：43－50．

［3］白俊红，戴玮．财政分权对地方政府科技投入的影响［J］．统计研究，2017，34（03）：97－106．

［4］白俊红，江可申，李婧．应用随机前沿模型评测中国区域研发创新效率［J］．管理世界，2009（10）：51－61．

［5］白俊红，李婧．政府R&D资助与企业技术创新——基于效率视角的实证分析［J］．金融研究，2011（06）：181－193．

［6］白俊红，刘宇英．对外直接投资能否改善中国的资源错配［J］．中国工业经济，2018（01）：60－78．

［7］白重恩，钱震杰，武康平．中国工业部门要素分配份额决定因素研究［J］．经济研究，2008（08）：16－28．

［8］蔡昉，都阳，王美艳．户籍制度与劳动力市场保护［J］．经济研究，2001（12）：41－49＋91．

［9］蔡昉．全要素生产率可延长传统的人口红利［N］．北京日报，2015年11月23日．

［10］曹玉书，楼东玮．资源错配、结构变迁与中国经济转型［J］．中国工业经济，2012（10）：5－18．

［11］陈斌开，金箫，欧阳涤非．住房价格、资源错配与中国工业企业生产率［J］．世界经济，2015，38（04）：77－98．

［12］陈诗一．资源误配、经济增长绩效与企业市场进入：国有与非国有部门的二元视角［J］．学术月刊，2017，49（01）：42－56＋65．

［13］陈诗一，刘朝良，冯博．资本配置效率、城市规模分布与福利分析［J］．经济研究，2019，54（02）：133－147．

［14］陈艳莹，王二龙．要素市场扭曲、双重抑制与中国生产性服务业全要素生产率：基于中介效应模型的实证研究［J］．南开经济研究，2013（05）：71－82．

［15］陈永伟，胡伟民．价格扭曲、要素错配和效率损失：理论和应用［J］．经济学（季刊），2011，10（04）：1401－1422．

［16］成力为，孙玮．市场化程度对自主创新配置效率的影响——基于Cost-Malmquist指数的高技术产业行业面板数据分析［J］．中国软科学，2012（05）：128－137．

［17］戴静，张建华．金融所有制歧视、所有制结构与创新产出——来自中国地区工业部门的证据［J］．金融研究，2013（05）：86－98．

［18］戴魁早，刘友金．行业市场化进程与创新绩效——中国高技术产业的经验分析［J］．数量经济技术经济研究，2013，30（09）：37－54．

［19］戴魁早，刘友金．要素市场扭曲、区域差异与R&D投入——来自中国高技术产业与门槛模型的经验证据［J］．数量经济技术经济研究，2015，32（09）：3－20．

［20］戴魁早，刘友金．要素市场扭曲如何影响创新绩效［J］．世界经济，2016，39（11）：54－79．

［21］戴魁早，刘友金．要素市场扭曲与创新效率——对中国高技术产业发展的经验分析［J］．经济研究，2016，51（07）：72－86．

［22］戴魁早．要素市场扭曲如何影响出口技术复杂度？——中国高技术产业的经验证据［J］．经济学（季刊），2019，18（01）：337－366．

［23］戴天仕，徐现祥．中国的技术进步方向［J］．世界经济，2010，33（11）：54－70．

［24］党文娟，张宗益，康继军．创新环境对促进我国区域创新能力的影响［J］．中国软科学，2008（03）：52－57．

［25］丁重，张耀辉．制度倾斜、低技术锁定与中国经济增长［J］．中国工业经济，2009（11）：16－24．

［26］樊纲，王小鲁，马光荣．中国市场化进程对经济增长的贡献［J］．经济研究，2011，46（09）：4－16．

［27］范红忠．有效需求规模假说、研发投入与国家自主创新能力［J］．经济研究，2007（03）：33－44．

［28］方军雄．所有制、制度环境与信贷资金配置［J］．经济研究，2007（12）：82－92．

［29］冯宗宪，王青，侯晓辉．政府投入、市场化程度与中国工业企业的技术创新效率［J］．数量经济技术经济研究，2011，28（04）：3－17＋33．

［30］盖庆恩，朱喜，程名望，史清华．要素市场扭曲、垄断势力与全要素生产率［J］．经济研究，2015，50（05）：61－75．

［31］高帆，汪亚楠．劳动力市场扭曲与城乡消费差距：基于省际面板数据的实证研究［J］．学术月刊，2016，48（12）：75－85．

［32］高帆．什么粘住了中国企业自主创新能力提升的翅膀［J］．当代经济科学，2008（02）：1－10＋124．

［33］龚关，胡关亮．中国制造业资源配置效率与全要素生产率［J］．经济研究，2013，48（04）：4－15＋29．

［34］韩剑，郑秋玲．政府干预如何导致地区资源错配——基于行业内和行业间错配的分解［J］．中国工业经济，2014（11）：69－81．

［35］胡晓鹏．中国经济要素的空间配置效应［J］．财经科学，2006（02）：91－98．

［36］黄鹏，张宇．中国要素价格相对扭曲对企业技术创新影响的研究——基于微观企业数据的Probit检验［J］．上海经济研究，2014（07）：31－41．

［37］季书涵，朱英明．产业集聚的资源错配效应研究［J］．数量经济技术经济研究，2017，34（04）：57－73．

［38］简泽．企业间的生产率差异、资源再配置与制造业部门的生产率［J］．管理世界，2011（05）：11－23．

［39］江艇，孙鲲鹏，聂辉华．城市级别、全要素生产率和资源错配［J］．管理世界，2018，34（03）：38－50＋77＋183．

［40］解维敏，方红星．金融发展、融资约束与企业研发投入［J］．金融研

究，2011（05）：171 - 183.

[41] 靳来群，胡善成，张伯超 . 中国创新资源结构性错配程度研究 [J].
科学学研究，2019，37（03）：545 - 555.

[42] 靳来群 . 所有制歧视所致金融资源错配程度分析 [J]. 经济学动态，
2015（06）：36 - 44.

[43] 阚大学，吕连菊 . 要素市场扭曲加剧了环境污染吗——基于省级工业
行业空间动态面板数据的分析 [J]. 财贸经济，2016（05）：146 - 159.

[44] 柯善咨，向娟 .1996—2009 年中国城市固定资本存量估算 [J]. 统计
研究，2012，29（07）：19 - 24.

[45] 李德山，邓翔 . 价格扭曲、资源错配是否抑制了我国创新生产率？
[J]. 科学学研究，2018，36（04）：654 - 661 + 683.

[46] 李平，季永宝 . 要素价格扭曲是否抑制了我国自主创新？[J]. 世界经
济研究，2014（01）：10 - 15 + 87.

[47] 李文溥，李静 . 要素比价扭曲、过度资本深化与劳动报酬比重下降
[J]. 学术月刊，2011，43（02）：68 - 77.

[48] 李习保 . 区域创新环境对创新活动效率影响的实证研究 [J]. 数量经
济技术经济研究，2007（08）：13 - 24.

[49] 李永，王砚萍，孟祥月 . 要素市场扭曲是否抑制了国际技术溢出
[J]. 金融研究，2013（11）：140 - 153.

[50] 李政，杨思莹，路京京 . 政府参与能否提升区域创新效率？[J]. 经济
评论，2018（06）：3 - 14 + 27.

[51] 李政，杨思莹 . 财政分权、政府创新偏好与区域创新效率 [J]. 管理
世界，2018，34（12）：29 - 42 + 110 + 193 - 194.

[52] 梁琦 . 空间经济学：过去、现在与未来——兼评《空间经济学：城
市、区域与国际贸易》[J]. 经济学（季刊），2005（03）：1067 - 1086.

[53] 梁琦 . 论资源空间配置观 [J]. 中国经济问题，2007（03）：10 - 15.

[54] 梁琦，李建成，陈建隆 . 异质性劳动力区位选择研究进展 [J]. 经济
学动态，2018（04）：122 - 137.

[55] 梁琦，王斯克 . 最低工资标准、空间溢出与劳动力错配 [J]. 湖南师

范大学社会科学学报，2019，48（04）：83-91.

［56］林伯强，杜克锐．要素市场扭曲对能源效率的影响［J］．经济研究，2013，48（09）：125-136.

［57］林萍．企业资源、动态能力对创新作用的实证研究［J］．科研管理，2012，33（10）：72-79.

［58］林毅夫．消除市场扭曲要素［J］．资本市场，2014（05）：12.

［59］刘秉镰，边杨，周密等．中国区域经济发展70年回顾及未来展望［J］．中国工业经济，2019（09）：24-41.

［60］刘秉镰，朱俊丰，周玉龙．中国区域经济理论演进与未来展望［J］．管理世界，2020，36（02）：182-194+226.

［61］刘贯春，陈登科，丰超．最低工资标准的资源错配效应及其作用机制分析［J］．中国工业经济，2017（07）：62-80.

［62］刘贯春，张晓云，邓光耀．要素重置、经济增长与区域非平衡发展［J］．数量经济技术经济研究，2017，34（07）：35-56.

［63］刘友金，易秋平，贺灵．产学研协同创新对地区创新绩效的影响——以长江经济带11省市为例［J］．经济地理，2017，37（09）：1-10.

［64］柳卸林，胡志坚．中国区域创新能力的分布与成因［J］．科学学研究，2002（05）：550-556.

［65］鲁钊阳，廖杉杉．FDI技术溢出与区域创新能力差异的双门槛效应［J］．数量经济技术经济研究，2012，29（05）：75-88.

［66］陆铭，向宽虎．破解效率与平衡的冲突——论中国的区域发展战略［J］．经济社会体制比较，2014（04）：1-16.

［67］陆铭．中国经济的症结是空间错配［J］．深圳大学学报（人文社会科学版），2019，36（01）：77-85.

［68］罗德明，李晔，史晋川．要素市场扭曲、资源错置与生产率［J］．经济研究，2012，47（03）：4-14+39.

［69］吕冰洋．从市场扭曲看政府扩张：基于财政的视角［J］．中国社会科学，2014（12）：81-101+207.

［70］毛其淋．要素市场扭曲与中国工业企业生产率——基于贸易自由化视

角的分析 [J]. 金融研究, 2013 (02): 156 - 169.

[71] 聂辉华, 贾瑞雪. 中国制造业企业生产率与资源误置 [J]. 世界经济, 2011, 34 (07): 27 - 42.

[72] 潘文卿, 吴天颖, 胡晓. 中国技术进步方向的空间扩散效应 [J]. 中国工业经济, 2017 (04): 17 - 33.

[73] 彭向, 蒋传海. 产业集聚、知识溢出与地区创新——基于中国工业行业的实证检验 [J]. 经济学（季刊）, 2011, 10 (03): 913 - 934.

[74] 蒲艳萍, 顾冉. 劳动力工资扭曲如何影响企业创新 [J]. 中国工业经济, 2019 (07): 137 - 154.

[75] 邵宜航, 步晓宁, 张天华. 资源配置扭曲与中国工业全要素生产率——基于工业企业数据库再测算 [J]. 中国工业经济, 2013 (12): 39 - 51.

[76] 邵云飞, 范群林, 唐小我. 基于内生增长模型的区域创新能力影响因素研究 [J]. 科研管理, 2011, 32 (09): 28 - 34.

[77] 盛仕斌, 徐海. 要素价格扭曲的就业效应研究 [J]. 经济研究, 1999 (05): 68 - 74.

[78] 施炳展, 冼国明. 要素价格扭曲与中国工业企业出口行为 [J]. 中国工业经济, 2012 (02): 47 - 56.

[79] 施新政, 高文静, 陆瑶等. 资本市场配置效率与劳动收入份额——来自股权分置改革的证据 [J]. 经济研究, 2019, 54 (12): 21 - 37.

[80] 宋结焱, 施炳展. 出口贸易是否降低了中国行业内资源错配? [J]. 世界经济研究, 2014 (10): 53 - 60 + 88 - 89.

[81] 宋马林, 金培振. 地方保护、资源错配与环境福利绩效 [J]. 经济研究, 2016, 51 (12): 47 - 61.

[82] 宋洋. 创新资源、研发投入与产品创新程度——资源的互斥效应和研发的中介效应 [J]. 中国软科学, 2017 (12): 154 - 168.

[83] 孙三百, 黄薇, 洪俊杰等. 城市规模、幸福感与移民空间优化 [J]. 经济研究, 2014, 49 (01): 97 - 111.

[84] 孙文凯, 白重恩, 谢沛初. 户籍制度改革对中国农村劳动力流动的影响 [J]. 经济研究, 2011, 46 (01): 28 - 41.

[85] 孙元元，张建清．中国制造业省际间资源配置效率演化：二元边际的视角 [J]．经济研究，2015，50（10）：89 – 103.

[86] 孙早，刘李华，孙亚政．市场化程度、地方保护主义与 R&D 的溢出效应——来自中国工业的经验证据 [J]．管理世界，2014（08）：78 – 89.

[87] 谭洪波．中国要素市场扭曲存在工业偏向吗？——基于中国省级面板数据的实证研究 [J]．管理世界，2015（12）：96 – 105.

[88] 万华林，陈信元．治理环境、企业寻租与交易成本——基于中国上市公司非生产性支出的经验证据 [J]．经济学（季刊），2010，9（02）：553 – 570.

[89] 汪伟，潘孝挺．金融要素扭曲与企业创新活动 [J]．统计研究，2015，32（05）：26 – 31.

[90] 王林辉，高庆昆．要素错配水平及其对全要素生产率作用效应的研究 [J]．经济学动态，2013（06）：61 – 67.

[91] 王华．更严厉的知识产权保护制度有利于技术创新吗？[J]．经济研究，2011，46（S2）：124 – 135.

[92] 王宁，史晋川．要素价格扭曲对中国投资消费结构的影响分析 [J]．财贸经济，2015（04）：121 – 133.

[93] 王胜谦．我国的收入分配问题与就业政策 [J]．管理世界，2006（02）：144 – 145.

[94] 王宋涛，温思美，朱腾腾．市场分割、资源错配与劳动收入份额 [J]．经济评论，2016（01）：13 – 25 + 79.

[95] 王文，牛泽东．资源错配对中国工业全要素生产率的多维影响研究 [J]．数量经济技术经济研究，2019，36（03）：20 – 37.

[96] 王文珍，李平．要素市场扭曲对企业对外直接投资的影响 [J]．世界经济研究，2018（09）：77 – 92 + 136.

[97] 吴延兵．R&D 存量、知识函数与生产效率 [J]．经济学（季刊），2006（03）：1129 – 1156.

[98] 吴延兵．中国式分权下的偏向性投资 [J]．经济研究，2017，52（06）：137 – 152.

［99］吴一平，李鲁. 中国开发区政策绩效评估：基于企业创新能力的视角［J］. 金融研究，2017（06）：126－141.

［100］向宽虎，陆铭. 发展速度与质量的冲突——为什么开发区政策的区域分散倾向是不可持续的？［J］. 财经研究，2015，41（04）：4－17.

［101］肖文，林高榜. 政府支持、研发管理与技术创新效率——基于中国工业行业的实证分析［J］. 管理世界，2014（04）：71－80.

［102］肖叶，邱磊，刘小兵. 地方政府竞争、财政支出偏向与区域技术创新［J］. 经济管理，2019，41（07）：20－35.

［103］谢呈阳，周海波，胡汉辉. 产业转移中要素资源的空间错配与经济效率损失：基于江苏传统企业调查数据的研究［J］. 中国工业经济，2014（12）：130－142.

［104］徐长生，刘望辉. 劳动力市场扭曲与中国宏观经济失衡［J］. 统计研究，2008（05）：32－37.

［105］许捷，柏培文. 中国资本回报率嬗变之谜［J］. 中国工业经济，2017（07）：43－61.

［106］杨继东，罗路宝. 产业政策、地区竞争与资源空间配置扭曲［J］. 中国工业经济，2018（12）：5－22.

［107］杨谱，刘军，常维. 户籍制度扭曲及放松对经济的影响：理论与实证［J］. 财经研究，2018，44（02）：44－57.

［108］杨其静. 企业成长：政治关联还是能力建设？［J］. 经济研究，2011，46（10）：54－66＋94.

［109］杨振，陈甬军. 中国制造业资源误置及福利损失测度［J］. 经济研究，2013，48（03）：43－55.

［110］杨振兵，邵帅，张诚. 生产比较优势、棘轮效应与中国工业技术进步的资本偏向［J］. 数量经济技术经济研究，2015，32（09）：39－55.

［111］杨志才，柏培文. 要素错配及其对产出损失和收入分配的影响研究［J］. 数量经济技术经济研究，2017，34（08）：21－37.

［112］姚毓春，袁礼，董直庆. 劳动力与资本错配效应：来自十九个行业的经验证据［J］. 经济学动态，2014（06）：69－77.

［113］姚战琪．生产率增长与要素再配置效应：中国的经验研究［J］．经济研究，2009，44（11）：130－143.

［114］叶文辉，楼东玮．资源错配的经济影响效应研究［J］．经济学动态，2014（11）：47－57.

［115］叶文平，李新春，陈强远．流动人口对城市创业活跃度的影响：机制与证据［J］．经济研究，2018，53（06）：157－170.

［116］易信，刘凤良．金融发展、技术创新与产业结构转型——多部门内生增长理论分析框架［J］．管理世界，2015（10）：24－39＋90.

［117］尹恒，朱虹．县级财政生产性支出偏向研究［J］．中国社会科学，2011（01）：88－101＋222.

［118］尹恒，李世刚．资源配置效率改善的空间有多大？——基于中国制造业的结构估计［J］．管理世界，2019，35（12）：28－44＋214－215.

［119］银温泉，才婉茹．我国地方市场分割的成因和治理［J］．经济研究，2001（06）：3－12＋95.

［120］余明桂，回雅甫，潘红波．政治联系、寻租与地方政府财政补贴有效性［J］．经济研究，2010，45（03）：65－77.

［121］余泳泽，张先轸．要素禀赋、适宜性创新模式选择与全要素生产率提升［J］．管理世界，2015（09）：13－31＋187.

［122］余壮雄，米银霞．地区产业转型中的企业行为与资源错配［J］．中国工业经济，2018（06）：98－116.

［123］袁礼，欧阳峣．发展中大国提升全要素生产率的关键［J］．中国工业经济，2018（06）：43－61.

［124］袁志刚，解栋栋．中国劳动力错配对 TFP 的影响分析［J］．经济研究，2011，46（07）：4－17.

［125］约瑟夫·熊彼特．经济发展理论［M］．北京：中国人民大学出版社，2019.

［126］张杰，郑文平，翟福昕．竞争如何影响创新：中国情景的新检验［J］．中国工业经济，2014（11）：56－68.

［127］张杰，周晓艳，李勇．要素市场扭曲抑制了中国企业 R&D？［J］．经

济研究，2011，46（08）：78 – 91.

[128] 张杰，周晓艳，郑文平，芦哲．要素市场扭曲是否激发了中国企业出口 [J]．世界经济，2011，34（08）：134 – 160.

[129] 张杰．中国制造业要素配置效率的测算、变化机制与政府干预效应 [J]．统计研究，2016，33（03）：72 – 79.

[130] 张军，吴桂英，张吉鹏．中国省际物质资本存量估算：1952—2000 [J]．经济研究，2004（10）：35 – 44.

[131] 张曙光，程炼．中国经济转轨过程中的要素价格扭曲与财富转移 [J]．世界经济，2010，33（10）：3 – 24.

[132] 张天华，张少华．偏向性政策、资源配置与国有企业效率 [J]．经济研究，2016，51（02）：126 – 139.

[133] 张璇，刘贝贝，汪婷，李春涛．信贷寻租、融资约束与企业创新 [J]．经济研究，2017，52（05）：161 – 174.

[134] 张宇，巴海龙．要素价格变化如何影响研发强度——基于地区研发强度分解数据的实证研究 [J]．南方经济，2015（01）：54 – 70.

[135] 张宗和，彭昌奇．区域技术创新能力影响因素的实证分析——基于全国 30 个省市区的面板数据 [J]．中国工业经济，2009（11）：35 – 44.

[136] 赵彦飞，陈凯华，李雨晨．创新环境评估研究综述：概念、指标与方法 [J]．科学学与科学技术管理，2019，40（01）：89 – 99.

[137] 甄峰，黄朝永，罗守贵．区域创新能力评价指标体系研究 [J]．科学管理研究，2000（06）：5 – 8.

[138] 郑江淮，曾世宏．企业家职能配置、R&D 与增长方式转变——以长江三角洲地区为例 [J]．经济学（季刊），2010，9（01）：73 – 94.

[139] 周克清，刘海二，吴碧英．财政分权对地方科技投入的影响研究 [J]．财贸经济，2011（10）：31 – 37.

[140] 朱平芳，徐大丰．中国城市人力资本的估算 [J]．经济研究，2007（09）：84 – 95.

[141] Aarstad, J. , Kvitastein, O. A. , Jakobsen, S. E. , 2016, "Related and Unrelated Variety as Regional Drivers of Enterprise Productivity and Innovation: A Mul-

tilevel Study", *Research Policy*, 45 (4), 844 – 856.

[142] Acemoglu, D. , Akcigit, U. , Bloom, N. , Kerr W. R. , 2013, "Innovation, Reallocation and Growth", NBER Working Paper, No. 18993.

[143] Acemoglu, D. , 2002, "Directed Technical Change", *Review of Economic Studies*, 69 (4), 781 – 809.

[144] Acemoglu, D. , Guerrieri, V. , 2008, "Capital Deepening and Non-balanced Economic Growth", *Journal of Political Economy*, 116 (3), 467 – 498.

[145] Acemoglu, D. , Johnson, S. , Robinson, J. , 2004, "Institutions as the Fundamental Cause of Long-Run Growth", NBER Working Paper No. 10481.

[146] Agarwal, R. , Elston, J. A. , 2001, "Bank-firm Relationships, Financing and Firm Performance in Germany", *Economics Letters*, 72 (2), 225 – 232.

[147] Aghion, P. , Howitt, P. , 2006, "Appropriate Growth Policy: A Unifying Framework", *Journal of the European Economic Association*, (4), 269 – 314.

[148] Aghion, P. , Howitt, P. , 1992, "A Model of Growth Through Creative Destruction", *Econometrica*, 60 (2), 323 – 351.

[149] Amore, M. D. , Schneider, C. , Žaldokas, A. , 2013, "Credit Supply and Corporate Innovation", *Journal of Financial Economics*, 109 (3), 835 – 855.

[150] Aoki, S. , 2012, "A Simple Accounting Framework for the Effect of Resource Misallocation on Aggregate Productivity", *Journal of the Japanese and International Economies*, 16 (4), 473 – 494.

[151] Au, C. C. , Henderson, J. V. , 2006, "How Migration Restrictions Limit Agglomeration and Productivity in China", *Journal of Development Economics*, 80 (2), 350 – 388.

[152] Banerjee, A. V. , Duflo, E. , 2005, "Growth Theory through the Lens of Development Economics", MIT Department of Economics Working Paper, No. 05 – 01.

[153] Banerjee, A. V. , Moll, B. , 2010, "Why Does Misallocation Persist?" *American Economic Journal: Macroeconomics*, 2 (1), 189 – 206.

[154] Baraldi, E. , Gressetvold, E. , Harrison, D. , 2012, "Resource Interaction in Inter-organizational Networks: Introduction to the Special Issue", *Journal Busi-*

ness Research, 65（2），123 – 127.

［155］Barney, J. B., 1991,"Firm Resources and Sustained Competitive Advantage", *Journal of Management*, 17（1），99 – 120.

［156］Baron, R. M., Kenny, D. A., 1986,"The Moderator-Mediator Variable Distinction in Social Psychological Research：Conceptual, Strategic and Statistical Considerations", *Journal of Personality and Social Psychlogy*, 51, 1173 – 1182.

［157］Barro, R. J., Lee, J., 1993,"Losers and Winners in Economic Growth", *The World Bank Economic Review*, 267 – 298.

［158］Bartelsman, E., Haltiwanger, J., Scarpetta, S., 2013,"Cross-country Difference in Productivity：The Role of Allocation and Selection", *The American Economic Review*, 103（1），305 – 334.

［159］Basu, S., Weil, D. N., 1998,"Appropriate Technology and Growth", *The Quarterly Journal of Economics*, 113（4），1025 – 2054.

［160］Baumol, W. J., 1996,"Entrepreneurship：Productive, Unproductive and Destructive", *Journal of Business Venturing*, 11（1），3 – 22.

［161］Boeing, P., 2016,"The Allocation and Effectiveness of China's R&D Subsidies-Evidence from Listed Firms", *Research Policy*, 45（9），1774 – 1789.

［162］Boldrin, M., Levine, D. K., 2004,"Rent – seeking and Innovation", *Journal of Monetary Economics*, 51（1），127 – 160.

［163］Brandt, L., Van Biesebroeck, J., Zhang, Y., 2012,"Creative Accounting or Creative Destruction? Firm-Level Productivity Growth in Chinese Manufacturing", *Journal of Development Economics*, 97（2），339 – 351.

［164］Buesa, M., Heijs, J., Baumer, T., 2010,"The Determinants of Regional Innovation in Europe：A Combined Factorial and Regression Knowledge Production Function Approach", *Research Policy*, 39（6），722 – 735.

［165］Busso, M., Gregory, J., Kline, P., 2013,"Assessing the Incidence and Efficiency of a Prominent Place Based Policy", *The American Economic Review*, 103（2），897 – 947.

［166］Cai, H., Fang, H., Xu, L. C., 2011,"Eat, Drink, Firms, Government: An Investigation of Corruption from the Entertainment and Travel Costs of Chinese Firms", *The Journal of Law and Economics*, 54 (1), 55 – 78.

［167］Castaldi, C., Frenken, K., Los, B., 2015, "Related Variety, Unrelated Variety and Technological Breakthroughs: An Analysis of US State-Level Patenting", *Regional Studies*, 49 (5), 767 – 781.

［168］Chen. Y., Henderson, J. V., Cai, W., 2017, "Political Favoritism in China's Capital Markets and its Effect on City Sizes", *Journal of Urban Economics*, 98, 69 – 87.

［169］Claessens, S., Feijen, E., Laeven, L., 2008, "Political Connections and Preferential Access to Finance: The Role of Campaign Contributions", *Journal of Financial Economics*, 88 (3), 554 – 580.

［170］Collard-Wexler, A., De Loecker, J., 2015, "Reallocation and Technology: Evidence from the US Steel Industry", *American Economic Review*, 105 (1), 131 – 171.

［171］Cooke, P., 1992, "Regional Innovation Systems: Competitive Regulation in the New Europe", *Geoforum*, 23 (3), 365 – 382.

［172］Defever, F., Riaño, A., 2013, "China's Pure Exporter Subsidies". FIW Working Paper.

［173］Detragiache, E., Tressel, T., Gupta, P., 2008, "Foreign Banks in Poor Countries: Theory and Evidence", *Journal of Finance*, 63 (4), 2123 – 2160.

［174］Dollar, B., Wei, S., 2007, "Das (Wasted) Kapital: Firm Ownership and Investment Efficiency in China", NBER Working Paper No. 13103.

［175］Duranton, G., Ghani, E., Goswami, G. A., Kerr, W., 2015, "The Misallocation of Land and other Factors of Production in India", Policy Working Paper Series.

［176］Duranton, G., Puga, D., 2006, "Micro-Foundations of Urban Agglomeration Economies", *Social Science Electronic Publishing*, 4 (4), 2063 – 2117.

［177］Faccio, M., 2006, "Politically Connected Firms", *American Economic Review*, 96 (1), 369 – 386.

［178］Fogel, R. W., 1962, "A Quantitative Approach to the Study of Railroads in American Economic Growth：A Report of Some Preliminary Findings", *Journal of E-conomic History*, 22 (2), 163 – 197.

[179] Foster, L., Haltiwanger, J, Syverson, C., 2008, "Reallocation, Firm Turnover, and Efficiency：Selection on Productivity or Profitability?" *American Economic Review*, 98 (1), 394 – 425.

[180] Furman, J. L., Porter, M. E., Stern, S., 2002, "The Determinants of National Innovative Capacity", *Research Policy*, 31 (6), 899 – 933.

[181] Galor, O., Moav, O., 2002, "Natural Selection and the Origin of Economic Growth", *Quarterly Journal of Economics*, 117 (4), 1133 – 1191.

[182] Glaeser, E., Gotteib, J., 2008, "The Economics of Place-making Policies", Brookings Papers on Economic Activity, 39 (1), 155 – 239.

[183] Gopinath, G., Sebnem, K., Karabarbounis, L., Villegas-Sanchez, C., 2017, "Capital Allocation and Productivity in South Europe", *Quarterly Journal of Economics*, 132 (4), 1915 – 1967.

[184] Greco, M., Grimaldi, M., Cricelli, L., 2017, "Hitting the Nail on the Head：Exploring the Relationship between Public Subsidies and Open Innovation Efficiency", *Technological Forecasting and Social Change*, 118, 213 – 225.

[185] Griliches, Z., 1957, "Hybrid Corn：An Explanation in the Economics of Technological Change", *Econometric*, 25 (4), 501 – 522.

[186] Grossman, G. M., Helpman, E., 1991, Innovation and Growth in the Global Economy, MIT Press.

[187] Guan, J. C., Liu, S. Z., 2005, "Comparing Regional Innovative Capacities of PR China-based on Data Analysis of the National Patents", *Technology Management*, 32 (3/4), 225 – 245.

[188] Guan, J., Yam, R., 2015, "Effects of Government Financial Incentives on Firms' Innovation Performance in China：Evidences from Beijing in the 1990s", *Research Policy*, 44 (1), 273 – 282.

[189] Guo, D., Guo, Y., Jiang, K., 2016, "Government-subsidized R&D and Firm Innovation：Evidence from China", *Research Policy*, 45 (6), 1129 – 1144.

[190] Heidenreich, M., 2005, "The Renewal of Regional Capabilities Experimental Regional Innovative Capability", *Research Policy*, 31 (6), 739 – 757.

[191] Hicks, J. R., 1933, "The Theory of Wages", *The Economic Journal*, 43 (171): 460 – 472.

[192] Hong, J., Feng B., Wu Y., Wang L., 2016, "Do Government Grants Promote Innovation Efficiency in China's High-tech Industries?" *Technovation*, 57 – 58, 4 – 13.

[193] Hsieh, C. T., Klenow, P. J., 2009, "Misallocation and Manufacturing TFP in China and India", *Quarterly Journal of Economics*, 124 (4), 1403 – 1448.

[194] Hsieh, C. T., Moretti, E., 2019, "Housing Constraints and Spatial Misallocation", *American Economic Journal: Macroeconomics*, 11 (2), 1 – 39.

[195] Jacobs, J., 1969, The Economy of Cities, Random House.

[196] Johnson, H. G., 1966, "Factor Market Distortion and the Shape of the Transformation Curve", *Econometrica*, 34 (3), 686 – 698.

[197] Jones, C., 2011, "Misallocation, Economic Growth, and Input-Output Economics", NBER Working paper, No. 16742.

[198] Ju, J. D., Lin, Y. F., Wang, Y., 2015, "Endowment Structures, Industrial Dynamics, and Economic Growth", *Journal of Monetary Economics*, (76), 244 – 263.

[199] Khandelwal, A. K., Schott, P. K., Wei, S. J., 2013, "Trade Liberalization and Embedded Institutional Reform: Evidence from Chinese Exporters", *American Economic Review*, 103 (6), 2169 – 2195.

[200] Khwaja, A. I., Mian, A., 2005, "Do Lenders Favor Politically – Connected Firms? Rent Provision in and Emerging Financial Market", *Quarterly Journal of Economics*, 120 (4), 1371 – 1401.

[201] Knight. J., Wang. W., 2011, "China's Macroeconomics Imbalance: Causes and Consequences", *The World Economy*, 9, 1476 – 1506.

[202] Lechner, C., Gudmundsson, S. V., 2014, "Entrepreneurial Orientation, Firm Strategy and Small Firm Performance", *International Small Business Journal*, 32

（1），36 - 60.

［203］Lee，C. Y.，2011，"The Differential Effects of Public R&D Support on Firm R&D：Theory and Evidence from Multi - Country Data"，*Technovation*，31（5），256 - 269.

［204］Levinsohn，J.，Petrin，A.，2003，"Estimating Production Functions Using Inputs to Control for Unobservables"，*Review of Economic Studies*，70（2），317 - 342.

［205］Lewbel，A.，1997，"Construcing Instruments for Regressions with Measurement Error When No Additional are Available"，*Econometrica*，65（5），1201 - 1213.

［206］Ljungwall，C.，Tingvall，P. G.，2015，"Is China Different? A Meta-Analysis of the Growth-Enhancing Effect from R&D Spending in China"，*China Economic Review*，36，272 - 278.

［207］Magee，S. P.，1973，"Factor Market Distortion，Production and Trade：A Survey"，Oxford Economic Papers，New Series，25（1），1 - 43.

［208］Mao，Q.，Sheng，B.，2017，"The Impact of Tariff Reductions on Firm Dynamics and Productivity in China：Does Market-oriented Transition Matter?" *China Economic Review*，45（9），168 - 194.

［209］Marshall，A.，1890，Principles of Economics. London：Mac Millan.

［210］Mayer，T.，Melitz，M.，Ottaviano，G.，2014，"Market Size，Competition and the Product Mix of Exporters"，*American Economic Review*，104（2），495 - 536.

［211］Melitz，M. J.，Polanec，S.，2015，"Dynamic Olley-Pakes Productivity Decomposition with Entry and Exit"，*The Rand Journal of Economics*，46（2），362 - 375.

［212］Melitz，M.，2003，"The Impact of Trade on Intra-Industry Reallocations and Aggregate Industry Productivity"，*Econometrica*，71（6），1695 - 1725.

［213］Midrigan，V.，Xu，D. Y.，2014，"Finance and Misallocation：Evidence from Plant-Level Data"，*American Economic Review*，104（2），422 - 458.

［214］Moll，B.，2014，"Productivity Losses from Financial Frictions：Can Self-Financing Undo Capital Misallocation?" *American Economic Review*，104（10），3186 - 3221.

［215］Mundlak，Y.，1970，"Further Implications of Distortion in the Factor Market"，*Econometrica*，38（3），517 - 535.

［216］Murata, Y. , Nakajima, R. , Okamoto, R. , Tamura, R. , 2014, "Localized Knowledge Spillovers and Patent Citations: a Cistance-based Approach", *Review of Economics and Statistics*, 96 (5), 967 – 985.

［217］Murphy, K. M. , Shleifer, A. , Vishy, R. , 1993, "Why is Rent-Seeking Costly to Growth", American Economic Review, 83 (2), 409 – 414.

［218］Nasierowski, W. , Arcelus, F. J. , 2003, "On the Efficiency of National Innovation System", *Socio-Economic Planning Sciences*, 37 (3), 215 – 234.

［219］Neumark, D. , Kolko, J. , 2010, "Do Enterprise Zones Create Jobs? Evidence from California's Enterprise Zone Program", *Journal of Urban Economics*, 68 (1), 1 – 19.

［220］Neumark, D. , Simpson, H. , 2014, "Place-based Policies", NBER Working Paper No. 20049.

［221］Oberfield, E. , 2013, "Productivity and Misallocation during a Crisis: Evidence from the Chilean of 1982", *Review of Economic Dynamics*, 16 (1), 100 – 119.

［222］Olley, S. , Pakes, Ariel. , 1996, "The Dynamics of Productivity in the Telecommunications Equipment Industry", *Econometrica*, 64 (6), 1263 – 1297.

［223］Pakes, A. , Schankerman, M. , 1984, The Rate of Obsolescence of Patents, Research Gestation Lags, and the Private Rate of Return to Research Resources, University of Chicago Press for the NBER.

［224］Peters, M. , 2013, "Heterogeneous Mark-Ups and Endogenous Misallocation", MIT Working Paper.

［225］Preacher, K. , Hayes, A. , 2008, "Asymptotic and Resampling Strategies for Assessing and Comparing Indirect Effects in Multiple Mediator Models", *Behavioral Research Methods*, 40 (3), 879 – 891.

［226］Restuccia, D. , Rogerson, R. , 2013, "Misallocation and Productivity", *Review of Economic Dynamics*, 16 (1), 1 – 10.

［227］Restuccia, D. , Rogerson, R. , 2008, "Policy Distortions and Aggregate Productivity with Heterogeneous Establishments", *Review of Economic Dynamics*, 11 (4), 707 – 720.

［228］Romer, P. M., 1990, "Endogenous Technological Change", *Journal of Political Economy*, 98（5）, 71－102.

［229］Mulligan, C. B., Salaimartin, X., 1997, "A Labor-Income-Based Measure of the Value of Human Capital：An Application to the United States", *Japan and the World Economy*, 9（2）, 159－191.

［230］Schmookler, J. 1966, Invention and Economic Growth, Harvard University Press.

［231］Shleifer, A., Vishny, R., 1994, "Politicians and Firms", *Quarterly Journal of Economics*, 109（4）, 995－1025.

［232］Silva, F., Carreira, C., 2012, "Do Financial Constraints Threat the Innovation Process? Evidence from Portuguese Firms", *Economics of Innovation and New-Technology*, 21（8）, 701－736.

［233］Simpson, P. M., Siguaw, J. A., Enz, C. A., 2006, "Innovation Orientation Outcomes：The good and the Bad", *Journal of Business Research*, 59（10）, 1133－1141.

［234］Song, Z., Storesletten, K., Zilibotti, F., 2011, "Growing Like China", *American Economic Review*, 101（1）, 196－233.

［235］Stock, J. H., Yogo, M., 2002, "Testing for Weak Instruments in Linear IV Regressions", NBER Working Paper.

［236］Szczygielski, K., Grabowski, W., Pamukcu, M. T., Tandogan, V. S., 2017, "Does Government Support for Private Innovation Matter? Firm-level Evidence from Two Catching-up Countries", *Research Policy*, 46（1）, 219－237.

［237］Tura, T., Harmaakorpi, V., 2005, "Social Capital in Building Regional Innovative Capability", *Regional Studies*, 39（8）, 1111－1125.

［238］Uras, B., Wang, P., 2014, "Techniques Choice, Misallocation and Total Factor Productivity", CentERDiscussion Paper.

［239］Wang, C, Q., Hong, J, J., Kafouros, M., Wright, M., 2012, "Exploring the Role of Government Involvement in outward FDI from Emerging Economies", *Journal of International Business Studies*, 43（7）, 655－676.

［240］Wang，J.，2013，"The Economic Impact of Special Economic Zones：Evidence from Chinese Municipalities"，*Journal of Development Economics*，101（1），133－147.

［241］Wernerfelt，B.，1984，"A Resource-Based View of the Firm"，*Strategic Management Journal*，5，171－180.

［242］Whalley，J.，Zhang，S.，2007，"A numerical simulation analysis of（hukou）labour mobility restrictions in china"，*Journal of Development Economics*，83（2），392－410.

［243］Wu，G. L.，2018，"Capital Misallocation in China：Financial Frictions or Policy Distortions"，*Journal of Development Economics*，130（1），203－223.